叔 本 华 系 列

叔本华思想随笔

Arthur Schopenhauer

［德］叔本华　著　韦启昌　译

上海人民出版社

译者序

阿图尔·叔本华（Arthur Schopenhauer，1788—1860）是德国著名哲学家。叔本华早在 29 岁就出版了奠定其哲学思想体系的著作《作为意欲和表象的世界》[1]。之后他陆续出版了不少论题广泛的作品，包括《作为意欲和表象的世界》第 2 卷。在这些著作里面，叔本华对其在"主要著作"（叔本华语）里所提出的基本思想作了更详尽的阐述和广泛的论证。本随笔集里的文章全都选自叔本华的后期著作（《附录和补遗》和《作为意欲和表象的世界》第 2 卷）。《作为意欲和表象的世界》涵盖大自然物理世界的各种现象和人的精神现象，涉及自然科学、美学、伦理学等多个方面；但这些思想全都围绕着"意欲"和"智力"（认识力）的核心概念。据叔本华认为，意欲是构成这个世界一切事物内在的、真正的核心，是"自在之物"，属于形而上；我们所看见的自然界中的物质（包括人、动植物、无机体等）都是基本生命力、自然力，亦即意欲的载体；丰富多样的现象世界是意欲在各个级别客体化的结果。我们人类则是意欲最高级别的现象。智力则是派生的，是为盲目的意欲配备的、帮助其生存和发展的工具，在本质上与动物的爪、牙、翼没有区别。因为"意欲"和"智力"是构成我们这一现象世界的两要素，这两者的本质以及相互间的关系因此就构成了叔本华哲学思想的核心问题。叔本华主要著作的题目就明白无误地表明了这一点（"表象"就是智力运作以后的结果）。本书的文章当然也都围绕这一对核心问题进行多方面的讨论（"论教育"则单独讨论对智力的培养）。

我们意欲（它体现为我们既定的性格、我们意愿和欲望的倾向等）的行为与飞流直下的瀑布在本质上同是意欲的现象，这两种级别不同的现象同样遵循着因果律而活动（变化和发展），只不过无机体根据机械、物理、化学的原因（ursache）而活动，人和动物则根据动因（motiv）而活动起来，而被区别称为"动因"的同样是原因——但这些原因经过了认知功能（亦即智力）这一中间媒介。在叔本华的眼里，大自然中的无机体、植物、动物乃至人这些逐级向上的意欲的现象，其根本区别只是认知（智力）的程度。虽然叔本华很关注自然物理科学（他曾写过《论视觉与颜色》科学专著，在他的著作中，读者也可以看到他那丰富的、惊人的自然科学知识，包括天文学、植物学和人体解剖学中的微细的神经系统的知识），但他明显更加致力于发现更为复杂、隐蔽，因此也就是更为困难和有趣的关于人的心理道德行为（亦即人的意欲活动）的规律，因为就像叔本华所说的，心理、道德的真理比自然物理方面的真理向我们透露更多内在的含义（"伦理道德散论"）。这是因为虽然人的道德性格活动和物体的机械物理活动同样都是在具备充足原因以后就必然地展开，但由于经过了人的智力的媒介，那驱使人们的意欲活动起来的动因就变得复杂和隐蔽得多；这些很多时候甚至只是存在于头脑之中的动因在与同样是深藏的人的性格相互发生作用时，其幽暗、微妙的过程都是难以看透的。正因为这些运作过程发生在"还是笼罩着一片黑暗的内在意识"之中，所以，很多被叔本华发现并反复和充分论证了的看似简单的说法，直至今天仍然似乎是闻所未闻、与众不同。例如，人的道德性格是与生俱来、不可改变的；道德是教不会的；真正的美德行为并非出自认识力，这些行为与大自然的现象相矛盾，因此是"神秘"的，等等。"伦理道德散论"和"论意欲在自我意识中的主导地位"（简称"意欲"，下同）对人性、人的道德行为的性质和基础、智力与道德（亦即动因与性格）的关系做出了深刻的探讨。

贯穿叔本华整体思想的始终是这一根本观点：意欲是这一世界的主人，是君王；而智力永远只是为这个君王服务的仆人，是为意欲的奋斗找到目标和通往这一目标的途径的向导、顾问。本书中"意欲"一文尤其详尽地阐述了意欲和智力的主仆关系，以及智力听命于意欲的种种心理和生理情形。与意欲的强大和不可驯服相比，我们的认识力是势单力薄的，并且还经常不得不因为其主人的缘故而做出阿谀奉承、弄虚作假的勾当。就像叔本华所说的，"我们通常都不知道自己渴望什么或者清晰的意识，因为我们的智力不获同意知道这些事情"；"我们对于自己做出这样的事情和不做那样的事情的真实动因的判断经常是错误的，我们不愿向自己承认真实的动因，因为它与我们对自己的良好看法压根儿不相匹配"（"意欲"）。出现在我们意识中的东西往往经过了一番乔装打扮。关于认识力是意欲的产物并隶属于意欲，叔本华有一生动的比喻：意欲是植物的根部，深藏于黑暗、潮湿之中，智力则是植物顶端的叶冠，伸向光明、干燥之处，而认识（意识）着的我则是连接根、冠两端的茎；意欲活动是颤动的琴弦，智力则是琴的共鸣板，由此产生之回声则是自我的意识（"意欲"）。甚至在睡眠中，意欲仍控制着梦中的情景为意欲服务（"论命运"）。

在半个多世纪以后，弗洛伊德对人的精神内在意识的分析令世人瞩目，他通过研究大量临床心理患者的个案得出的结果与叔本华对自我意识的揭示如出一辙。根据弗洛伊德在 1923 年发表的《自我与本我》，弗洛伊德将人的心理意识结构分为"本我"、"自我"、"超我"三层。"本我"是各种本能与欲望的贮存所，"超我"则是道德说教、伦理规则、宗教教义等上层建筑，而进入我们意识的则是"本我"和"超我"角力后的结果。弗洛伊德对于受到歪曲的精神意识、心理疾病以及"本我"的主要构成部分——性的驱力——的论述与叔本华在这方面的理论（除了本书中"意欲"、"论性爱"以外，读者可参阅叔本华的"论疯狂"等文章）不仅"神似"，甚至还达到了某种"形似"。只不过叔本华看得更深刻：认识力要接受和正视哪些"超我"的内容，归根到底，还是由意欲（性格、道德倾向）决定。叔本华的意欲比弗洛伊德的"本我"更强大，与认识力（即弗洛伊德"超我"的内容）的联系更密切；认识力和意欲是同一株植物的两端。根据这一道理，讴歌和提倡"奉献"精神的社会风气终究不会使一个充满自我的人在寻求一己之利时束手束脚。弗洛伊德本人也承认自己的学说与叔本华思想的渊源关系，他说过："关于人的无意识内心活动的假设和思想对于科学和生活意味着多么重大的影响——对此很少人是清楚的。但我们必须赶紧补充这一点：并不是精神分析学派首先迈出了这一大步。著名的哲学家是这方面的先行者，尤其是伟大的思想家叔本华——他的无意识的意欲就几乎等同于精神分析学的心理欲望和驱力。另外，这个思想家用印象深刻、令人难忘的语言提醒人们注意到性的欲望所具有的、一直以来受到人们低估的含义。"叔本华所揭示的关于意欲与智力关系的真理意义重大，它推翻了众多哲学家一直以来的论断；后者认为人的真正本性或者内核就在于人的认知意识；人的本我就是认识、思想的部分，而意欲活动的本质和方向则是认知、思想的产物。叔本华称这一见解为"极其古老、普遍和根本性的错误"。这一谬误的结果之一就是把人的认识水平（智力）与道德性格（意欲）说成是因果关系。不少人至今仍然把自己行为的性质煞有其事地解释为自己认知或者缺乏认知的必然结果。这方面的极端例子就是把那些做出精心设计、令人发指的罪恶行径，事后迅速逃逸的罪犯解释为法盲（亦即不知自己的行为是犯法）的原因，是"小学文化"或者干脆"没文化"所致，是没有端正世界观的问题；人们仍然对大学生犯罪或者硕士生打老婆一类的事情感到困惑不解；而那些做出高尚行为、取得非凡成就的人则是因为阅读了"英雄人物传"、"励志篇"一类读物的缘故。孵化鸡蛋的温度被说成是小鸡生成的原因；把晚间提着灯笼走路的人的原动力归于手里提着的灯笼（这例子见"意欲"）。正因为时至今日，在人们的认识里仍然存在这样的误区，所以，叔本华的思想仍然振聋发聩、发人深省。叔本华形容"意欲"一文所"教给读者关于人的内在知识，或许比许多系统的心理学还要多"。这并非虚言，因为他端正了我们认识中的一个根本性问题。佛教有过"境由心造"一类的理论，我们中国也有名句"感时花溅泪，恨别鸟惊心"，但能够如此系统、详尽地阐述这种心理意识的原因和过程，叔本华实为第一人也。

在本书另一名篇"论性爱"里，叔本华通过讨论性爱的本质和过程，是从另一方面阐明意欲直接左右智力的例子。在激情之爱（意欲活动）的影响下，我们的智力在这里被现身为本能的意欲完全操纵和愚弄，但我们对此却又毫不知情。在"论命运"里，叔本华更将意欲比喻为我们所有人的人生大梦的总导演——这场大梦包括人、外在事件及其相互间的联系。一切都被一条看不见的线绳有条不紊地组织、协调、贯穿起来，而具体实施、进入我们意识的"所有发生的事情都遵循着严格的必然性"这一客观规律。前一种情形由看不见的机缘巧合组成，"超乎人的理解力"（叔本华语）；后一种情形则是可被实证、能为人类所认识的事物发展因果律所致，两者并行不悖，后者是前者的明现而已。另外，叔本华对"偶然"所做的并非形而上的解释印证了他提出的"所有发生的事情都遵循着严格的必然性"这一真理。叔本华在"论命运"里的看法"相当大胆"（叔本华语），如果结合他的一贯思想，亦即认为这整个世界是意欲的客体化显现，而我们人只是这整个世界的一小部分，那么，这些思想的产生就是最自然不过的。《论性爱》就提供了一个活生生的例子，说明人类在全然不知道自己某一目的的情况下，为着这一目的而发挥想象、投入行动并最终达成这一目的。在"论命运"里所讨论的情形在本质上只不过是类似事情在更大的时间和空间范围发生而已。另一个例子就是既然我们机体内部的各个器官、神经、细胞为着我们机体的生存而相互密切合作，其精妙、默契之处达到了匪夷所思的地步，那么，把我们只是构成其中一部分的世事人生看作是一个更大的整体；在这一更大的整体之中，我们在不明最终目的的情况下通力合作、达成一个超乎我们智力所能理解的目的——在这两种相似的情形里，难道后一种情形比前一种情形更加让人难以置信吗？我们既然可以把前一种情形视为理所当然，那么，后一种情形就是根本不可能的吗？之所以这一问题存在认识（或者说想象）上的困难，仍然是我们习惯于过分强调人的认知作用的缘故，不知天高地厚达到了可笑的地步。虽然叔本华把这一思想认为只是"在形而上学的领域里所做的梦幻想象"，但这使我们更进一步地认识了叔本华求实的真正哲学家的风范，因为在这一章所讨论的属于形而上的东西，确如叔本华所言，是"非人的智力所能探究的"。但从这篇文章我们也可以发现：叔本华哲学的各个部分都是连贯、协调和统一的。另外，叔本华哲学的最大特点就是始终以有形的世界及其事物作为审视素材。叔本华随时把所发现的、深藏在大自然背后的真理放到大自然现实中验证和核实，亦即把从主体角度出发获得的观点与从客体立场引申出来的观点互为印证和阐释（在"论哲学和智力"一文里，叔本华详细解释了这种正确认识事物的方法）。在探讨思想真理方面，叔本华真正称得上是"理论联系实际"。所以，在讨论道德（"伦理道德散论"）、人对客观事物的把握和表现（"论美"、"论天才"）、人的心理和生理现象（"心理散论"、"论性爱"、"意欲"）等其他问题时，叔本华都一贯以充分、翔实的现实事实和例子，以支持和证明他那些高深的、并且很多时候是形而上的观点，眼睛始终盯着客观现实的世界。在"论哲学和智力"里，我们还读到了叔本华这位伟大的哲学家对哲学与文学的异同，哲学的任务、方法、类别，人们常说的"唯心主义"、"唯物主义"、"本体论"和与思想智力运作有关的一系列问题所做出的精辟和深入浅出的论述。

在"心理散论"中，叔本华则对司空见惯的人的心理、精神现象及其含义做出了解释，包括人的希望、恐惧、憎恨、鄙视、愤怒、执拗、记忆等，内容多样，但主题始终围绕着意欲和智力在人和动物身上的显现。

当然，只有到了人这一级别，意识才有可能成为一面客观反映世界的镜子。真正达到了这一意识境界，人也就是处于客观认识和审美状态之中，而在这方面达致最高程度也就到达了我们称之为"天才"的级别（"论美"、"论天才"）。济慈的诗句概括了叔本华的观念："美即是真，真即是美"。在"论美"里，叔本华对美、审美状态、艺术的各个类别，包括雕塑、音乐、戏剧、小说、绘画等，提出了许多历久弥新的见解。

在"论生存的痛苦与虚无"里，叔本华通过对人、动物在意欲和智力方面细致的比较、分析，为我们描绘了人的生存本质和状态——这些冷静、客观的见解与常人的观点有别，但却与婆罗门教、佛教和真正的基督教里面的深奥思想不谋而合。虽然叔本华的观点由于过于深刻和真实而不为常规思想的人所认同，不少人更是想当然地把这种毫不客气、手术刀般锐利的观点斥为令人沮丧、泄气，但认真细读这篇文章，任何不带偏见和有一定思想的人都会看出：这篇文章就像任何一部优秀的悲剧一样让我们跳出自身之外，从很高的角度以客观（审美）的眼睛审视这苦难、滑稽的人生；在给人以震撼的同时，也强有力地唤起了人们对其同类以及一切生命的同情和宽容。在这一意义上，这篇洞察秋毫、悲天悯人并几近壮美的文章恰恰就是积极的。这一种真理的力量，又岂是那些肤浅、幼稚、毫无根据的盲目乐观主义所能给予我们的？

本书虽然讨论的话题众多，但里面贯穿着的基本思想主线清晰可辨。叔本华这位"语言艺术家"（弗兰茨·卡夫卡的赞语）的过人之处就在于把真理裹以最朴素的语言外衣，从而让真理直接发挥其必然具备的震撼力。因为深刻，所以朴素；因为朴素，更见深刻。尼采形容阅读叔本华的著作犹如抵达了"一处森林高地——在这里，我们深深地呼吸着清新的空气，整个人感觉耳目一新，重又充满了生机"（《不合时宜的思想》）。这组代表性的论文只占叔本华全部哲学著作的一小部分，但涉及哲学、伦理学、心理学、性学、美学、教育学、玄学、宗教等多个方面，足以让我们领略到叔本华这位"不折不扣的天才"（托尔斯泰语）的思想魅力。不仅"意欲"一文的确像叔本华所说的包含比许多系统的心理学还要多的心理学知识，就是篇幅最小的《论教育》，他对教育的目的、方法短短几千字的阐述，难道是某些洋洋洒洒、不得要领的大部头教育学著作可以相比的吗？真正的思想天才与只是博闻强记的学者之间的差别，由此可见一斑。

韦启昌

2002 年 5 月于广州

2019 年 8 月修订于悉尼

注释

[1] 该书一般被译为《作为意志和表象的世界》。为方便广大读者阅读，在这里对叔本华最根本的、在这本书里重复出现的"意欲"（wille）一词做出简单的解释。根据叔本华的理论，意欲是这个世界的本源，它超越于时间、空间和因果律以外，既没有原因，也没有目的；它盲目、不顾一切地争取客体化。我们这个存在于时间、空间，遵循着因果律的复杂多样的现象世界就是意欲的产物和表现，是意欲在时、空中的客体化。由于意欲在客体化的过程中遵循着个体化原理，亦即存在于现象世界中的具体、单个组成部分的意欲各自为战，为生存、发展而努力；在现象界中，这也表现在低一级的形态向着高一级的形态的争取、斗争之中，所以，意欲客体化的过程是一场永恒的、无目的的斗争和发展；它与痛苦和灾难不可分割地联系在一起。对叔本华的意欲的中文翻译就是"意志"。但笔者认为，"意志"一词在中文里是与人的认知，亦即与人为的具体目的、决定和计划有关的心理状态，和"毅力"一类的词同一种类，但叔本华概念中的"wille"，其现象却是盲目，没有目的的欲望、意愿、恐惧等，与认知没有直接的关系。所以意欲实为更加精确、贴切的中文译词。——译者注

目 录

论教育 001

论天才 009

论美 039

心理散论 084

论命运 126

论性爱 154

《论性爱》附录 193

论意欲在自我意识中的主导地位 203

论哲学和智力 261

伦理道德散论 308

论生存的痛苦与虚无 352

论教育

1

依据我们智力的特质，概念应该来自我们对事物的直观认识[1]，中间经过抽象这一过程。所以，直观认识是先于概念知识的。如果确实是这样的认识步骤——那些纯以自己的亲身经验为师、为教材的人就是这样的情形——那我们就会知道得很清楚哪些的直观认识隶属于某一个概念，并被这一个概念所代表。

我们就会精确了解这两者，并据此正确地处理我们所面对的事情。我们可以把这方法称为自然的教育。

相比之下，人为的教育就是在我们对这一直观世界还没有某种广泛的认识之前，就通过提示、指点、阅读等等让脑袋塞满了概念。经验随后会为这些概念提供直观认识，但在这之前，人们会错误运用这些概念。因此，人和事就会被错误判断、错误理解和错误处理。这样，教育也就制造出了偏差、扭曲的头脑。因此原因，我们在青少年时代经过长期的学习和阅读以后，在踏入社会时，我们经常会表现得时而头脑简单，时而又古怪、乖戾；行为举止一会儿紧张拘谨，另一会儿却又相当大胆放肆，因为我们的头脑充斥着概念，现在就老想着运用这些概念，但在套用这些概念时似乎总是颠三倒四。这是"混淆了原因和结果"所致：我们完全违背了我们思想智力的自然发展过程，首先获得概念，最后才获得直观认识，因为教师不是致力于培养和发展孩子认识、判断和思考的能力，而是努力要把别人的、现成的思想填塞进小孩的脑袋。在以后的日子里，长时间的亲身经验就要去纠正所有的那些由于概念运用错误所导致的判断。这些的纠正很少能够完全成功。因此，很少学究具备常识，而常识则是完全的文盲也通常会有的。

2

根据以上所述，教育的关键在于从正确的一端开始认识这一世界，而获得这样的认识可以说就是一切教育的目的。不过，就像我已指出的，这都取决于我们能否做到：对每一件事情，直观走在概念之前，再就是狭隘概念在广泛概念之前。这样，传授知识的程序，就犹如概念、然后是以这些概念为前提的新概念。一旦在这程序中跳过了某些环节，那就会出现残缺不全的概念；由此又会产生出错误的概念；最终就形成了有个体特色的乖戾的世界观。我们几乎每一个人都曾经长时间——许多人甚至是终其一生——在头脑中带着这种怪诞的世界观。谁要是检查一下自己就会发现：总是要等到了很成熟的年龄，有时候是突然之间，我们才能够正确或者清晰明白很多相当简单的事物和境遇。直到这个时候到来之前，我们对这个世界的认识总还存在着模糊之处，这是由于我们在早年所接受的教育跳过了某个环节，这有可能是人为造成的；也有可能是自然的，是自身经历使然。

因此，我们应该了解清楚知识的自然顺序，以便讲究方法地根据这一顺序，让孩子们了解到这个世界的事物和状况，而不会一味向他们灌输一些荒唐的见解——这些东西在以后经常是很难消除的。我们必须首先防止孩子们运用那些他们无法对应清晰之概念的字词。[2]但关键之处始终在于直观认识必须先概念而至，而不是颠倒过来——但这恰恰是我们一般看到的不幸情形，就好像小孩出生时脚丫先伸出来，或者写诗歌时先写韵脚一样！也就是说，当小孩的头脑里面还很缺少直观印象时，概念和看法，先入为主的偏见，就已经打印在小孩的头脑里面。以后，这些孩子就把这些现成的工具套用于直观和经验，而不是从直观和经验中得出概念和看法。直观所见是丰富多样的，因此，它们在简洁和快捷方面，不是抽象概念的对手，后者很快就把一切都概括打发掉了。所以，要纠正那些先入为主的概念必须花费很长的时间，或许这工作永远也无法完成。这是因为无论直观知识的哪一面与先入为主的概念相抵触，直观所说的都预先被认定是片面的，或者干脆遭到否定。对直观认识必须闭上眼睛，才好让先入为主的观点免遭伤害。所以，许多人经常终其一生都满脑子荒唐的念头、古怪的想法、怪癖、狂想和偏见——这些最终就成了固定的思想。的确，这种人从来没有尝试过自己从直观和经验中总结出基本概念，因为他们把一切都现成地接受过来。正是这一点造成无数这样的人如此的肤浅和乏味。所以，我们不能这样做，而是要从孩提时候起就坚持采用合乎自然的培养知识的方法。概念只能出自对事物的直观，起码不可以在没有直观的情况下就得到证实。这样，小孩只获得很少的概念，但这些概念却都是正确的和有充足依据的。他们就会学习采用自己的、而不是别人的一套标准衡量事物。他们也就永远不会沾上众多千奇百怪的观念和想法。要驱除这些东西起码需要以后大半辈子的人生经验和教训。他们的头脑思想也就一劳永逸地习惯于透彻、清晰、不带偏见和自己做出判断。

一般来说，早在孩子们从生活原型中了解到生活之前，他们不应该从其复制件中认识生活的任何方面。因此，不要匆匆忙忙只是把书本放在孩子们的手中，而是要让他们逐步地了解事物和人的状况。最重要的是要引导他们对这现实生活有一纯净的理解，让他们始终是直接从现实世界里提取概念，并根据现实把这些概念组织起来；而不是从别处，从书本、童话故事或者别人的谈话里拿来这些概念，然后就把这些现成的东西套在现实生活当中。在这最后一种情形里，人们带着满脑子的幻象，错误地去理解现实，或者根据那些幻象而徒劳地要去重塑现实，并因此在理论上，甚至在实际中步入歧途。早年灌输进头脑的幻象和由此产生的先入为主的看法所造成的害处是令人难以置信的。在往后的日子里，世界和现实生活给予我们的教训就得主要用于消除这些先入为主的定见。根据狄奥根尼斯的记载，甚至安提西芬尼[3]做出的回答，也是依据上述这一道理：

当被问及最需要学习的是什么时，他回答说："学会甩掉学过的坏东西"。

3

正是因为早年吸收的谬误通常都是难以清除的，一个人的判断力又是最迟成熟的，所以，我们不能让未满16岁的孩子接触任何可能包含巨大谬误的理论、学说和教义，亦即不应该接触一切哲学、宗教和各种笼统、泛泛的观点；他们只可以学习那些要么不可能包含谬误的学科，诸如数学；要么就是不会含有相当危险的谬误的科目，例如语言、自然科学、历史等。一般来说，孩子们只应该学习在他们那个年纪能够接触到的和可以完全理解的学科。少年期和青年期是收集资料和对个别事物要专门、透彻学习和了解的时候。但是，我们的判断力在这个时候总的来说仍未成熟，最终的解释必然是在以后的时间。因为判断力是以成熟和经验为前提，所以，我们不应该打扰判断力，尽量小心不要以强行灌输定见的方式使判断力抢先到来，否则，就会导致它永远瘫痪。

相比之下，因为记忆力在青少年时期是最强、最粘的，所以，我们要优先利用记忆力；但这需要我们经过谨慎、周密的考虑以后做出至为慎重的挑选。这是因为既然在年轻时真正学到了的东西永远都会黏附在记忆里，那这一宝贵的能力就应该得到充分利用以尽可能获益。如果我们回想一下在我们人生的最初 12 年里，我们所认识的人是多么深刻地印在了我们的记忆里，在这段时间里发生的事件和我们大致经历过的、听到见的和学到的东西也同样给我们留下了不可磨灭的印象，那么，把年轻头脑的这一接受能力和记忆能力作为教育的基础，按照准则和规律，严格地、讲究方法地和有组织地引导各种印象给年轻的头脑，就是相当自然的想法了。因为每个人只有不多的年轻岁月，并且记忆的能力总体上又是相当有限，尤其是个人的记忆力，所以，最关键的就是：把每一学科知识的最基本和最关键的东西灌输给孩子，其他的则一概免去。这些挑选工作就交由各科的大师和佼佼者在经过深思熟虑以后完成，而挑选的结果就被固定下来。这样的挑选，其实就是把一个人总的来说必须知道的、重要的知识和对于某一特定职业或某一学科的人必须知道的、重要的知识筛选出来。然后，属于前一类的知识就再被分类而成逐级扩大的课程或者百科全书，以适应每个人根据其外在的状况所需要的相应级别的普遍教育：从只是局限于勉强够用的基本课程一直到哲学系的所有科目内容的汇编。但属于后一类的知识则交由各个学科的真正大师精心挑选。这一整套就是专门制定的智力教育大纲，每过 10 年当然就有必要修订一次。经过如此的安排，青年人就可以尽量利用其记忆力，为稍后出现的判断力提供很好的素材。

4

一个人认识力的成熟，亦即每一个体认识力所达致的完美，就在于他所掌握的总体抽象概念与他的直观理解能够精确地联系起来，以致他的每一个概念都直接或非直接地有着某一直观知识的基础；也只有这样，他的这一概念才有了真实的价值。同样，认识力的成熟也在于他能够把获得的直观知识纳入正确和适当的概念之下。这种成熟只能是经验的产物，因而也就是时间的产物。因为我们通常都是分别获得我们的直观知识和我们的抽象知识，前者以自然的方式，后者则经由别人或好或坏的教育和传达，所以，在年轻的时候，我们那些只是以词语固定下来的概念与我们经由直观获得的真实知识通常无法互相吻合和结合起来。这两者也只能逐渐接近和彼此修正。只有当这两者完全地融合一起，才会产生成熟的认识力。这种认识力的成熟并不取决于一个人能力的大小和完美程度，因为一个人的能力大小并不取决于抽象知识与直观知识的融合贯通，而是由这两者的深度，或说强度所决定。

5

对一个实际的人来说，他最需要掌握有关世事人生的精确和透彻知识。但这种学习又是至为冗长的，因为直到他步入老年，这种学问仍然没有止境，而如果他学习科学知识，那么，在年轻的时候，他就已经掌握其中的最重要的事实。在世事人生方面，作为初学者的青少年需要学习首要的和至为困难的一课，但就算是成熟的人也经常必须在这方面补上许多的课。这学问本身就已经相当的困难，而这些困难又被小说加倍增加了，因为小说所表现的人的行为和事情的发展并非在现实中真正发生。但这些东西却被轻信的年轻人接受和吸收进头脑里面。这样，原来只是否定属性的无知现在却被肯定属性的谬误，亦即被编织起来的整套错误设想所取代了。这些虚假的东西在以后的日子里甚至混乱了经验的课程，让我们错误理解所获得的教诲。如果说在此之前青年人只是在黑暗中摸索，那现在他们则被鬼火引入了歧途。对女孩子来说，这种情形尤为严重。一种完全错误的人生观通过小说强加给了青年人，并刺激起对生活的那些永远无法实现的期望。这些通常都给年轻人的一生带来不利的影响。就这一方面而言，那些在年轻时候没有时间、也没有机会阅读小说的人，例如手工艺工人等，就拥有了明显的优势。有一些小说是例外的，不应受到上述的指责。事实上，它们还有相反的效果呢，例如《吉尔·布拉斯》及勒萨日[4]的其他小说。另外，还有《威克菲尔德的牧师》[5]，以及华尔特·司各特的某些小说。《堂吉诃德》则可被视为讽刺描写上述错误之路的作品。

注释

[1] "直观"（又可译为"观察"、"思考"、"看法"等）是叔本华哲学中的一个重要概念。据叔本华所言，"理解力的最初、最简单和始终存在的表现就是对现实世界的直观；这种直观始终是从效果中看到导致效果的原因。因此，一切直观都是属于智力的行为"（《作为意欲和表象的世界》第1卷，4）。——译者注

［2］ 甚至小孩都会有只满足于运用字词，而不是愿意理解事物的可怕倾向。他们用心记住某些字词，以便在需要的时候能够蒙混过关。小孩长大以后仍然保留着这种倾向。这就是许多学者的知识只是一些花哨字词的原因。

［3］ 安提西芬尼（约前450—前365）：雅典的希腊哲学家，苏格拉底的学生，犬儒学派的创始人。——译者注

［4］ 阿兰·勒萨日（1668—1747）：法国多产的讽刺作家，著名的流浪汉小说《吉尔·布拉斯》的作者。——译者注

［5］ 作者是奥立弗·高尔斯密（1728—1774）。——译者注

论天才

"天才"（Genie）一词的真正所指，就是在我所描述的认识方式[1]（在这之前的两章）方面有着明显突出的能力，而所有真正的艺术、诗歌，甚至哲学作品都源自这种认识方式。由于这种认识方式的对象是事物的（柏拉图式的）理念，并且，把握这些理念并不是在抽象中，而只能是在直观中，所以，天才的本质就在于直观知识的完美和力度。与此相应，我们听到人们至为明确地称为天才作品的，就是那些直接发自直观和诉诸直观的作品，因而也就是造型艺术和图画艺术的作品，其次就是诗歌作品——它通过想象把直观认识传达给人们。在此，天才与只是人才、能人或者干才的区别就变得分明了。后者的优势就在其更灵活、更准确的推论知识，而不是直觉和直观知识。有这方面天赋的人，思考比其他人更加快捷和准确；但天才所直观看到的，却是一个迥然有别于其他人所看到的世界，虽然这只是因为天才对同样摆在所有人面前的这一世界看得更深而已，因为这一世界在天才的头脑里面显现得更加客观，因而更加的纯净和清晰。

智力，就其使命而言，只是动因的媒介。所以，智力在事物中所看到的本来就不是别的，而只是这些事物与意欲之间直接的、间接的或者只是有可能的关系。在动物方面，因为智力几乎就完全停留在事物与动物自身意欲的直接关系上面，所以，至为明显的就是与动物的意欲无关的东西，对动物来说就是不存在的。正因此，我们不时会很惊讶地看到，就算是聪明伶俐的动物也不会注意到一些本身是相当显眼的事情，例如，对在我们身上或者在周围环境所发生的明显变化，它们不会表现出惊讶。在常人那里，虽然智力所见增加了事物与他们的意欲那间接的，甚至是可能的关系——这些认识的总和也就构成了他们的总体有用知识——但其认知始终只是局限于关系方面。因此，在常人的头脑里，并没有对事物的完全纯净和客观的图像，因为常人的直观能力只要没有受到意欲的推动而活跃起来，就会马上变得疲倦、懈怠，因为他们的智力并没有足够能量可以自发地、在没有目的的情况下纯粹客观地认识这一世界。但如果真的发生这样的事情，一旦脑髓的表象能力充裕有余，以致在没有实际目的的情况下，外部世界的图像也在头脑里面纯粹、清晰、客观地表现出来——而这些图像对意欲的目标并没有用处，达到相当的程度时甚至对意欲的目标起到干扰乃至破坏的作用——那就起码已经有了那种我们称之为"天才"的反常素质。天才标示着某种对意欲，亦即对根本的我而言是陌生的东西，就好像是某一从外而至的精灵[2]在此活动。不打比喻地说吧，天才意味着我们的认知能力得到了极大的发展，远远超出了为意欲服务的需要，而认知能力本来就只是为意欲服务的。所以，严格来说，生理学可以把这种过剩的脑力活动以及这脑髓本身在某种程度上归入"因过度而变畸形"的一类，而这正如我们所知道的，又可以与"因欠缺而变畸形"和"因错位而变畸形"并列在一起。因此，天才就是超常的、过度的智力，也只有把它应用在把握生存的普遍方面才算是物尽其用。以这样的方式，天才的智力就为整个人类服务，一如正常的智力只为个人服务一样。为了更加清楚地表达这一情形，我们或许可以这样说：如果正常人是由 2/3 的意欲和 1/3 的智力所组成，那么，具有天才的人，其组成则是 2/3 的智力和 1/3 的意欲。这种情形同样可以采用一个化学的比喻来解释：一种中性盐的碱性和酸性是根据这一点而划分：在这两者之一，原子团跟氧原子的比例恰好相反。也就是说，盐呈碱性是因为在原子团与氧原子的比例中，原子团占优势；盐呈酸性则是在这比例中氧原子占了多数。同样，天才相对于常人全在于意欲和智力之间的比例。由此就产生了天才与常人之间的一种根本性的差别——这种差别在天才和常人的整个本性、行为、做事中就已是清晰可辨，但却只有在他们的成就中才充分暴露出来。我们还可以补充这一点作为这两种人之间的区别：对立的化学物质之间奠定了最强烈的亲和力与吸引，但在人类，我们通常看到的却是相反的情形。

这样的认识力盈余，其首要外现主要就是最原初的和最根本的认识，亦即直观认识，并促成把这直观认识以一幅图画、一个形象重现出来。由此就产生了画家和雕塑家。因此，在画家和雕塑家那里，从天才的看法到艺术作品，路径是最短的；因此，表现他们的天才及其活动的形式是最朴素和最简单的，其描述也是最容易的。但恰恰是在这里，让我们看到了艺术、诗歌、哲学的一切真正作品的源泉，虽然这其中的过程并非那样的简单。

让我们在此回想一下在《作为意欲和表象的世界》第1章里所获得的结论：所有的直观理解都是智力方面的，并不只是感官方面。如果现在加上在此做出的分析，同时，也公平地考虑到上一世纪的哲学把直观认识功能名为“灵魂的低级能力”，那么，当阿德隆[3]不得不沿用他的时代的语言，把天才列为“超强的灵魂的低级能力”时，我们就不会觉得这种提法荒唐至极，并配遭受约翰·保罗[4]尖刻的嘲讽——他在其著作《美学的基础》提及了阿德隆的这一说法。尽管这个了不起的人所写的上述著作有着许多非凡之处，但我还是要在这里指出：如果目标是要进行理论探讨和传授知识，那么，在表述中，总是说些机智、俏皮的话和只是运用比喻大步跨过问题，是不适宜的。

但事物的真正本质首先是透露给直观，虽然那仍然只是有条件的。一切概念、一切经过思维的东西，的确就只是抽象而已，因而就是部分和不完全的表象，是从直观而来、并在思考中去掉了某些的东西。一切深刻的认识，甚至真正的智慧都根植于对事物的直观理解。关于这一点我们在第一章的补充里已作了详尽的考察。直观理解是一个生育程序，每一件真正的艺术作品、每一个不朽的思想，其产生都首先在这一程序中获得其生命的火花。一切原初的、独创的思维都是以形象进行。而从概念则只能产生出略有才华的作品、纯理性的想法、对别人的模仿和一切旨在为现时需要和同时代事务服务的东西。

不过，如果我们的直观总是系于现实存在之物，那直观的素材就会完全受制于偶然，而偶然却甚少在合适的时间为我们带来合适的事物，也甚少符合我们目的地安排这些事物，并且，展示给我们的通常都是相当残缺不全的样品。正因为这样，我们需要想象力，以根据那深刻的认识和传达这一认识的作品的要求，去补足、安排、描绘、固定和随心所欲地重现生活中一切意味深长的画面。想象力的巨大价值就在这里，而想象力则是天才的一个不可缺少的工具。这是因为天才只有依靠想象力，才能够根据其形象、诗歌或者思想的连贯性的需要，让每一对象物或者事件生动活现起来，并从那直观认识，亦即从那所有知识的源泉，不断汲取养分。具备了想象力天赋就好比可以召请神灵在恰当的时间向他透露真理，而赤裸裸的真实事物则依稀模糊地、极为难得地、并且通常是在不恰当的时间里表现出这一真理。因此，与这样的人相比，欠缺想象力的人就像黏附着岩石的贝壳类，眼巴巴只能等待偶然机会所带给它们的，而前一种人则是自由活动、甚至是可以飞翔的动物。这是因为欠缺想象力的人除了对现实的感官直观以外，就再没有别的认识；在还没有直观认识之前，他们只能啃咬着概念和抽象——但这些却只是认识的空壳，而非果仁。这样的人不会做出伟大的成就——除了在算术和数学方面。造型艺术和诗歌的作品，还有模仿艺术的成就，都可被视为帮助那些欠缺想象力的人弥补其缺陷的手段；对于本身已具备想象力的人，它们则可以助其更灵便地发挥自己的想象力。

据此，虽然天才固有的和根本的认识方式是直观的认识，但其认识的真正对象却完全不是个别的事物，而是在个别事物中表达出来的（柏拉图式的）理念——对这些理念的把握我在第29章里已经分析过了。[5] 在个别当中始终看到了普遍性的东西——这正是天才的根本特征。而正常人则在个别事物当中只看到了这一个别事物，因为只有这样的个别事物才属于现实世界，而唯独这一现实世界才会吸引常人的兴趣，亦即才与他的意欲有了关联。每个人在个别事物当中就只看到个别事物，抑或与其说是想到了、还不如说是看到了这类事物的多多少少的普遍特质，直至看到那最普遍的特征——这其中的各级程度就是衡量一个人与天才的距离的尺度。据此，只有总体事物的本质、事物的普遍性和总体，才是天才认识的真正对象。对个别现象的研究是一般才具的人的分内工作，在自然科学的范围，其探究的对象始终是事物相互之间的关系。

在此，我们还记得在前一章所详细说明了的这一点：把握理念是以认知者是认知的纯粹主体为条件，亦即以意欲完全从意识中消失为条件。我们从歌德的许多向我们展现风景的歌谣，或者约翰·保罗描绘大自然的作品中感受到愉悦，就是因为我们透过这些作品而分享了他们的客观境界，亦即分享了表象的世界与意欲的世界的纯粹分开，两者就好像完全分离了似的。从天才的认知方式在本质上脱离了所有意欲活动及与之的关系，也可得出这一结论：天才创作的作品并不是出于某一目的或者主观随意，而是在创作的过程中受着一种本能式的必然性的指引。人们所说的精灵活跃、灵光乍现、迷醉狂喜的瞬间，等等，其含义不是别的，而是智力获得了自由，在其暂时不用为意欲效劳的时候，并没有松弛下来和陷于无所事事之中，而是在短时间内自发地活跃起来。然后，智力就变得至为纯净，成了反映这一世界的清晰的镜子；这是因为在全然脱离了它的根源，亦即意欲以后，世界现在就作为表象集中在某一意识之中。此时此刻，不朽作品的灵魂就仿佛成孕了。而在所有带目的的思考时，智力却不是自由的，因为意欲事实上是在指挥、操纵着智力，为它规定了工作的课题。

　　绝大多数人的脸上都被打上了平庸的印记，都有着俗不可耐的表情，这究其实都是因为从这些印记和表情中，可看出他们的认知严格地从属于他们的意欲活动，这两者牢固地连接在一起，以及由此造成了人们除了理解与意欲及其目的有关的事物以外，不可能还理解其他。相比之下，天才的表情——这是所有极高禀赋的人都有的明显家族式的相似地方——则让我们清楚地看出：智力获得了赦免，从为意欲的服务中解放出来，认知活动压倒了意欲活动。因为一切痛苦都来自于意欲活动，而认知本身却是不带痛苦和愉快的，所以，这让他们的高耸的额头和清澈、直观的眼神带上了一种巨大的、就仿佛是脱离了尘世一样的喜悦气质，因为这些并没有屈从于意欲及其需要。有时候，当这种喜悦穿透而出时，与脸上的其他特征（尤其是嘴巴）所流露出来的忧郁很好地并存——这种结合可由乔尔丹诺·布鲁诺在一部喜剧中的妙语恰到好处地表达出来：

悲哀夹杂着愉快，愉快夹杂着悲哀。

意欲是这智力的根源，意欲反对智力从事任何与意欲的目标无关的其他活动。所以，智力只有在暂时脱离了这一根源的时候，才有能力纯粹客观和深刻地把握那外在世界。只要智力仍然受到意欲的束缚，那智力是无法自发活动得起来的，而是呆滞昏睡——假如意欲（利益）不把智力唤醒并驱使它行动起来的话。但一旦意欲这样做，那智力虽然会根据意欲的利益非常妥当地了解清楚事物之间的关系，就正如头脑精明的人所做的那样（这些人的头脑也得时时被意欲唤醒，亦即受到意欲活动生动的刺激），但这种人也正因为这样而无法抓住事物的客观本质。这是因为意欲的活动和目的造成智力如此的片面，以致在事物中就只看到与意欲和目的相关的东西，其余的则部分消失不见了，部分则被歪曲以后进入意识。例如，一个忧虑不安、匆忙赶路的旅行者，只会把莱茵河及其河岸看成是粗重的一撇而已，而河上的桥梁则是断开这一大撇的一条细线。在一个脑子里装满目的和打算的人看来，这世界就跟作战地图中的一处美丽风景一样。当然，这些是极端的情形，由于其清晰而用作例子。但意欲的每次只是轻微的兴奋和激动都会带来认识上些微的、但始终是与前面例子相类似的歪曲和变形。只有当智力摆脱了意欲活动的羁绊，自由地审视客体，没有受到意欲的驱动而又仍然有力地保持活跃，世界才会以其真正的色彩和形态、以其全部和正确的含义呈现。当然，这种情形有违智力的本质和使命，也就是在某种程度上违反自然的，也正因此是相当稀有的。但天才的真实本质也正在于此。也只有在天才那里，上述状态才会程度高和持续地出现；但在其他人那里，只有与此近似的情形才会偶然、例外地发生。约翰·保罗（《美学的基础》，12）把天才的本质定义为静思默想，我把这一定义理解为我这里所说的意思。也就是说，平常人由于意欲的缘故而隶属于纷乱、骚动的生活，并沉浸于其中：他们的智力被生活中的事物和事件所占据，但他们却又一点都不曾意识到客观意义上的这些事物乃至生活本身。这就好比在阿姆斯特丹交易所里面的商人：他们完全听见他们旁边的人说话，但却听不到那整个交易所发出的酷似大海轰鸣的嗡嗡声——而这种声音却让远观者感到惊讶。相比之下，对天才而言，即对智力是与自己的意欲、因而也就是与自己的个人分离的人而言，那些与自己的意欲和个人相关的事情并没有遮蔽了这世界和事物本身；天才对这世界和事物本身有着清晰的意识，在客观直观中感觉和审视它们本来的样子。在这种意义上，天才是静思默想的人。

正是这种静思默想让画家有能力把他眼前的大自然忠实地再现于画布之上；让文学家通过抽象的概念把直观之下的现在精确地重新召唤出来，因为文学家把这现在表达了出来，把这带到清晰的意识中去，也同样地说出了一般人只是感觉到的东西。动物是没有任何静思默想的。动物具有意识，亦即能认出自身及其苦与乐，以及引致自身苦与乐的东西。但动物的认识始终是主观的，永远也不会客观：在其认知中所发生的一切在动物看来是理所当然、不言自明的，因此是永远既不会成为有待描绘、表现的题材，也不会成为需要思考、解决的难题。动物的意识因而完全是形而下的。虽然一般常人的意识与动物的意识并不属于同一本质，但却是类似的，因为常人对事物和世界的感知，是主观占了上风，形而下占据着优势。常人感知到了这世界的事物，但却没有感知到这世界；感知到了自己的做事和痛苦，但却没有感知到自身。随着意识的清晰度沿着无数的等级上升，静思默想也就越来越多地出现了。这样，慢慢就会达到这样的程度：有时，这样的问题就像闪电一样地掠过脑海："这一切到底是什么？"或者"这一切究竟是如何构成的？"——虽然这情形极少发生，并且这里面也有着相当不同的清晰度。如果第一个问题达到了相当的清晰度，并且持续出现在脑海里面，这就造就了哲学家；第二个问题以同样的方式造就了艺术家或者文学家。正因此，这两种崇高的使命都根源于静思默想，而静思默想又首要源自人们对这世界和自身的清晰意识——这样，他们也就得以对其回想和琢磨。不过，这整个的过程都是由于智力具备了相当的优势，得以暂时摆脱了意欲的控制——而智力本来就是要为意欲服务的。

在此对天才所做的思考和阐述，是与《作为意欲和表象的世界》的第22章互相关联的，并且是那篇文章的补充。我在那里讲述了在整个生物排列中都可看到的"意欲与智力不断加大的分离"。意欲与智力的分离在天才那里达到了最高一级，智力与它的根源——意欲——甚至会完全分离，以致变得完全自由，世界作为表象也就由此首先达到了完美的客体化。

现在我再补充一些有关天才的个性的看法。根据西塞罗所言，亚里士多德早就说过"所有天才的人物都是忧郁的"。这毫无疑问指的是亚里士多德的《论问题》(30，1) 中的一段话。歌德也说过：

> 当我事事顺遂的时候，
> 我的诗歌之火相当微弱。
> 但在逃离即将发生的灾害时，
> 它却熊熊燃烧。
> 优美的诗歌就像彩虹，

只能描画在暗淡的背景。

诗人的才情喜欢咀嚼

忧郁的处境。

——《谚语》

对这种情形的解释就是：由于意欲不断地一再坚持对智力的原初的控制，智力在遇到不妙的个人境遇时，会更容易挣脱意欲的控制，因为智力巴不得背离逆境，以在某种程度上得到放松。这时候，智力就会以更大的能量投向陌生的外在世界，因而更容易变得纯粹客观。优越的个人处境则产生恰恰相反的作用。但整体和普遍来说，与天才为伴的忧郁却是因为生存意欲越是得到了智力的照明，就越发清晰地看到了自己的悲惨景况。在那些禀赋极高的人身上经常可见的忧郁心境可以以阿尔卑斯山最高峰白朗山峰作为象征：白朗山峰经常被云笼罩着，但有时候，尤其在早晨，云霭被撕裂了，沐浴在红色太阳光下的高山，从超越云层的天上高处俯瞰着莎蒙尼高地，那一景象会深深地打动每一位观者的心。同样，那些经常郁郁不乐的天才有时候也会展现出上文已经描述的那种只有他们才可能有的、源自至为完美客观心态的独特喜悦，那就像一道灿烂的光芒飘浮在他高耸的额头上面：

悲哀夹杂着愉快，愉快夹杂着悲哀。

所有文学、艺术和哲学的粗制滥造者之所以是这样的人，归根到底就是因为他们的智力仍然太过紧密地与意欲相连，也只有受到了意欲的鼓动才可以活跃起来，所以是完全为意欲服务的。因此，这些人除了个人目标以外无法还有其他目标。与此相应，当需要以虔诚的不诚实把自己引荐给更高权威的时候，他们就会搞出一些蹩脚的油画、愚蠢无聊的诗歌，以及肤浅、荒谬、通常都不是出于真心的哲学论题。这些人的一切想法和行为因而都只关乎个人的利益。所以，他们充其量不过是成功把别人的真正作品中属于外在的、偶然的和随意的东西作为风格照搬过来；然后，抓住了皮毛而不是内核，但却误以为自己已经大功告成，甚至已经超越了那些真正的创作。但如果失败是明显的，那不少人就希望通过自己的良好意愿（意欲）[6]最终获得成功。但正是这良好的意愿（意欲）让这事情不可能如愿，因为意愿（意欲）只会导向个人的目的；而有了个人的目的，艺术、诗歌或者哲学就永远不会受到严肃、认真的对待。因此，用"自己挡住了自己的光线"[7]这一成语形容这种人就特别恰当。他们没有想到只有当智力脱离了意欲及其所有目的、打算的控制，因而可以自由地活动时，才有能力从事真正的创作，因为只有这样的智力才会让人严肃、认真起来。这对于那些粗制滥造者是一件好事，不然他们可就得投河了。在伦理学上，良好、善良的意愿就是一切，但在艺术上，那却什么都不是，因为正如艺术（kunst）[8]一词已经显示了的，能力才是唯一有价值的。一切最终都取决于一个人真正认真对待的是什么。几乎所有的人，其认真对待的只是自身和家庭的安逸。所以，他们能做的也就是努力推动这一目的，而不是别的，因为就算是决心、人为和带目的的努力都无法赋予、弥补，或者更精确地说，给他们安装上真正的、深刻的、根本的严肃认真。这是因为一个人认真对待的是什么，始终是由大自然做出安排；缺少了这种认真，那干任何事情都只能是敷衍了事。因此，出于同样的原因，天才的人物经常在照顾自身安逸方面做得很差。正如一个铅造的悬挂物总会重又停在其重心所要求的位置，同样，一个人总是集中其智力在这个人真正关切之处：对其他的事情，都不会真正严肃地对待。所以，只有很少的非一般人物，才有能力理解事物和这世界的本质性东西，亦即理解至高的真理，并且以某种方式把这理解再现出来——因为他们真正关心的不是个人和实际的事务，而是客观的和理论性的东西。这是因为这些人的这样一种对个体之外的、客观的事物的认真关切，对人的本性来说是陌生的、非自然的和真正超自然的。不过，也正因为这样，这种人才是伟大的；与此相应，人们把这种人的创作归因于某一控制和引导他们的"精灵"[9]。对这种人来说，他们的图画、诗歌或者思想就是目的；但对其他人而言，这些只不过是手段而已。其他人通过这些手段追求的是自己的利益，并且一般来说也知道得很清楚应该如何促进自己的利益，因为他们依偎、紧贴着同时代大众，随时准备着为同时代人变幻不定的心情和需要效劳。所以，这些人的生活境况一般都很不错，但天才却经常在非常悲惨的条件下生存。这是因为天才为了客观的目标而牺牲了自己个人的安乐。天才这样做也是身不由己的，因为客观的目标才是他真心关切的。其他人的做法却刚好相反，所以，他们是渺小的；但天才则是伟大的。因此，天才的作品贡献给所有的时代，但这些作品通常只在后世才开始获得承认。其他人则与他们的时代同生共死。总而言之，只有那些通过自己的工作和所发挥的作用——不管这是实际性的还是理论性的——追求纯粹客观的目的，而不是谋取自己的利益的人，才是伟大的。哪怕在现实生活中这一目的受到了人们的误解，哪怕这一目的因此缘故变成了一种过错或者罪行，这种人仍然是伟大的。他并没有追求自身和自己的利益——这一点，就让他无论在何种情况下都是伟大的了。而所有指向个人目的的行为和努力都是渺小的，因为受这一目的驱使而活动起来的人只在他那微不足道的和迅速消逝的自身认出和发现自己。相比之下，在每一样事物，因此亦即在全体事物中都能认出自身的人就是伟大的；他们不像其他人那样只活在微观宇宙里面，而是更多地活在宏观宇宙里面。为此原因，事物的整体与他息息相关，而他也试图领会和理解这一整体，以便把它表现出来，或者对这一整体做出解释，或者在实际中对这一整体发挥作用。这是因为对他而言，这一整体不是陌生的；他感觉到这一整体涉及自己。正因为他扩大了自己的范围，我们才把他称为伟大。所以，这一崇高的属性理应属于那些无论在何种意义上都是真正的英雄和天才：那意味着这些人违反人的本性，并没有追逐自己个人的利益，并不是为了自己，而是为了所有人而活着。不过，虽然绝大多数人明显地始终是渺小不堪，从来就不曾伟大，但反过来的说法却是不可以的，亦即一个人是彻底的伟大，亦即在每时每刻都是伟大：

> 因为人是用普通的材料做成的，
> 习惯被他称为乳娘。

——席勒：《华伦斯坦之死》，1，4

也就是说，每个伟大的人物经常就只是一个凡人，眼里也只有他自己，而这就意味着渺小。这一相当正确的说法："无人在自己的贴身仆人面前是一个英雄"，就是基于这一道理，而不是说这个仆人不懂得欣赏这个英雄。歌德在《亲和力》（第2卷第5章）中把这道理作为奥蒂莉突然产生的想法表达了出来。

　　天才就是这个天才所获得的奖赏，因为每一个人都有必要为了自己成为自己的最好。

　　谁要是能够为自己与生俱来的才能而活，那他就由此找到了最美好的人生。

——歌德：《威廉·迈斯特的求学时代》，第1卷，第14章

当我们回顾往昔的一位伟人时，我们不会想："这个人至今还受到我们所有人的钦佩，他是多么的幸运啊！"而会想："这个人能够直接享受到那样的精神思想——其精神思想所留下的印记，在以后的绵绵世纪，仍能让人精神愉悦和振奋——这个人该是多么的幸运啊！"价值并不在于名声，而在于获取名声的东西；快乐就在于产出那些不朽的孩子。所以，如果有人试图表明身后的名声就是空洞无用的，因为获得身后之名的人并没有亲身享受到这一名声，那他就跟这样一个自以为聪明的人差不多：在看到有人不断把羡慕的眼光投向隔壁院子的一堆牡蛎壳时，他就卖弄聪明地一心想向这个羡慕者表明：牡蛎壳其实是一点用处都没有的。

根据我们对天才的真正本质已做的描述，只要这天才意味着智力摆脱了为意欲服务这一天职，从而自发地活动起来，那它就是违反自然的。据此，天才就是智力不忠于自己的天然职责。与天才相伴随的种种缺点、不足就由此而来。为做好准备对这些缺点和不足进行一番考察，我们先把天才与那些智力并不那么明显突出的人比较一下吧。

正常人的智力因为受到严格的束缚、必须为意欲服务，所以，智力就只是忙于接收动因。这种智力可被视为一些复杂的线路群：借助这些线路，在这世界舞台上的木偶就被牵动起来了。大多数人脸上干巴、严肃的表情就是由此而来，也只有动物的表情能在这方面超过这些人，因为动物是从来不会笑的。相比之下，拥有不受约束的智力的天才却好比混在闻名的米兰木偶剧场中与那些巨大木偶一起表演的活人。这个活人是在这些木偶当中唯一看到那一切的；所以，他很高兴

离开舞台一会儿时间，以便从观众包厢中欣赏木偶的表演。这就是天才的静思默想。不过，就算是极为明智和理性的人——我们几乎可以称他们为智慧的人——跟天才也有着很大的区别，因为这种明智的人的智力维持着实际的方向，关注着从众多的目标和手段中挑选出最佳者；所以，这种智力保持着为意欲服务，是符合天性的目的而工作。对生活的那种坚定的和实际的严肃态度——罗马人把它形容为"严肃态度"（gravitas）——是以智力不会为追随与意欲无关的事情而放弃为意欲服务为前提。所以，智力与意欲的分离是不获允许的，但这却是天才的条件。那些头脑精明、适合在实际事务中做出一番大成就的杰出人物之所以是这样的人，正是因为客体事物生动地刺激着他们的意欲，驱使他们无休止地探询、了解这些客体事物的关联。因此，这些人的智力与他们的意欲紧密融为一体。相比之下，在天才客观理解事物时，这世界的现象是作为某种陌生的、供观照的东西在其头脑前面浮现，意欲活动被逐出了意识之外。做出行动实事的能力与创作思想著作的能力之间的差别就在这里。创作思想著作的能力要求客观和深刻的认识，其前提条件就是智力与意欲完全分离；而行动实事的能力则需要应用知识、保持清醒的头脑、决断力，而这些就要求智力必须不间断地为意欲服务。当意欲对智力的束缚解除了，智力就会背离自己的天然使命，就会疏忽对意欲的服务。例如，甚至在紧急的关头，智力仍要自由、不受约束；在那危险的环境里，智力仍然不由自主地观赏这一环境的优美景色。相比之下，理性、明智之人的智力则总是坚守岗位，监察着当时的情势及其需要。因此，这样的人无论在任何情况下都会做出和实施与情势相应的决定。所以，他们当然就不会有荒唐、古怪的想法和行为、个人的失误，甚至做出愚蠢的事情——而所有这些天才都是有可能做出的，因为天才的智力并不是他那意欲的专心一致的向导和守护者，纯粹客观的东西或多或少占用了他们的智力。我在此抽象描述的这两种完全不同的能力，其两相对照，就由歌德通过塔索和安东尼奥的相反对立角色，形象、直观地表现了出来。人们通常观察到的天才与疯癫之间的相似之处，主要就在于智力与意欲的分离——这是天才的本质，但却又是违反自然的。不过，这种分离本身并不可以归因于天才并没有强烈的意欲，因为天才其实是以激烈、狂热的性格为前提条件。这种智力与意欲的分离应该以此加以解释：实际事务的能手、实干家，只是具备了全部的、足够的智力配给以应付强力意欲的需要，而大多数人却连这样的智力份额都不具备；但天才则有着完全是非一般的、确实是超额的智力，而这样超额的智力又不是为意欲服务所需的。正是因为这一点，创作出真正作品的人要比做出行动业绩的人稀有千倍之多。也正是因为这种智力非一般地超出常规，它才得以取得了决定性的优势和摆脱意欲的束缚；现在，这智力忘记了自己的原初使命，出于自身的力量和弹性而自由地活动起来了。天才的创造也就由此产生。

再者，天才意味着智力自由地展开活动，亦即从为意欲的服务中解脱出来，其结果就是天才的创造并不服务于任何有用的目的。天才的作品可以是音乐、绘画、诗歌、哲学——它们并没有实际的用处。没有实际用处就是天才作品的特征。那是他们的贵族证书。所有其他的人力工作都是为了维持我们人类的生存和减轻这一生存的负担。但我们现在讨论的这些作品却不是为了这一目的：只有这些作品才是因为自身而存在，并在这一意义上可被视为生存开出的花朵，或者说，从这生存中获得的收成。所以，在享受这些作品时，我们心满意足，因为在享受的过程中，我们从那沉重的、全是需求和匮乏的浊世气氛中升浮出来。另外，与此相类似的是，我们看到美是极少与实际用处结合在一起的。高大、挺拔的树木是不结果子的；水果树都是矮小和难看的；重瓣的花园玫瑰并不结果，但矮小、野生、几乎没有香味的玫瑰却可以结出果子。最美丽的建筑物并不实用：一座庙宇并不是适合人住的地方。如果一个具有很高和相当稀有的才华的人被迫做一件只有实际用处的工作——而这工作连最普通的人都可以完成——那就等于把一个饰以最美丽的图案、价值连城的花瓶用作厨房用具；有用的人与天才之比就跟砖头与钻石之比差不多。

所以，纯实际的人把自己的智力用在大自然给它指定了的用途，亦即把握事物的关系，这可以是事物与事物之间的关系，也可以是事物与认知个体的意欲的关系。而天才则把智力作把握事物的客观本质之用，而这是有违智力本身的使命的。因此，天才的头脑并不属于自己，而是属于这个世界——他的头脑要为照亮这一世界在某种意义上做出贡献。由于这一原因，有此天才禀赋的人也就免不了多种多样的缺点。如果一件工具并不是为某一用途而设，但却又偏偏被用作这一用途，那通常都免不了会有不足；同样，天才的智力也出现了这样的不足。首先，天才的智力就好比是需要待奉二主的一仆，因为它一有机会就会摆脱与其天职相应的服务，为的是追求自己的目标。这样，它就会经常相当不合时宜地把撇下处于困难之中的意欲。所以，具有天才禀赋的人多多少少在生活中成为了无用的人。这种人的行为有时候的确会让人想起了疯癫。此外，由于他们那提升了的认识力，他们在事物中更多地看到普遍性的东西，而不是个别单一的事物。但要为意欲服务的话，需要的主要是对个别事物的认识。但有时候，当他们那高于常人的认识力以其全部力度投向意欲的事务和痛苦，那这认识力很轻易就会太过鲜明、生动地理解这些事情，眼睛所见到的一切都带上了强烈的色彩和处于太过明亮的光线之中，并都被放大成了庞然大物。这样一来，人也就陷入了极端之中。下面将更为仔细地解释这种情形。一切伟大的理论性成就，不管是在哪一方面，都是由做出成就的人把全部的精神力投向一个点上所致。他把这全部力道强劲地和牢固地集中在这一点上面，以致除此之外的整个世界在那一刻对他而言就是消失了的，他的对象物对他来说就是全部的现实。不过，这种强而有力的集中——这是属于天才的特权——甚至在面对现实事物和日常生活中的事件时也不时出现。这样，处于这种审视的焦点之下，这些被审视之物就会被放大至可怕的比例，情形犹如把跳蚤放置高倍显微镜下——跳蚤马上就获得了大象的体形。由此就产生了这样的情形：思想的天才有时候会就一些鸡毛蒜皮的小事陷入各种不同的强烈情绪之中。而这对其他人来说是不可理解的事情，因为普通人都会漠然视之的一些事情却把这些人引入悲哀、高兴、忧心、愤怒等等之中。所以，天才缺少明智和冷静，因为明智和冷静恰恰就意味着我们在事物当中只看到属于这些事物的东西，尤其是在涉及我们可能的目标方面。由此可见，一个明智、冷静的人不会是个天才。与上述种种缺点、不足结伴的还有极度的敏感，这是神经和脑髓活力得到了不一般的加强所致，甚至是与激烈、强劲的意欲活动相连的，而这样的意欲活动则同样是构成天才的条件，在身体上则表现为心跳的能量。从所有这些，就轻易产生出歌德在《塔索》一剧中为我们展现出来的那种偏激、乖张的脾性，那种激烈的情感，那种快速变化、反复无常的心境，还有那占主导地位的忧郁。与天才那时而梦幻一般的沉思、时而又狂热的激动亢奋相比——正是天才的内在苦闷孕育了不朽的作品——那些有着恰到好处的配备的正常人显示出了何等的讲究理性、镇定自若、统揽全局、十足的确信、和谐的态度和举止！此外，天才从根本上就是孤独存在的。天才人物太过稀有了，以致很难会碰上自己的同类；也太过与众不同了，以致无法成为常人的伙伴。在常人那里，意欲活动占据着主导；在天才那里，占据主导的则是认知活动。所以，常人的高兴和快乐没有他的份，而他的高兴和快乐也不属于常人。常人只是伦理的人，只有着个人的关系；但天才同时也是某一纯粹的认识力，而作为纯粹的认识力，他是属于全人类的。脱离了意欲、脱离了其母亲土壤、只是间歇性回到意欲那里的智力，其思维很快就与正常人智力的思维无论在哪一方面都有所区别，因为后一种智力紧紧黏附着自己的根基。因此，也由于各自步伐并不一致，与意欲分离的智力并不适合与常人共同思维，亦即与常人谈话。常人从他以及他那压倒性的优势那里感受不到愉快，就正如他从常人那里也感觉不到快乐一样。所以，一般来说，常人和与己一样的人在一起时会更感轻松自在，而天才也宁愿和自己一类的人谈话，虽然这种谈话一般来说只能借助那些同类的人所留下的作品才得以成为可能。所以，尚福尔[10]的话相当正确：

没有哪一样罪恶能像太过伟大的品质那样阻挠一个人拥有很多的朋友。

天才能够得到的最好运数就是：免除实事和行动，因为天才不是这方面的人；能够拥有闲暇创作其作品。从所有这些可以得出这样的结论：虽然天才的禀赋能让有此禀赋的人在某些时间快乐和幸福，因为他在这些时候得以沉浸在其天才的思想里面，无拘无束地尽情享受其乐趣，但这天才的禀赋却根本不适宜为这种人铺平幸福的生活道路，而应该是恰恰相反。这一点也可以从人物传记所记录的人生经历得到证实。除此之外，天才与周围外在也有一种不相协调，因为天才及其追求和成就通常都是与他的时代水火不容。但只是具有才华的人物却总会适时而至、应运而生，因为就正如这些能人受其时代精神的鼓动，被这时代的需要召唤出来，这些人也就恰恰只是具备了满足这一时代需要的能力。所以，这些人与同时代人的文化进展紧密契合，或者与某一专门的科学步调一致地向前一齐进步。为此，他们获得了报酬和喝彩声。但对下一代人而言，他们的作品再也无法给人以愉悦，只能被别的作品取而代之，而别的作品可是层出不穷的。相比之下，天才出现在他的时代就像彗星闯进了行星的轨道——彗星古怪的运转轨迹对行星那有条不紊、井然有序的轨道而言是奇怪和陌生的。天才因而很难契合他同时代的文化步伐；他把自己的作品远远地抛在前路上（就像一个准备赴死的将军，把手中的长矛投向了敌人），而时间只在随后才赶得上来。天才与同时代出类拔萃的能人的比较可以用《新约》中《约翰福音》（7：6）的这一句话表达：

　　我的时候还没到来；你们的时候常是方便的。

能人可以取得其他人无法取得的成就，但他们的成就不会超越常人的理解。这样，这些成就马上就能找到赏识者。相比之下，天才的成就不仅超出其他人的能力，而且也超出他们的理解。所以，这些成就不是其他人直接意识得到的。能人就像一个击中了无人可及的目标的弓箭手；天才也击中了他的目标，但这目标距离之远是其他人甚至无法看见的。人们因而只是间接地、因而在以后才知道有关这事情，甚至对这事情他们也是抱着尽管相信的心态。据此，歌德在一封教育信札里说道：

仿效别人是我们与生俱来的特性，但所要仿效的对象并不容易认清。优秀的东西很少被发现，要得到别人的赏识则更少见。

——《威廉·迈斯特的学习时代》，第7卷，第9章

尚福尔说：

人的价值就跟钻石的价值一样：在某一体积度、纯度和完美度的钻石会有一个确定的价格；但超出这一范围以后，它就是没有价格的了，也再不会找到买家。

培根也表达过同样的意思：

下德得到民众的赞扬，中德获得他们的钦佩，上德则不获理解。

——《论学术的进展》

人们可能会对此反驳说：当然了，这些俗类！不过，我必须以马基雅维里的话支持培根所说的：

在这世上，除了庸俗就没有别的东西了。

——《君王论》，第18章

蒂洛（《论名声》，哈雷，1803）也说过，每一个人属于大众的程度，通常都要高于自己所以为的。由于对天才作品的承认姗姗来迟，结果就是这些作品很少得到同时代人的欣赏，因而很少在带有同时代和当代给予的新鲜色彩时被人们欣赏，而是就像无花果和枣子，更多

的是在已成干果，而不是在新鲜的时候，供人们享用。

最后，如果我们从身体构造的角度考察天才，那我们就会发现天才是以具备多项解剖学和生理学的素质为条件的，而一项这样的素质达致完美已很少见，多项素质都一同达致完美就更加少见了；但具备所有这些完美素质却是必不可少的要求。这也就解释了为何天才的出现，完全是个别零星的、近乎怪异、非自然的例外情形。这根本的条件就是感觉能力相对于肌肉的活动及兴奋能力和机体的新陈代谢能力占据着异常的优势；而且，让这事情更添了难度的，是这根本条件要出现在男性的身上。（女人可以有杰出的才华，但那不是天才，因为女人始终都是主观的。）同样，脑髓系统必须与神经节系统完全分离，以便脑髓系统与神经节系统完全对立起来——这样，脑髓才得以在机体当中明显着独立、活泼的寄生生活。当然，这种寄生生活会容易对机体的其余部分产生不利，并且，提升了的脑髓生活及其无休止的活动会提早消耗机体——除非这一机体本身也同样结构良好、具很强的生命力。这后者也同样属于这当中的条件。甚至一个健康良好的胃部也是一个条件，因为这部分与脑髓有着特别的和紧密的一致。不过，主要的条件还是脑髓必须得到超常的发育和具超出一般的体积，特别的宽和高；而在深度方面要稍逊一筹，大脑在与小脑的比例上，大脑要超出正常的比例。毫无疑问，脑髓无论是作为整体，还是作为各个部分，其形状是非常关键的，但我们已有的知识仍不足以对这一问题准确判定，虽然我们轻易就可认出那昭示着高贵、非凡智力的头骨形状轻。脑髓体的组织和质地必须至为精细和完美，要由最纯粹、纤细、敏感和精选的神经物质所构成：白物质与灰物质在数量上的比例肯定也起着决定性的作用——但这个我们现在仍同样无法说明。对拜伦尸体的剖验报告[11]指出，拜伦脑子里面的白物质与灰物质的比例，前者明显占优；同样，他的脑髓也重达 6 磅。居维尔[12]的脑重为 5 磅，而正常人的脑重为 3 磅。相对于主要的和占优的脑髓，脊髓和神经必须异常纤细。一个成美妙拱顶的头盖骨必须高耸、宽阔、骨质细薄，以保护脑髓，而非以任何方式挤压它。脑髓和神经系统的这些特性遗传自母亲，我们在下篇再回头谈论这一问题。不过，仅靠这些仍然完全不足以产生出天才这一现象，除非再加上遗传自父亲的强烈、活力、狂热的脾性，在身体上则表现为异乎寻常的心脏能量，也就是血液循环，尤其是通往头部方向的血流量。这是因为以这样的方式，脑髓所固有的细胞组织膨胀首先是加大了；这样，脑髓挤压着脑壁，并从受到损伤的脑壁涌了出来。其次，脑髓通过心脏所具有的力量获得了一种内在的运动，而这是有别于脑髓伴随着呼吸而持续的一起一伏；这种内在运动意味着随着四条大脑动脉的每一次脉动，整个脑髓组织都经受了一次震动，而这一震动所产生的能量必然是与在此增加了的脑髓量相称的，就正如这运动总体而言就是脑髓活动的一个不可缺少的条件。正因此，矮小的身材，特别是短小的脖子也是有利于这种大脑活动，因为路径短了，血液就以更多的能量抵达脑髓。所以，具有伟大头脑的人很少是身材高大的。但传送血液的较短路径并不是必不可少的，例如，歌德就比常人高大。但如果缺少了这一涉及血液循环的，因此也就是遗传自父亲的这个前提条件，那么，从母亲那获得的良好大脑素质就顶多造就了优异的才能，良好的理解力，但予以支撑的却是麻木、冷漠的脾性和气质；但一个麻木、冷漠气质的天才却是不可能的。这一来自父亲的天才条件解释了在这之前我已谈论的天才的许多性格、气质上的缺陷。而如果只是具备了这一条件，但又缺了母亲智力的条件，亦即只有一副在构造上平凡无奇，甚至是糟糕差劲的大脑，那就会造成性情活跃有余、但智力却捉襟见肘，只有热却没有光；这样的人躁动不安、冲动易怒。至于在两兄弟中，只有一个是天才，并且那通常是哥哥，就像康德那样的情形——这首先可以此解释：在他母亲怀上他的时候，他的父亲正是充满活力和激情的时候，即使另一个、源自母亲方面的条件会因为不利的情势而打了折扣。

在此，我还想特别就天才的孩子气性格，亦即就天才与儿童时期的某种相似性，提出我的看法。也就是说，在儿童期，大脑和神经系统就跟天才的情形那样，占据着决定性的优势，因为大脑和神经系统的发育远远早于机体的其余部分。所以，到了 7 岁，脑髓就已经获得其最大的体积和全部的质量。因此，毕夏[13]已经说过：

> 在儿童期，神经系统与肌肉系统相比，在比例上远远大于其后的各个时期。但在其后的各个时期，大部分其他系统都占据着对神经系统的优势。人们都知道，如果要详细研究人的神经，那都会选择儿童。
>
> ——《生命与死亡》

相比之下，生殖系统的发育是最迟开始的，也只有到了成人期，肌肉的活动及兴奋能力、身体的新陈代谢机能，以及生殖功能才全力发挥作用。到了这个时候，一般来说，这些功能相对于脑髓功能更具优势。由此可以解释为何孩子们普遍都是那样的敏感、理性、好学、易教，就大体而言，他们甚至比成年人更有兴致和更适合于理论性的探究。也就是说，由于那发育程序的原因，他们拥有的智力超过意欲，后者也就是爱慕、欲望和情欲。这是因为智力与大脑是同一的，同样，生殖系统与最激烈的欲望也是同一的。所以，我把生殖系统名为意欲的焦点。正是因为在儿童期，这生殖系统的可怕和剧烈活动仍在沉睡，而脑髓的活动已经相当活泼和灵活，所以，儿童期是无邪和幸福的时期，是生命中的天堂和失去了的伊甸园。在这之后的生命路程里，我们始终带着眷恋回首这一段时间。那幸福的基础就是在儿童期，我们的整个存在更多的是处于认知而不是意欲的状态。这种认知状态也由于外在新奇的事物而得到了加固。所以，在生命的晨光中，我们眼前的世界闪耀着新鲜、魔幻般的光彩，那是一个多么诱人的世界！儿童期的那些微小的欲望、摇摆不定的意愿和鸡毛蒜皮的烦恼，相对于占优势的认知活动就只是小小的平衡而已。儿童清澈、无邪的眼神使我们的精神为之一振；个别儿童不时会有的那种庄严、静观的表情——拉斐尔就以这种表情赞美了他的天使——就可以从上述得到解释。据此，精神能力的发育远早于这能力要为之服务的需求之前。在此，大自然的行事相当符合其目的，这是她的一贯做法。这是因为人们在智力占据优势的时候，就收集和准备了充足的知识以应付将来的、但在此时他们仍不知道的需要。因此，儿童的智力总是非常活跃，热切地去理解和琢磨所有的现象，然后把这些小心储存起来，以备将来之需，就像蜜蜂一样采蜜远超过自己所能食用，因为预感到了将来的需要。确实，一个人直到青春期为止所获得的见解和知识，就整体而言，要超过在这以后所学到的一切，哪怕他以后会变得多么的有学问。因为那是一切人类知识的基础。直到那同一时期为止，孩子的成形性（可塑性）占据着优势；当完成了成型性工作以后，这些的力就转移到了生殖系统之中。这样，伴随着青春期，性欲也就出现了；现在，意欲也就逐步占了上风。在以求知好学、理论为主的儿童期过去以后，接下来的是骚动不安的青年期，忽而冲动、暴躁，忽而忧郁、沮丧。随后就进入了激烈和严肃的成人期。正因为儿童没有那种孕育着不幸和灾祸的冲动[14]，所以，他们的意欲活动是温和适度和服从于认知，而儿童期所特有的无邪、聪明、理性的特质而来。至于儿童与天才的相似是基于何种原因——这几乎已经不需要我多说了，那就是：充裕的认识力超过了意欲的需要和由此导致的纯粹认知活动占据了优势。事实上，每个小孩都在某种程度上是一个天才，而每个天才都在某种程度上是一个孩子。这两者的相似首先显现为天真和高贵的淳朴——这是真正天才的一个基本特征。此外，这种相似也通过另外几样特性表现出来，而某种程度的孩子气当然是属于天才的性格。根据里默[15]所写的《有关歌德的报告》（第1卷，第184页），赫尔德[16]和其他几个人在背后对歌德颇有微词，说他总是像一个大小孩。他们当然说得很对，但他们这样挑剔却是不对的。人们也说莫扎特整个一生都是一个小孩（尼森所写的《莫扎特传记》，第2页和第529页）。舒利希格罗尔在悼词中这样形容莫扎特：

在艺术上他很早就是一个成年人，但在其他所有方面他却始终是一个小孩。

由于这一原因，每一个天才就已经是一个大小孩了，因为他审视这一世界就像审视某样奇特、陌生的东西，某一出戏剧，因此是怀着一种纯粹客观的兴趣。据此，他就像小孩一样，没有平常人那种干巴、乏味的严肃和一本正经，而这些平常人除了主观（主体）的兴趣（利益）以外，并没有能力还有其他别的兴趣；在事物当中看到的永远只是他们行为的动因。谁要是在其一生中，不是在某种程度上始终保持像一个大小孩，而是成为了一个严肃、认真、冷静、现实、成熟老练、明智和理性的人，那么，这个人可能是世上一个有用、能干的公民，但他却永远不会是一个天才。事实上，天才之所以是天才，就是因为他把儿童期自然的、占优势的感觉系统和认知活动，以某种非正常的方式持久不断地保持终生，因而在此也就成了一棵常青树。在不少平常人那里，儿童期的这些特性的某一痕迹当然也维持至青年时期所以，例如，在不少大学生的身上，一种纯粹精神智力方面的努力和某种天才的古怪之处仍然清晰可辨。不过，大自然还是要回到自己的轨道上去：人们从幼虫成蛹了，到了成人期就变成了固执的菲利斯特人[17]。在多年以后重又见到他们时我们是多么的震惊！歌德说过的妙语就是基于我们在此所说的整个过程，他说：

> 小孩不会信守自己的诺言；青年人很少信守自己的诺言，如果他们真的这样做，那这世界就不会对他们信守自己的诺言。
>
> ——《亲和力》，第 1 卷，第 10 章

也就是说，这个世界把王冠高高地举起来以奖励那些为这一世界做出贡献的人，但最终王冠却被授予了那些沦为实现低下、卑微目的的工具的人，或者说懂得欺骗这一世界的人。根据这所说的，正如几乎每一个人都曾经有过青春的美（"魔鬼的美"），每一个人也都曾经有过青春的智慧，某种每个人在年少时都有的、倾向于并且适宜于理解、明白和学习的本性；一些人到了青年期仍然保持这种本性，但在这之后就失去了，就如同失去了青春美一样。只有极少数得天独厚的人，才可以终其一生都保留少年时的思想特性，或者青春美，以致到了高龄，仍可看到这方面的某一痕迹。这些是真正俊美的人和真正的天才。

我们现在正在讨论的这点，即在儿童期，大脑神经系统和智力占

据优势；到了成熟期，就开始衰退——可以通过考察与我们人类至为接近的类人猿而得到重要的说明和证实，因为在类人猿的身上，也在很高的程度上出现了同样的情形。人们慢慢才确切知道：最聪明的猩猩是年幼的猩猩。当小猩猩长大以后，那种与人很相似的面貌、表情，和那令人惊讶的智力一并消失了，因为猩猩脸部的下半部、动物性的部分增大了，前额也就因此退缩了；为发展肌肉所需的棱角凸现形成了动物性的头盖骨；神经系统的活动减少了，取而代之的是发育出了异常的肌肉力量。因为这一肌肉力量已经足够保存动物自己，所以，充裕、高级的智力也就成了多余。弗里德里希·居维尔在这方面的论述和弗洛伦斯[18]在修订居维尔的《自然历史》当中的阐述非常的重要。这见之于1839年9月的《科学日报》。另外，这些论述在补充了若干内容以后，以《居维尔对动物的本能和智力的观察的分析总结》(弗洛伦斯，1841,)这一标题单独印刷出来（1841）。在这本书中的第50页写道：

猩猩的智力在很早年纪就高度发育起来了，但这一智力随着猩猩年龄的增加而开始衰减。猩猩在年幼时表现出来的洞察力、聪明、诡计使我们大为惊讶；但猩猩长大以后，就变成了粗野、残暴和倔强易怒的动物。所有其他的类人猿也和猩猩一样。在这些动物的身上，智力随着它们体力的增加而相应减弱。拥有最高智力的动物也只是在年幼时拥有其全部的智慧。

在第87页上，

各个种属的类人猿都向我们显示了年龄与智力的反比例关系。例如，瘫猿（在婆罗门教里获得尊荣的一种猴子）在其年幼时有着宽阔的前额，并不那么明显凸出的嘴巴和高、圆的头盖骨。但随着年龄的增加，前额消失、退后了，嘴巴也凸了出来；内在的道德气质的变化丝毫不亚于体质上的变化。漠然、暴烈和对孤独的需要取代了理解力、信任和温和的脾性。据居维尔先生所言，这些变化是如此之大，如果按照我们的习惯做法，以我们自己的行为评判动物的行为，那我们就会把年幼的动物视为已经具备了其种属的所有的道德素质，而成年的动物则只是拥有了身体的力量。但大自然的做法并不就是要让这些动物脱离大自然已经为其定下的狭窄范围：在这一范围之内，它们刚好可以维持生存。为此目的，当缺乏身体力量时，智力就是必需的；但获得了体力以后，其他的各中能力就会失去其处。

在第 118 页上，

物种得以保存的前提条件既可以是动物的智力素质，也可以是它们的机体素质。

这最后一句话证实了我提出的原则：智力，如同爪、牙一样，不过就是为意欲服务的一个工具而已。

注释

[1] 指认识力摆脱意欲的控制，把握事物的（柏拉图式的）理念。可参见本书"论美"篇。——译者注

[2] Genius 一词也包含"天才"的意思。——译者注

[3] 约翰·克里斯朵夫·阿德隆（1732—1806）：德国语言学家。——译者注

［4］ 约翰·保罗（1763—1825）：德国评论家、作家，其小说作品以注重细节著称。——译者注

［5］ 参见本书"论美"篇。——译者注

［6］ 意愿与意欲为同一个词。——译者注

［7］ 这里是直译，但这一成语通常被意译为"自己妨碍了自己"。——译者注

［8］ kunst 一词既指艺术、技艺，也有能力的意思。——译者注

［9］ 即"天才"，但这词的原意是精灵。——译者注

［10］ 尼古拉·尚福尔（1741—1794）：法国格言、警句作家。——译者注

［11］ 参见《麦德温与拜伦勋爵的谈话》，第333页。

［12］ 居维尔（1773—1838）：法国自然学家。——译者注

［13］ 弗朗索瓦·毕夏（1771—1802）：法国解剖学家和生理学家。——译者注

［14］ 即性欲。——译者注

［15］ 费·威廉·里默（1774—1845）：德国语言学家、文学史家，著有《歌德的言谈、事迹》。——译者注

［16］ 约翰·赫尔德（1744—1803）：德国批评家、哲学家及路德派神学家，浪漫主义运动的先驱。——译者注

［17］ 叔本华对"菲利斯特人"的定义是"被文艺女神抛弃的人"、"没有精神需求的人"（参见拙译《人生的智慧》第二章，上海人民出版社2018年版）。——译者注

［18］ 让·比尔·弗洛伦斯（1794—1867）：法国生理学家。——译者注

论 美

1

既然我在我的主要著作里已经足够详尽地讨论了对（柏拉图式）理念的认识和这一理念的对应物，亦即认识的纯粹主体，那如果我不是考虑到我的这些思想在我之前还不曾被人提出来，所以我最好不要有所保留，因为对这些思想所做的解释、说明在将来或许会受到欢迎，那我就会把在此又重谈同一个话题视为多余的了。当然，我在下面讨论这一话题时，已经假设读者了解我在此之前所做的讨论。

美的形而上学，其真正的难题可以相当简朴地这样表示出来：某一事物与我们的意欲没有任何的关联，但为何这一事物会引起我们的愉悦之情？

也就是说，每个人都觉得某样东西能够引起我们的愉悦，其实只是因为这样东西与我们的意欲有关，或者正如我们所喜欢表达的那样，与我们的目标有关；所以，不带意欲刺激的愉悦似乎就是自相矛盾的说法。但是，被我们这样称为美的东西却很明显引起了我们的愉悦，而这又与我们的个人目的，亦即与我们的意欲没有任何的关系。

我对此难题给过这样的解答：我们在美的事物里面总可以领会到有生命的和没有生命的大自然那本质的和原初的形态，因此亦即柏拉图所说的理念；而这种领会的前提条件就是这些形态（理念）的根本对应物，即摆脱了意欲的认识主体，亦即某一不带目的、打算的纯粹智力。这样，当我们开始领会到美的时候，意欲是完全从意识中消失了的。意欲才是我们一切悲哀、苦痛的根源。这就是那与审美相伴的愉悦和欢乐的根源。所以，愉悦和欢乐是以消除了任何痛苦的可能性为基础。但假如有人提出异议，认为随着痛苦的消除，愉悦的可能性也会被一举消除，那就要记得：正如我已经多次解释过的，幸福、满意的本质是否定的，也就是说，那只是痛苦的终止；而痛苦的本质却是肯定的。因此，在一切意欲活动从意识中消失以后，留下的就是愉悦的状态，亦即没有任何的痛苦。在我们正在讨论的审美状态中，甚至没有发生痛苦的任何可能，因为审美的个人成了一个纯粹处于认知、而不再是意欲状态的主体，但他仍然意识到自身和自己的活动。正如我们所知道的，作为意欲的世界是第一位的，而作为表象的世界则是第二位的。前者是欲求的世界，因此也就是充满花样繁多的痛苦和不幸。但后者却就其本身而言是没有痛苦的；此外，表象世界还包含了值得一看的景观，一切都是那样的意味深长，至少是甚具娱乐性。美感愉悦就在于享受这些景观。[1]要成为纯粹的认识主体就意味着摆脱、忘记自身[2]，但由于人们通常无法做到这一点，所以，他们一般都无法纯粹、客观地领会事物，而这却是艺术家的天赋所在。

2

一旦个人的意欲暂时放松了控制分配给这意欲的头脑表象能力，并让这种本是为了服务意欲才生成和存在的头脑表象能力，从其本职工作中完全解放出来，让这种头脑能力暂时不用照料这一意欲或这个人自身（而这本来就是智力的天然主题和定期、经常的工作），而这一头脑表象能力却又继续保持着活跃，全神贯注和清晰地领会那直观、形象之物——一旦出现这种情况，那头脑的表象能力就马上变得完全客观了，也就是说，它就会变成反映客体的一面忠实的镜子；或者更精确地说，成为帮助在每一客体上面展现自身的意欲化为客体的工具，因为这意欲的内在本质，现在就随着更长时间的直接观照而越发完全彻底地显示出来，直至这一观照穷尽这意欲的内在为止。也只有以这样的方式，伴随着纯粹的主体而产生了纯粹的客体，亦即在那被观照之物显现的意欲得以充分展示出来，而这恰恰就是这一被观照之物的（柏拉图所说的）理念。不过，要认识这样的理念，需要我们在察看一个客体时，真正忽略其在时间、空间的位置，那也就是忽略其个体性。这是因为正是那一客体的始终是由因果法则所确定的在时、空的位置，使这一客体与作为个体的我产生了某种的关联；因此，也只有撇开这一客体的时、空位置，这一客体才可以成为理念，也以此方式和与此同时，我才成为纯粹的认识主体。正因为一幅绘画把瞬间飞逝的时刻永远固定了下来，亦即把这一时刻从时间中撕了下来，所以，这幅绘画提供给我们的就已经不是个体的东西，而是理念，是在各种变化中保持恒久不变的东西。不过，要让主体和客体发生上述所要求的变化，前提条件就是认识力不仅从其原初的职责抽身，能够完全自主，而且还必须以其全部能量继续保持活跃，尽管此时并没有意欲的动力，而意欲的动力是迫使认识力活动起来的天然驱力。但困难就在这里，并且因为这一困难，这种事情就很少发生，因为我们所有的想法、追求，我们的所听和所见，都合乎自然地直接或者间接地为我们数不胜数、大大小小的个人目标服务。据此，驱使认识力发挥其功能的是意欲，而一旦缺少了这种动力，认识力马上就会疲乏和松弛下来。因这动力而活动起来的认识力足以应付实际生活，甚至胜任某一专门的科学分支，因为科学各个分支的目标都总只是瞄准着事物之间的关系，而不是事物的自身和内在本质。所以，这些学科的所有知识都循着根据律（这根据，也就是关系的要素）的主导思想前行。因此，只要知识的着眼点就是有关原因和效果或者有关其他的根据和结果——那也就是在自然科学的所有分支，还有数学、历史或者发明等方面所出现的情况——那人们所寻求的知识就必定是为意欲的目的服务。意欲越是强烈追求这目的，这目的就越快达到。同样，在国家事务、战争、金融或者商业运作中，在各种各样的阴谋诡计里面，由于意欲强烈的渴求，意欲首先强迫智力集中全力追踪具体情况下的所有原因和结果。事实上，意欲在此能够鼓动某一特定的智力令人惊讶地超常发挥。所以，要在诸如此类的事情取得显著成就，不仅要求具备聪明或者精细的头脑，而且还需要强而有力的意欲，后者必须从一开始就驱使智力投入艰辛、紧张和不息的劳动。缺少了这些劳动，是完成不了上述任务的。

但是，如果我们要认识事物客观的、自身的本质，那就是完全另一码事了，而对事物的客观、自身本质的认识，构成了事物的（柏拉图式的）理念，也必然是在优美艺术方面做出任何成就的基础。也就是说，在上面提到的事务中起促进、甚至是必不可少的作用的意欲，在这里却必须完全退出，因为现在适宜智力单独、完全依靠自己的力量独立发挥，自愿做出贡献。在此，一切都必须自然而然地发生：认识力必须不带目的地活动，因而就是处于没有意欲的状态。这是因为只有是在纯粹认知的状态，即完全脱离了自己的意欲及其目标，以及一并脱离了自己的个体性，才可以纯粹客观地观照事物，也才可以把握事物的（柏拉图式的）理念。但这样不带意欲地去把握必须永远是先于观念（构思），亦即先于最初的、永远属于直观的知识，后者在以后就成了真正的诗歌、艺术作品，甚至真正哲学命题的素材和内核，或者说灵魂。我们在天才创作的作品里一向留意到的那些并非蓄意的、不带目的的、甚至部分是无意识和直觉的成分，恰恰就是完全脱离和独立于意欲、不带意欲的原初艺术认识所致。正因为人本身就是意欲，所以我们就把这种认识归于某样有别于这个人的东西，归于这个人的守护神、天才。这一类的认识，正如我已经多次解释过的，并不循着根据律的指引。也正因为这样，这一类知识与为意欲服务的知识互相对立。由于天才的客观性，天才以深思熟虑见人之所不能见。这使他有能力作为文学家或者画家向我们直观和栩栩如生地描述或者描绘这一大自然。

但在着手创作作品时，因为现在的目的就是传达和表现所认识到的东西，又因为已有了目的，所以，意欲就可以、并且必须再度活跃起来。据此，根据律就在这里再次恢复了统治：我们就根据这根据律，恰如其分地运用艺术的手段以达到艺术的目的。这样，画家关注的是他的绘图的准确性和色彩的处理；而文学家则忙于写作的大纲，然后是遣词造句和韵律节奏。

但因为智力源自意欲，智力因此客观显现为脑髓，也就是显现为身体的一部分，而整个身体又是意欲的客体化；又因为智力从一开始就是确定为意欲服务的，所以，智力理所当然就是从事于我们在一开始就已谈论的一类为意欲服务的活动。在从事这一类活动时，智力忠实听从智力的这一类知识的自然形式（这由根据律表达出来）的指引，受意欲（这是人的原初的东西）的驱动而投入活动，并由意欲所维持。相比之下，从事第二类的认识则是对智力的某种非自然的滥用，所以，这类认识活动的前提条件，就是拥有明显异常的、超出比例的、也正因为这样是相当少有的智力和脑髓（智力的客观体现）分量和优势——这是相较于身体其余部分和为意欲目标所需而言。正因为超常比例的智力是反常的，所以，由此产生的现象有时候会使我们想起疯狂。

所以，认识力在此已经是不忠实于其根源，即意欲。那本来只是为服务意欲而产生的智力在几乎所有的人里面，仍然是为意欲效劳；这些人的生活就是在这些方面发挥智力并取得成果。把智力用于任何一门自由的艺术和科学就是滥用，但智力在这些方面的运用和发挥奠定了人类进步和荣耀的基础。智力甚至还可以以另一种方式对抗意欲，因为在那些显现出神圣性的不寻常现象中，智力消除了意欲。

此外，对世界和事物的那种纯客观把握——这作为原初的知识构成了艺术、文学和纯粹哲学构思的基础——不管是因客体的原因还是因主体的原因而起，都只是稍纵即逝的，既可以是因为我们无法持续保持所需的精神高度集中，也因为世事的发展不允许我们完全以安静的、无动于衷、置身局外的看客身份在这一世界生存，就像毕达哥拉斯所定义的哲学家那样。相反，每个人都必须在生活的巨大的木偶戏里上演自己的角色，并且几乎是一刻不停地感受着把他连接和活动起来的绳线的牵引。

3

至于这种审美观照中的客体部分，因此也就是（柏拉图式的）理念，我们可以形容为当时间——我们认知的这一形式和主观条件——被抽走以后，摆在我们面前的东西，情形就像把玻璃片从万花筒中抽走一样。例如，我们看到植物含苞、开花、结果，并对那推动力永远不知疲倦地推动这一循环重复进行而感到惊讶。如果我们能够认识到：尽管发生着所有这些变化，我们眼前的仍只是这植物的一个不变的理念，那我们的惊讶就会消失。但是，我们没有能力直接观照这把花苞、花朵、果实一体起来的理念，而只能够通过时间的形式认识这一理念。这样，植物理念就以其在各个阶段的形态分开展现给我们的智力。

4

如果我们考虑到诗歌和造型艺术总是把个体作为主题，目的就是精确和细腻地把这一个体及其一切独特的细节，甚至那些毫不显眼之处展现出来；然后回头看到科学是运用概念进行工作，而每一条这样的概念都代表了无数的个体，因为这概念一次性地确定和描绘了这一整类事物的特征——这样，综合这些考察，我们似乎就会觉得：艺术的追求相当渺小和欠缺意义，那甚至就是小孩子的所为。不过，艺术的本质却在于以一类千，因为它对个体的精心、细致的个别描绘，其目的就是揭示这一个体总类的理念。例如，从人类生活中选取某一事件、某一场景，连带参与其中的人物，经过精确、完整的刻画、描写，让我们从某一审视角度清晰和深刻地认识到人的理念。正如植物学家从无限丰富的植物世界里摘取了一朵鲜花，然后把它剖开，以便让我们看到植物的本质，同样，文学家从熙攘不息、迷宫般混乱的人类生活岁月当中，提取了单独的一幕，甚至经常只是人的某种情绪和感触，以此让我们看清楚人的生活和本质。所以，我们看到伟大的思想者，如莎士比亚、歌德、拉斐尔、伦勃朗并不认为极其精确、认真勤勉地描绘某一甚至并不声名显赫的个人，把他的全部特性，包括最细微之处，生动、形象地展现在我们面前，是一种有失身份的事情。这是因为只有通过直观、形象的方式，才能把握每一独特和个别的事物。所以，我曾把诗歌定义为一门通过字词使我们的想象力活动起来的艺术。

如果我们想直接感受一下直观知识，其作为基本的和首要的知识是如何优于抽象知识，并由此认识到艺术透露给我们的比所有的科学都要多，那就让我们审视一个人的生动、美丽、富于表情的脸吧——无论是在自然中，还是经由艺术的媒介。从这一张脸上我们所获得的对人的本质，甚至大自然本质的了解，远远深刻过一切词语及其表达的抽象概念所要告诉我们的！在此附带说一句，我认为突然喷薄而出的阳光之于一处美丽的风景，就犹如笑容之于一张漂亮的面孔。所以，

欢笑吧，姑娘们！尽情地欢笑吧！

——马尔克斯·马绍尔[3]：《警句集》

5

不过，一幅图画之所以比一样实物更容易帮助我们认识某一（柏拉图式的）理念，因此，这图画之所以比现实更加接近理念，原因大致上却是：艺术作品已经是通过了某一主体作用的东西；因此，它对我们的精神思想而言就犹如动物营养，亦即已经吸收了的植物营养之于我们的身体。但更仔细地考察一下，这情况在于造型艺术的作品并不像现实那样向我们展示只存在一次、以后不再的东西，亦即这一物质与这一形式的结合，而正是这些的结合构成了实际和具体之物、真正的个别事物；艺术作品展示给我们的只是形式。如果这一形式能

够完美地和多方面表现出来，那就是理念本身了。因此，图像马上就把我们从个体的东西引至单纯的形式。这种脱离了物质的形式已经使形式大为接近理念了。每一图像都是这样的一种分离，不管这是一幅绘画，还是一尊雕塑。所以，形式与物质的分离就属于美术作品的特征，这恰恰是因为美术作品的目的就是引导我们认识某一（柏拉图式的）理念。对艺术作品来说，最根本的事情，就是只把形式而不连带物质表现出来，甚至是大张旗鼓要达到这一目的。这就是为何蜡制人形无法造成美学效果、也不是艺术作品（在美学的意义上说）的真正原因，虽然这些蜡制人形就算是造工巧妙，比最好的绘画或者雕塑都容易百倍地造成假象，能以假乱真。所以，假如模仿实物到几可乱真的地步就是艺术的目的，那蜡制人形就必然是第一流的艺术品了。也就是说，蜡制作品似乎不仅提供了形式，而且还一并给予了物质，它们因此让我们产生错觉，以为我们的眼前所见就是具体实物本身了。这样一来，蜡制造型作品就不是像艺术作品那样，把我们从只存在一次、永远不再的东西，亦即从某一个体，引至那永远、无限次地存在于无数个体之中的东西，亦即形式或者理念，而是表面上要把个体本身，亦即只存在一次、永远不再的东西提供给我们，但这东西却又缺乏了那赋予这一匆匆即逝之存在以价值的东西，亦即缺乏了生命。这就是为什么蜡制形象使我们毛骨悚然，因为它看上去就跟僵尸一样。

人们会以为只有雕塑才给予形式而又不带物质，而油画则也提供了物质——假若油画运用颜色模仿了素材及其特性。但是，这样就等同于在纯粹几何学的意义上理解形式了，我在这里所说的形式却不是这个意思，因为从哲学的意义上说，形式是与物质相对立的，因此包括了颜色、质地、光滑度，一句话，包括了每一性质、特性。当然，单纯的雕塑只是给予纯粹的几何形式，把这一形式展现在对这形式而言明显是陌生的材料——大理石——上面。以这样的方式，雕塑就显而易见把形式单独分离了出来。而油画则一点都没有提供物质，而只是给予貌似的形式——不是几何意义上的形式，而是上述的哲学意义上的形式。油画，我必须强调，甚至没有给予这种形式，而只是给出了貌似的形式，亦即只是给出了作用于某一感官（视觉）的效果，并且也只是发自一个视角。因此，甚至油画也不是真的造成某种假象，让我们误以为眼前所见就是某一实物本身，亦即就是形式和物质合为一体的东西；油画所造成的貌似真实其实也总是带有这种表现方式的某些已被人们承认的条件。例如，由于不可避免地消除了两只眼睛的视觉差，油画呈现的样子就总是跟一个独眼人所看到的差不多。所以，甚至油画也只是表现出形式而已，因为它只表现出形式的效果，甚至是不全面的，亦即只作用于眼睛。至于艺术品为何比实物更容易帮助我们把握理念的其他原因，读者可参阅《作为意欲和表象的世界》第 2 卷第 30 章。

　　下面的讨论是与上述思想相关的，不过，在这里，形式要再度在几何学的意义上理解。黑白铜版画和墨水画比彩色铜版画和水彩画合乎高雅的趣味，而彩色铜版画和水彩画对欠缺修养的人更有吸引力。这原因明显就在于黑白的表现手法只给予了我们形式，就好比是抽象地给出这形式，而对这种形式的领悟（正如我们所知道的），是智力方面的，也就是说，是属于直观理解的事情。相比之下，对彩色的把握却纯粹是感觉器官的事情，甚至是感觉器官所进行的一种特别调整（视网膜活动的质的可分性）。在这方面，我们也可以把彩色的铜版画比作押韵的诗行，黑白铜版画则可比作只有节奏的无韵诗。至于诗文里面韵脚与节拍的关系，读者可参阅《作为意欲和表象的世界》第 2 卷第 37 章。

6

我们在青少年时代所获得的印象是那样的充满意义，在生命中的黎明，呈现在我们眼前的一切都是那样的理念性，都是那样的美轮美奂，其原因就是那仍是个别的事物让我们首次了解到了这一个别事物的种类，而这一类事物对于我们仍然是新奇的。因此，每一个别事物也就代表了它那一类事物。所以，我们在这些个别的事物里面把握了这一类事物的（柏拉图式的）理念，而这一理念对于美是至为关键的。

7

"美"（Schöne）这个词毫无疑问是与英语 to show（展现）同源、相关的；因此，"showy"就是显眼、夺目的意思，"what shows well"则是"很好地展现出来"的含义，亦即清晰显现、可被直接观照，因而也就是清晰表达了意味深长的（柏拉图式的）理念。

"美丽如画"（malerisch）一词的含义从根本上是与"schön"（美丽）一词的含义相同的，因为前者形容那些展现自身、把种类的理念清晰地表现出来的事物，因此适合形容画家（maler）的表现手法，因为画家恰恰是致力于表现和突出理念，而理念确实构成了美中的客体部分。

8

人体的美丽与优雅，两者结合就是意欲在其客体化的最高一级的最清晰展现，也正因为这样，就是造型艺术所能达到的最高成就。当然，正如我在《作为意欲和表象的世界》（第1卷，41）所说的那样，每一自然的东西都是美的，每一动物因而也都是美的。如果这种美在某些动物的身上并不那么明显，那原因就是我们并没有对其纯粹客观地观照，并以此领会其理念，而是因由于某些无法避免的联想而脱离了这一客观状态。在大多数情况下，这种联想是某种很强的相似性造成的，例如，人与猴子之间的相似地方。这样，我们就无法把握猴子这一动物的理念，而只是看到了人的可笑形象。癞蛤蟆与污泥、泥浆的相似似乎也以同样的方式造成效果。但尽管如此，这仍不足以解释为何有些人在看到这些动物时，就像另一些人看到蜘蛛那样，会感觉到无比的厌恶，甚至是害怕和恐惧。这些原因似乎在于更深一层的、形而上的和神秘的关联。与我这一看法不谋而合：正是这些动物通常被用作意念治疗，因而也就是应用于魔法目的。例如，祛除热病时，把蜘蛛藏于一个坚果的外壳里，然后由病人把它系在脖子上，直到蜘蛛死去为止；或者当面临巨大的、致命的危险时，把一只癞蛤蟆放在一个密封容器里，里面盛满病人的尿液，然后在正午刚好钟敲12响时，把容器埋于屋子的地窖里。不过，这种把动物慢慢折磨至死是需要向永恒的正义赎罪的。这再一次解释了为何人们会有这样的看法：谁要是行使巫术、魔法，那他就是与邪魔签订了合约。

9

无生物的大自然要是没有了水，在没有一切有机物的情况下呈现出来时，会给我们造成一种相当悲凉，甚至压抑的印象。这方面的例子就是那些只让我们看到光秃秃岩石的地区，尤其是离法国土伦不远的一条通往马赛的狭长、没有任何植物的岩石谷。但规模更大、更加震撼的例子则是非洲的沙漠。无机体的大自然之所以给我们造成那种悲凉印象，首先是因为无机体团块唯独只遵循引力的法则；因此，这里的一切都是朝着引力的方向。相比之下，看到植物会直接让我们感受到极大的愉悦。当然了，植物越是丰富、多样越是扩展开来，并且是放任其自然生长，那我们感受到的愉悦就越大。这里面最直接的原因就是植物似乎克服了引力法则，因为动植物世界朝着与引力刚好相反的方向升起。生命的不寻常现象直接宣告自己属于某一崭新的和更高级的事物秩序。我们本身就属于这一类东西，那些是与我们同源、相近的，是我们的存在的组成部分。看到这生命的现象，我们的心情为之一振。所以，首要是植物世界那垂直向上的伸展让我们一看到就会直接感受到了愉快。如果长势良好的树木丛，再加上十来株笔直、修长的冷杉树梢从中间脱颖而出，那就是相当吸引人的美景。相比之下，一株四周经过修剪的树木就再也不会打动我们。事实上，在造成的效果方面，一株倾斜的树木会比挺拔的树木大为逊色，所以，垂杨柳的细枝低垂下来，因而也就是屈从了地心吸力——这就给了垂柳"哀柳"[4]（trauerweide）的名称。流水在很大程度上消除了无机大自然所造成的凄凉效果，因为流水的巨大运动使流水有了生命的外表，还有就是水与光那不断的游戏。再者，水是一切生命的原初条件。此外，大自然的植物景色让我们如此愉悦，就是因为植物表达的是平和、静谧和满足；而动物世界却大多数呈现出不安、匮乏，甚至是争斗的状态。所以，植物世界很容易就使我们进入一种纯粹认知的状态、摆脱了自身的束缚。

大自然的植物，甚至那最平凡普通和毫不起眼的种类，一旦没有了人为的随心所欲的影响，就会马上排列出图画般的美景——此情此景令人惊叹。所以，在任何躲过开垦、耕作，或者在开垦、耕作还不曾到达的小块地方，我们都可看到植物的这种情形，尽管那些只是蓟属植物、荆棘和一些最寻常普通的野生花卉。但在玉米地和蔬菜园里，植物世界的美学成分却降至了最低点。

10

人们很早就已经认识到：为人类的目的服务的制作品，因此也就是器具、建筑物等，要达到美的目的就必须具备与大自然作品的某种相似。不过，如果我们认为这种相似必须是直接地体现于形式，例如，直柱应该表现出树木甚至是人的四肢的样子；盛器必须做得像贝壳、蜗牛壳，或者花萼的外形；到处都要呈现出植物或者动物的外形——那我们就是错的。其实，与大自然作品的相似性不可以是直接的，而只能是间接的，亦即不应只在于形式，而应该在形式的特性上面。在完全不相同的形式里面，其特性却可以是相同一样的。所以，建筑物和器具不应只是模仿大自然，而是要秉承大自然的精神制作这些东西。而大自然的精神就在于：每一样东西和每一部分都是那样的直接符合其目的，以致马上就把那目的宣示出来了。这是用最短的途径和最简单的方法达到目的所致。也就是说，这种明显地符合其目的就是大自然作品的特征。虽然在大自然的作品，意欲是由内向外地作用，并且完全地主宰着物质，而在人为的作品，意欲则是从外面作用，首先得通过直观的媒介，甚至是通过事物目的的某一概念，然后要制服某一陌生的，亦即原先是表达出另一种意欲的物质来达到目的和表达自己，但在人为制作作品时，我们仍可以保留大自然作品的上述特性。古老的建筑工艺就显示了这一点：因为古老建筑的每一部分或者每一环节，都与其直接目的精确吻合，这目的也就以此方式天真、单纯地被展现了出来；也因为古老的建筑没有任何漫无目的的东西。这与哥特式建筑恰成对照：哥特式建筑恰恰是因为有着许多没有目的的附件和饰物而披上一副高深莫测的神秘外貌，因为人们会以为这些东西另有某些不为我们所知的用途。古老建筑也与每一退化、变质的建筑风格成一鲜明的对比：后者假装独特，采用花式多样、并无实际需要的各种忸怩手法，轻佻、任性地玩弄对其目的不甚了了的艺术手段。古代的花瓶与古代的建筑是同一样的情形：这些花瓶的美就在于它们以一种天真直率的方式展示了它们是什么和要做何用途。古代的所有其他器具也都一样：看着这些东西，我们甚至觉得，如果由大自然来制作这些花瓶、陶罐、灯具、桌椅、头盔、盾牌、铠甲，等等，那么，它们就会是这个样子的。相比之下，让我们看看今天那些镶金镂银的恶俗瓷具，还有那些女士服饰和其他东西。人们舍弃了我刚才谈到的那种古老风格，换回那种不知羞耻的洛可可[5]时尚——这种做法充分暴露了当今人们可悲的精神思想，并在他们的额头上永远地烙上了精神空虚、贫乏的印记。这些一点都不是鸡毛蒜皮的事情，它们是当今时代精神思想的印记。现代人的文学，以及那些不知所谓的舞文弄墨者对德语造成的损害就是这方面的明证——这些人恣意妄为地糟蹋德国语言，并且免受惩罚，就像那些摧毁艺术的汪代尔人一样。

11

人们把某一艺术作品的基本思想的生成，称为"受孕"（konception，又译"构思"）是相当确切的，因为那基本思想的生成之于艺术作品，就像受孕之于人的生成一样，是最关键的。并且，与受孕一样，那基本思想的生成不仅需要时间，而且还需要时机和情绪。也就是说，那客体不断地与主体交媾，前者就好比男性，后者就好比女性。但这种交媾只有在某一幸运的一刻，适逢有缘的主体，才会产生结果；到了那一刻，一个新颖、独到并因此是存活下去的思想就产生了。也正像在男女交媾中，能否受孕更多的是依赖女性而非男性一样，如果主体处于适宜接收的情绪，那么，现在几乎任何进入主体认知统觉的客体都开始向这一主体发话，亦即都会在这主体认知统觉里产生某一生动活泼、深刻独到的思想。因此，有时候，目睹某一微不足道的东西或者事件就成了一件伟大和优美的作品的种子。例如，在看见一个锡制容器的瞬间，雅可布·伯默[6]突然豁然开朗，并随即感受到了大自然内在深处的本质。不过，一切都最终取决于我们自身的能力：正如没有什么食品或者药物可以给予我们生命力，或者取代它，同样，没有什么书籍或者研究学习可以给予或者取代我们自身的思想。

12

但是，一个即兴诗人（或者即兴演奏家）也就是一个"时刻都是聪明、灵活"的人，因为他有着一整套齐全的、精心挑选的各式泛泛之作，以备不时之需。这样，他就可以根据每次不同的情况和时机，为口味各异的需求提供快捷、即时的服务。

单腿站立而口吟诗句二百。[7]

——贺拉斯

如果一个人打算以文艺女神的垂青——我指的是这个人的文学天

赋——为生，那在我看来就有点像一个要以自己的姿色为生的姑娘。为了可鄙的利益，这两种人都亵渎了那本来应该是他们内在的自由禀赋。这两种人会耗尽其禀赋，在大多数情况下，都会落得个可耻的结局。所以，请不要把你的文艺女神降格为卖笑女子，而应该以歌德的

> 我歌唱，就像那
> 栖息枝头的小鸟。
> 从喉咙里发出的歌声，
> 已经是丰厚的酬报。
>
> ——歌德：《歌唱者》

作为文学家的座右铭，道理在于文学的禀赋属于生活中的节日，而不属于劳作的日子。就算文学家与此同时操持另一种职业，并感觉到自己的文学才能受到束缚和掣肘，他的这一才能仍可能成功发挥出来，因为文学家不像哲学家那样需要掌握众多的知识和科学。事实上，文学家的天赋反而会因此得到浓缩，这跟因太多的闲暇和职业性的发挥而稀释了这天赋是一样的。相比之下，哲学家却由于我已说过的原因，不大可以在同一时间从事另一种职业，因为以哲学挣取金钱有着其他方面的和巨大的不利之处。因此缘故，古人把这一点视为识别诡辩派与哲学家的标志。所罗门说的这些话也值得赞许：

> 智慧加上一笔遗产就好了，这样，我们就可以享受阳光。
>
> ——《传道书》，7：12

我们在古代能有经典作家，亦即能够写出历经千百年仍不失其青

春光芒的作品，其大部分原因就在于在古时候，撰写书籍并不是一门挣钱行业；唯其这样，我们才能推断在那些经典作家及其优秀作品当中，也不会掺杂着劣质的东西，因为他们不会像我们当代甚至最好的作家那样，当精神挥发掉了以后（根据席勒：《人的尊严》），仍然把麻木、迟钝带进市场以沽上几个金钱。

13

音乐是真正普遍、人人能懂的语言，因此，人们在世界各处、上下数千年都以无比的认真和热情说着这门语言，从不间断。一曲意味深长的旋律很快就不胫而走，传遍全球；而一段空洞无物的旋律用不了多久就会销声匿迹。这一事实表明旋律的内涵是相当容易为人理解的。不过，音乐却不是状物写景的，而只是传达哀、乐之情，因为哀、乐对意欲而言才是唯一的现实。所以，音乐向心尽情倾诉，但却不曾直接向脑袋讲述什么东西。如果指望音乐做到后者，就像人们在所有描绘性的音乐里面所指望的那样，那就是对音乐的滥用。这样的音乐因而应该被彻底摒弃。虽然海顿和贝多芬也曾误入这一迷途，但根据我的了解，莫扎特和罗西尼却从来没有这样做。这是因为传情是一回事，状物则又是另一回事了。

这一普遍语言的语法也得到了至为精细的规范，虽然这只是在拉莫[8]为此奠定了基础以后的事情。相比之下，破解这一语言的词汇，我指的是，根据以上所述，破解这一语言内容所传达的不容置疑和重要的含义，亦即让理性能够哪怕只是大概地把握音乐在旋律和和声里面所表达的东西——这工作在我着手之前，还从来没有人严肃、认真地尝试下一番功夫。这如同其他许多事情一样，充分表明了人们普遍是多么的不喜欢深思和细察。更准确地说，人们就是这样无知无觉地活着。不管是在哪里，人们的目的就只是吃、喝、享用，而且是尽量不用动脑思考。这是他们的本性使然。所以，看到他们误以为必须扮演哲学家的角色，就像大家所看到的那些哲学教授，还有他们出色的作品和他们对哲学和真理表现出来的真挚和热情，那是真够滑稽的。

14

采用普遍和通俗的说法，我们可以斗胆这样说：音乐总起来看就是旋律，而这个世界就是对应这旋律的歌词。但要理解这句话的含义，读者则先要弄明白我对音乐的解释。

音乐与人们每次加之于这音乐的某些具体的外在东西，例如，歌词、舞蹈、活动、游行、宗教的或者世俗的庆典，等等，两者间的关系就类似于纯粹的优美建筑，亦即着眼于纯粹美学目的的艺术，与人们不得不兴建起来的现实建筑物的关系：在建造这些现实建筑物时，人们必须争取把这些建筑物的那些与建筑艺术本身并不相干的实用目的，与建筑艺术特有的目的结合起来，建筑艺术也就是在实用目的所强加的条件下达成自己的目的。因此，我们就建造出了庙宇、宫殿、剧院、军械库等：这些建造物本身很美，同时又与这些建造物之实际用途相称，甚至通过建造物的美学特性把这些建造物的目的明白地显示出来。所以，音乐与歌词，或者其他加诸音乐本身的现实物，也是处于类似的仆从关系，虽然这并不像建筑艺术那样不可避免。音乐必须首先迁就、顺从歌词，尽管音乐一点都不需要歌词的帮助；事实上，如果没有了歌词，音乐的开展反而能够自如得多，因为音乐不仅要让自己的每一个音符吻合歌词中字词的长度和含义，而且自始至终都必须与歌词保持某种一致。这样，音乐也就同样背负加在它身上的、相当随意的某一目的特征，并因此成了教堂音乐、歌剧音乐、舞蹈音乐和军乐等。但所有这些目的、用途都是与音乐自身的本质完全不相干，正如纯粹美学上的建筑艺术与人的实用目的并不相干一样。音乐和建筑艺术就只能顺应人们的实用目的，让自身的目的屈从于那些陌生的目的。对于建筑艺术来说，这几乎总是无法避免的，但音乐却不是这样：它在协奏曲、奏鸣曲、尤其是交响乐曲里自由地发挥——这最后者是它的最佳游戏场所，在这里，音乐恣意狂欢。

另外，我们已经步入歧途的音乐，可以比之于在罗马帝国后期君主治下步入歧途的罗马建筑：繁缛、过火的修饰要么遮盖了，要么甚至破坏了建筑中简朴和关键的比例关系。也就是说，我们的音乐提供了许多噪音、许多乐器、许多技巧，但却不曾给予我们哪怕是点滴清晰的、深刻的和触动人心的基本思想。并且，在时下那些肤浅、空洞、欠缺旋律的音乐作品里，我们再一次看到了当今时代的同一样趣味，那就是容忍模棱两可、晦涩难懂、云山雾罩，甚至空洞无物的文风。这一切的源头主要就是那可怜的黑格尔学说以及他那套江湖骗术。

就给我罗西尼的音乐吧！它才不用歌词说话呢！在当今的音乐创作中，人们更为注重的是和声，而不是旋律。但我却持相反的观点：我认为旋律是音乐的内核，和声与旋律的关系就犹如调味汁之于烤肉一样。

15

大歌剧[9]其实并不是纯粹艺术意义上的产品，那毋宁说是出自近乎粗野的想法：人们以为只要拼命堆砌艺术手段，在同一时间炮制出各种各样完全不同类型的印象，不遗余力地投放人力、物力以渲染效果，就可以提升观众的美感。其实，音乐作为所有艺术中之最强有力者，全凭一己之力就可以完全占据对其敏感的心灵。事实上，要恰如其分地理解和欣赏音乐中的最上乘之作，听众必须全神贯注、心无旁骛——只有这样，我们的全副精神才能投进并沉浸于音乐之中，以完全明白它那极为真挚、亲切的语言。但在欣赏一部相当复杂的歌剧音乐时，情况可不是这样。我们的精神思想在同一时间透过眼睛受着各种各样的刺激：五彩缤纷的华丽场面，奇幻无比的图景，灯光和色彩营造出来的至为强烈、鲜明的印象；此外，我们还得留意歌剧的故事情节。所有这些都使我们的精神思想变得游离、涣散、麻木、晕头转向，对那圣洁、神秘和真挚的音声语言的敏感也就降至了最低点。所以，诸如此类的东西都直接与音乐的目的背道而驰。另外，我们还有芭蕾舞表演，这些表演通常都是意在挑起观众好色的快感甚于要给我们带来审美的愉悦。此外，由于施展这一手段的范围狭窄，以及由此产生的重复单调的表演，这种表演很快就变得相当烦闷、冗长，并因此消磨了我们的耐性。尤其当那同样二流的舞曲不断反复演奏——这经常持续十五分钟之久——我们的音乐感觉被折腾至疲惫、迟钝的地步，也再没有能力感受接下来更加严肃和更高一级的音乐印象了。

虽然纯粹的音乐是自足的，并不需要任何其他协助，但如果把纯粹的音乐语言与词语互相配合起来，或者甚至加入和配上一些直观展示出来的情节动作，以便让我们那不喜完全空闲的直观和思考智力能够有一些轻松的、与欣赏音乐相关的事情可做；这样，我们的注意力就更能紧随着音乐；与此同时，结合音乐那普遍的、不具图像的心的语言的表达，配上某些直观的图像，就好比为讲解某一泛泛的概念而画出的示意图或者举出的例子——这样做虽然不是能够纯粹欣赏音乐的人所要求的，但这种处理还是可以说得过去的。诸如此类也的确加深了音乐的印象。不过对这些的运用都应该控制在尽可能简单的范围之内，否则，所产生的效果就有违音乐的主要目的。

在歌剧里，拼命堆积声乐和器乐的声部当然发挥出音乐的效果，可是就音乐的效果而言，从只是四重奏一直到百件乐器齐备的大乐队，却完全不是随着增加音乐手段就相应得到加强。这是因为和音不能超过三个调子，也只有在一种情况下可以有四个调子，而我们在同一时间也无法把握比这更多的音调，尽管这三个或四个音调是由各自不同的八度音声部在同一时间演奏出来。从所有这些可以解释为何一部优美的、只用四声部演奏的音乐有时候会比整部气派壮观的严肃歌剧更深地触动我们，因为歌剧的精华已经包含在这四重奏里面了；就正如一幅素描有时候比一幅油画更能产生出效果。不过，削弱四重奏效果的主要原因是它欠缺和音的幅度，亦即从低音到上面三个声部中的最低音之间的二个或者三个八度音距离，正如这从低音提琴的深度以上的幅度是在管弦乐队的掌握之中。正因此，如果一个能弹奏达到听觉极限的最低一级低音的管风琴，持续不断地弹奏出基本低音，就像在德累斯顿的天主教堂所弹奏的那种基本低音，那管弦乐队的效果就会令人难以置信地得到加强。只有这样，和音才会产生其全部效果。但总而言之，对一切艺术、一切美、一切思想性的描述而言，简朴是一条关键的法则，事实上，真理也往往与简朴联系在一起。偏离这一法则总是危险的。

所以，严格来说，我们可以把歌剧称为为欠缺音乐感之辈而设的欠缺音乐感的发明。在歌剧里面，音乐首先得借助某样与音乐本身并不相干的中介物蒙混进来，亦即大概为一个繁冗拖沓、索然寡味的爱情故事及其清水汤一般的诗文伴奏，因为歌剧唱词不可以忍受凝练、浓缩和充满精神思想的诗句，原因是乐曲无法跟上这歌词了。但这试图把音乐完全变成低劣诗歌的奴隶是偏离大道的歧途，格鲁克[10]在这方面做得至为明显。因此，格鲁克的歌剧音乐除了序曲以外，缺少了歌词就变得一无是处。我们确实可以说歌剧毁坏了音乐，这不仅因为音乐卑躬屈膝地迎合那乏味无聊和天方夜谭般的故事情节，以及其中出现的那些全无规则可言的事件；不仅因为我们的头脑被布景和服饰所展现出来的幼稚、粗俗的华丽扰乱和转移了精神，还有男舞蹈演员卖弄的舞蹈招数、女舞蹈演员穿着的短裙，不，不仅是因为这些，而是因为甚至歌唱本身，也经常性地扰乱了和谐，那就是每当演员的歌唱——从音乐上考虑人声也是一种乐器——不是与歌剧中其他声部互相合作，而是试图完全地压倒一切。虽然如果这是女高音，或者男高音，这是没有任何问题的，因为既然唱的是高音，旋律也就是基本上并且自然而然地归于这一高音，但在男低音和次中音咏叹调里，主旋律在大多数情况下都是交由高音调乐器完成；这时候，歌唱就凸现了自己，就像一个莽撞、插话的小孩子，但这歌唱本身却只是和音而已，主旋律应该盖过它的声音才是。或者为把旋律交给高音或者低音而完全违背音乐的本质，把伴乐被移至对位的高八度。但在这期间，我们的耳朵又总是追随着最高的音声，亦即伴乐。我的确认为：有乐队伴奏的独唱咏叹调只适合女低音（Alto）或者女高音（Soprano），而男声也就只适宜与女低音或女高音的二重唱，或者在多声部的剧里派上用场，除非男声在没有伴奏，或者只有低音伴奏的情况下演唱。演唱旋律是最高声音的天然特权，并且应该继续是这样。因此，在一部歌剧里，当勉为其难和矫饰的男中音或者男低音咏叹调结束以后，轮到女高音咏叹调出场时，我们马上感到了满足，并且觉得这才符合大自然和艺术。莫扎特和罗西尼这样的大师知道如何减轻，甚至克服这一弊端，并不等于说这一弊端就不存在了。

弥撒里面的歌唱给我们带来比歌剧音乐更为纯净的音乐享受。歌词在大多数情况下听不大清楚，要么就是哈利路亚、光荣、怜悯、阿门等的不断重复，这把弥撒歌唱变成了一种单纯的（不带歌词的）视唱练习了。在此，音乐只是保留着泛泛的基督教特征，可以自由地发挥，而不像歌剧演唱那样在自己狭窄的地盘也饱受了各种各样的损害。所以，弥撒歌唱中的音乐不受妨碍地发挥出自己的全部力量，因为它用不着带着新教教会音乐的令人消沉的清教或者卫理公会教派特性而总是匍匐地上，就像新教伦理学那样，而是张开巨大的翅膀自由飞升，如六翼天使一般。只有弥撒乐和交响乐才唯一给予我们纯净、不含杂质的音乐享受，而歌剧音乐却遭受浅薄的戏剧及其劣质诗文的折磨，尽量忍气吞声，将就着这一强加给它的陌生累赘。伟大的罗西尼有时候在处理歌词时带着嘲弄的鄙视，虽然并不完全值得称道，但这起码是真正出于音乐上的考虑。总的来说，大歌剧经过长达三个小时的演出已经使我们对音乐的感觉变得迟钝，而那通常都是乏味的情节又以慢如蜗牛的步子，不停地考验着我们的耐性，所以，这种大歌剧本质上就是冗长、令人厌倦的。而这种缺陷只能经由个别异常出色的演出才可以克服。因此，这一类的大歌剧，也只有大师级的作品才值得欣赏，其他的平庸之作则弃之可也。人们应该尝试使歌剧浓缩、紧凑一些，以尽可能限制在一幕和一个小时之内。我在罗马的时候，罗马的瓦尔歌剧院的有关人等深感这一问题，但他们却想出了这么一个拙劣的解决办法：在山谷剧院，把一部歌剧和一部喜剧的每一幕交替着上演。一部歌剧的最长演出时间不应该超过两小时，而话剧的最长时间则可以是三个小时，因为观赏话剧所需要的注意力和精神消耗可以维持长一些时间，因为话剧远没有没完没了的音乐那么累人。到了歌剧的最后一幕，那音乐简直就是折磨神经了。所以，歌剧的最后一幕对听众来说通常都成了一种刑罚，对歌唱员和乐队人员来说，就更是如此。所以，我们甚至会相信这么多的一大群人聚在一起，目的就是要折磨自己，以耐力和毅力坚持到最后结尾。而每一个人早就在私下里期盼这结尾快点到来——当然，那些中途退场者是例外。

歌剧的序曲应该告诉我们歌剧里面音乐的特征和剧情的脉络，以便让我们对欣赏歌剧有所准备。这可不宜做得太过清楚和直露，而应该采用像梦境预兆将来事件那样的方式。

所谓的"轻歌舞杂耍剧"（vaudeville）就好像是一个人穿着从旧货市场买回的乱七八糟的衣服炫耀自己：那些衣服都是别人穿过的，是为别人量体而做，只适合别人。人们还看出这些不同的衣服并不般配。这就类似杂烩剧中丑角所穿的衣服，全由从体面人家穿过的衣服剪下来的不同碎块拼凑而成。这种真正的音乐怪胎应由警察禁止演出。

16

值得指出的是：在音乐里，作曲的价值甚于演奏；但在戏剧里，则是恰好相反。也就是说，一部很不错的乐曲，虽然只是经由一般水平的演奏，但如果能做到纯粹、无误，那与一部糟糕的乐曲得到了最出色的演奏相比，前者带给我们更多的愉悦。而一出糟糕的戏剧，由优秀的演员表演，那与由业余演员马虎演出至为优秀的剧本相比，前者更能产生出效果。

一个演员的任务就是在千百个相当不一样的角色里面，表现出人性的各个不同侧面，但这演员做出所有这些，却是以自己那既定的、永远不会磨灭的个性为共同基础。为此原因，这演员本人必须是一个有才能的、是人性相当完整的标本，尤其不可以有着如此的缺陷，以致这样的人，照哈姆雷特的话说，不像是大自然创造出来的作品，而只是出自"大自然的帮工"之手。不过，一个演员所扮演的角色越接近这个演员的自身个性，那他就越能出色刻画这一角色。在众多的角色当中，与他自己的个性相吻合的那一角色是他扮演得最好的。所以，甚至最蹩脚的演员也有某一个他能表演得入木三分的角色，因为在那时候，他就犹如在众多面具当中的一副活生生的面孔。

要成为一个好的演员，他必须：（1）具有把自己的内在形之于外在的天赋才能；（2）拥有足够的想象力，目的就是想象出如此活生生的虚拟场景和事件，自己的内在本性也被刺激出来了；（3）具备足够的理解力、经验和修养，能够恰当地理解人物和处境。

17

"人与命运的搏斗"就是悲剧的普遍主题——这是 50 年来我们那些好发空洞、单调、不知所云、甜腻得让人恶心的言论的当代美学家异口同声说出的看法。这种说法的前提假设就是：人的意愿（意欲）是自由的——所有无知者都抱有这一奇想；除此之外，我们还有一种绝对命令——不管命运如何阻挠，我们都必须达到这一绝对命令的道德目的，或者执行其指令。上述的那些先生们从这种说法获取鼓舞和喜悦。不过，那个所谓悲剧的主题却是一个可笑的看法，因为我们与之搏斗的对手根本就是一个隐身的对手，一个戴着雾一般头罩的侠客；所以，我们发出的每一击都落入虚空；因为想要躲开这一对手而偏偏一头扎进他的怀里，就像拉乌斯[11]和俄狄浦斯王所遭遇的情形一样。再者，命运是全能的，与之搏斗因而简直就是可笑至极的大胆妄为。所以，拜伦的这一说法是完全正确的：

要与命运拼争，
就像是玉米束子要反抗镰刀。

——《唐璜》，5，17

莎士比亚对此也是这样理解的：

命运，显示您的威力吧：我们并不是自己的主宰，
命中注定的就必然发生，那就让它发生吧！

——《第十二夜》第1幕结尾

在古人看来，命运就是在总体事物当中的隐藏着的必然性。这种必然性既不理会我们的意愿、请求，也不会考虑我们的罪孽或者功德，而是指引着人类的事务，并且通过一种秘密的关联，也把那些从表面上看彼此完全没有关联的事情，根据命运的意愿牵引到一处。这样，这些事情看上去是明显偶然地走到了一起，但在更高的意义上说，这其实都是必然的。也正因此，通过神谕、占卜、睡梦等方式预知将要发生的事情也就是可能的了。

由上帝决定的命运则已经是基督教化了的命运，也就是把命运变成了上帝着眼于这世界的最大好处的旨意。

18

我认为，悲剧里面的合唱，其美学目的就是：首先，受到暴风骤

雨般激情震动的主要人物，在他们表达出对事情的看法的同时，也让观众听到冷静的置身局外者在深思熟虑之下的说法；其次，对戏剧中由剧情逐步、具体展示出来的关键道德教训，合唱也可以在同一时间表达出对此的抽象、因而是简短的看法。合唱以这一方式发挥的作用就跟音乐中的低音一样：在低音的持续伴奏下，我们也就得以听闻那演奏中的每一单个和音中的基本音声。

19

正如地球石层的化石模型向我们展示了遥远太古时代生物的形体，而这些化石模型保留着那些昙花一现的生物的痕迹历经无数的千百万年；同样，古人在其喜剧里，给我们留下了反映他们欢快生活和活动的忠实和永久的记录。这些记录是那样的清晰、精确，就好像古人的目的就是要为一种高贵、美好的生活立此永久存照，以传给绵延的后世——那匆匆即逝的生活让他们叹息。现在，假如我们重新给留下来的这些躯壳、骨架注入血肉，把柏拉图斯[12]和泰伦提乌斯[13]的剧作搬上舞台，那逝去已久的活泼生活就又将鲜活地呈现在我们的眼前，就像古代留下的镶嵌地砖一样，经水冲洗以后，就会重现其本来的色彩。

20

发自和刻画了德国民族的真实本质和精神的唯一货真价实的喜剧，除了仅有的《米娜·冯·巴恩海姆》以外，就是伊夫兰[14]的剧作。这些戏剧作品的优点，一如其忠实表现的民族的优点，更多的是在道德而不是思想智力的层面，但法国和英国的喜剧，我们则可以说是刚好相反的情形。德国人是绝少有独创性的，一旦他们确实表现出了独创性，那我们就不该像席勒和施莱格尔[15]那样，用每行四个重音的双行押韵的诗律干涉、指责他们的创作。席勒和施莱格尔对待伊夫兰是有失公正的，甚至在对待考茨布[16]的问题上，他们也做得过分了。同样，人们现在对待罗巴克[17]的态度也是不公平的；但对那些蹩脚的粗制滥造者炮制出来的闹剧，人们却给予了赞许。

21

总的来说，戏剧作为反映人的存在的一面最完美的镜子，根据其对人的存在的理解，因而在其目的、意图方面，可被分为三个等级。在第一级，同时也是最常见的一级，戏剧只停留在纯粹有趣的层面：剧中人物得到了我们的关注，因为他们追逐的是与我们相似的目标；情节则是通过剧中人耍弄的诡计、他们的性格和各种各样的机缘巧合而铺展开来；插科打诨和妙语警句则是这一类戏剧的调料。第二等级的戏剧变得令人感伤了：它们刺激起我们对主人公，也间接对我们自己的同情和怜悯；剧情变得哀伤、感人；但到结尾时，会让观众恢复平静、得到满足。最高和最难的一级戏剧则旨在营造出一种悲剧意味：生存中深重的苦痛和磨难展现在我们的眼前；所有人为的奋斗都是虚无的——这就是我们的最终结论。我们深受震动，意欲抛弃生活在我们的内在被刺激起来了——那是这级戏剧中直接的或者是伴随着的和音。

当然，我并没有把那些带政治倾向的戏剧考虑在内。它们给媚人的大众暗送秋波，迎合他们心血来潮的趣味。这些是我们当代文人喜爱的批量产品。类似的这些剧本很快——通常就在第二年——就会被扔到一边，就像那些已经过了时的日历一样。不过，这一点可不会让我们的那些写作匠烦心，因为在他们对文艺女神的呼喊里就只包含一个恳求："今天就赐予我们每天的口粮吧！"

22

据说所有的开局都是困难的。但在戏剧艺术里，却是相反：所有的结局都是困难的。这一点可以通过数不胜数的戏剧作品得到证明：这些剧的前半部还是相当不错的，在这之后，戏剧的发展就变得模糊不清、淤塞不畅、摇摆不定，特别是到了声名狼藉的第四幕；到最后，不是搞出一个牵强附会、让人难以满意的结局，就是故事的结局是观众老早就预计到了；或者干脆就像《爱弥尼亚·加洛蒂》一剧那样，来一个倒人胃口的结尾，让观众们扫兴而回。结尾如此困难，一方面是因为把事情弄混乱总会比把事情理出头绪容易得多；另一方面则是因为戏剧在开始的时候，我们交给作者的是一张白纸，让他自由发挥，但到了结尾时，我们却有了具体的要求：要么是皆大欢喜的结局，要么是悲惨凄凉地收场。但人事的发展却不会这样轻易走向某一确定的方向，而是应该自然而然和理所当然地得出结果，来不得半点牵强附会；并且，在这过程中不能为观众预先察觉。史诗和爱情传奇也同样应该如此。只是由于戏剧的紧凑特性，结局的问题才显得更加突出，因为创作结局的难度加大了。

卢克莱修[18]的"无中只能生无"同样适用优美艺术。优秀画家在创作历史图画时，会把现实中的人作为模特，绘画中的头像也取自生活中的真实面孔。然后，画家根据美或者性格的需要对其加以理念化。我相信优秀的小说家也是这样做的：他们所认识的真实人物成了他们小说中虚构人物的原型，然后，作家根据自己的意图把这些原型化为理念和补充完整。

一部小说如果刻画内在的东西越多，表现外在的生活越少，那这部小说也就越高级和越高贵。这种关系、比例作为识别小说等级的典型标志，伴随着各个级别的小说，从《特里斯坦·桑迪》[19] 一直到粗糙无比、满是奇情、动作的骑士故事和大盗传奇。《特里斯坦·桑迪》当然是几乎没有情节，但《新爱洛依丝》[20]、《威廉·迈斯特》[21]只有很少的情节！甚至《堂吉诃德》也只有相对稀少、无关重要和流于滑稽的情节。这四部小说都是它们的类别中的佼佼者。我们再看看约翰·保罗的奇妙小说吧：在那么一点点外在生活的基础上，所展现的内心生活却是多么的丰富。甚至华尔特·司各特的小说，里面的内心生活也是明显压倒了外在生活，后者的出现也总是为了要活动起前者。但在拙劣小说里面，外在事件就是为了外在事件的缘故而存在。艺术就在于以尽量少的外在事件，引起内在最剧烈的活动，因为内在的东西才是我们的兴趣所在。

小说家的任务不是叙述惊天动地的大事件，而是把微不足道的事情处理得引人入胜。

23

我坦率承认：《神曲》所享有的盛名在我看来是夸大了。原因肯定主要在于《神曲》里面的过分荒谬的基本思想；其结果就是到了《地狱篇》，基督教神话最让人反感的一面马上刺眼地展现在我们的眼前。作品风格和隐喻的晦涩难懂也是原因之一：

傻瓜最喜欢也最赞叹

别人用花哨的语言和刁钻、古怪的字眼

向他们讲述的东西。

——卢克莱修

　　尽管如此，《神曲》中几近言简意赅的简洁和有力表达，更有甚者，但丁那无与伦比的想象力，都确实让人叹为观止。正因为这样，但丁就让他所描绘的那些不可能的事情带上了某些明显的真实性，因此也就是类似于梦境的真实性：因为但丁不可能经历过那些事情，所以，看起来他肯定是梦见过那些东西，以致能够描述得如此生动、精确和形象。否则，我们如何解释：在《地狱篇》第 11 节的末尾，维吉尔描述了破晓时分、星星下沉的情景，但他忘记了自己正在地底下的地狱里面；而只有到了这主要部分的结尾处，他才"从里面出来，重又见到了星辰"（《地狱篇》，34，最后一行）？在第 20 节结尾处，我们再一次看到同样的错误。难道我们可以认为维吉尔揣着怀表，所以，他知道此时此刻在天上发生的事情吗？在我看来，这由记性所致的笔误，比塞万提斯那闻名的关于桑丘·潘莎的驴子的笔误还要糟糕。

　　但丁这一作品的名字[22]相当准确、独特，并且毫无疑问是带有讽刺意味的。喜剧，是吗！对这样一个上帝来说，这一世界的确就是一出喜剧：在最后一幕，这个上帝永无厌足的报复欲望和匠心独运的残忍折磨，让他以观赏那些生命忍受没完没了、漫无目的的痛苦为乐事，而这些生命本是上帝自己在百无聊赖当中，漫不经心地创造出来的，他们也只是因为发展的结果不合上帝的旨意，在其短暂的一生中做出了和相信了一些不讨上帝欢心的东西。此外，与上帝那些闻所未闻的残忍相比，所有在《地狱篇》里受到如此惩罚的罪行都变得不值一提。的确，上帝本人比起我们在《地狱篇》里所碰到的所有魔鬼还要凶恶得多，这是因为这些魔鬼的确只是秉承上帝的旨意、依仗他的权威行事。所以，宙斯不会对被笼统视为与上帝一体感激不尽，在诗中几处地方却奇怪地出现了这样的情形（例如，第14节第70行，第1311节第92行）。事实上，在《炼狱篇》里，这样的描写简直就是到了可笑的地步（第6节第118行"高贵的朱庇特，他为了我们在地球上被钉上了十字架"）。宙斯对此到底会有何话说？"哎呀，惨呀！"维吉尔、但丁和服从上帝命令的每一位所表现出来的俄罗斯农奴般的卑躬屈膝，以及接领上帝的圣旨时那种战战兢兢和毕恭毕敬着实让人感到恶心。在但丁引以为自豪地叙述的一件事情上面，他在诗中的本人就把这种奴性心理发挥到了极致（第33节第109—150行），甚至荣誉、良心都已丧失殆尽了。也就是说，一旦荣誉、良心与上帝的残忍旨意有所抵触，那它们就不再起任何的作用。所以，为了得到一份口供、证词，他郑重、严肃地向被施以精心设计、惨不忍睹的酷刑的受苦者许下诺言：给他一小滴的止痛水以缓解其痛苦。当受刑人履行了被强加于自己的条件以后，但丁却丝毫不顾及荣誉、良心，赤裸裸和不知羞耻地违反自己的承诺以"赞颂上帝的荣耀"。这是因为但丁认为缓解上帝施加的痛苦——哪怕是那么一点点——都是绝对不允许的；虽然这种缓解在此只不过是揩去一滴冷凝了的泪水，而上帝也不曾明确禁止他这样做。因此，无论在此之前的一刻他如何郑重做出承诺，他都不会履行的了。在天上，这些行为可能是家常便饭、值得称道——这我不知道；但在人世间，谁要是做出了这样的行为，那他就是一个无赖、恶棍。顺便说上一句，由此例子可以清楚看出，道德如果除了上帝的意志以外，没有任何别的基础，那该是多么可疑和危险的事情：因为好的可以变成坏的，坏的可以变为好的，速度之快就像电磁铁的两极弄反了一样。但丁的整部《地狱篇》其实就是对残忍的礼赞；在倒数第 2 节，寡廉鲜耻和丧失良心也以上面提过的方式被大加颂扬。

> 我会大胆无畏地说出
> 通行天下的真理。
>
> ——歌德

另外，对被创造者而言，这一切都是"神的悲剧"，并且是永无尽头。虽然这部作品的序曲在个别之处读来愉快和有趣，但与没完没了的悲惨部分相比，这些地方却是少得可怜。我们会不由自主地认为：但丁其实在内心深处对于这一整洁的世界秩序抱着讽刺、挖苦的态度，不然，津津有味地描画那些令人反胃的荒谬之处和持续不断的行刑场面，要有相当不寻常的趣味才行。

对我来说，我所钟爱的彼特拉克[23]始终是居所有其他意大利诗人之首。在感情的真挚和深度，及其直截了当的表达方面——这些都是直抵心灵——在这世上无人能出其右。因此，我对他的十四行诗、凯旋诗、押韵歌谣的喜爱，远甚于阿里奥斯托[24]的离奇的胡闹作品和但丁的那些描画令人毛骨悚然的丑陋面孔的诗作。彼特拉克直接发自内心的、行云流水般的语言，其诉说也完全有别于但丁过分讲究，甚至是矫揉造作的贫乏语汇。彼特拉克一直是我心仪的诗人，并将永远是这样。我们这个至为出色、卓绝的"当代今天"[25]竟敢以贬损的口吻谈论彼特拉克，只不过是更加证实了我对彼特拉克的判断而已。作为一条多余的证明，我们可以比较一下，打个比方说，穿着便装的但丁和彼特拉克——我是说，把他们写的散文放到一块比较一下：彼特拉克优美的、饱含思想和真理的《论孤独的生活》、《承受好运、厄运的方法》等，以及他的书信，和但丁那些干巴乏味、繁复冗长的繁琐哲学。最后，塔索[26]据我看来并不配占据紧随三位伟大的意大利诗人之后的第四位置。愿我们这些后代人尽量公正吧，虽然作为同时代人我们是不可以做到这一点的。

24

在荷马的作品里，形容事物的都是一些与这些事物完全和绝对贴切的属性词，而不是与当时所形容的东西相关的或者相类似的词语。例如，亚加亚人永远是受到阳光普照，大地永远被称作生命的滋养者，天空是宽广的，大海则是葡萄酒一样的昏暗。这就是荷马作品独特表现出来的客观性。荷马就像大自然一样，不会让事物受到人为事件、人的情绪触动的影响。不管他的主人公是高兴抑或悲恸，大自然都不为所动地继续她的步伐。相比之下，当主观的人悲哀时，整个大自然在他们的眼里都变得阴暗和忧郁，等等。荷马却不是这样。

我们这时代的诗人里面，歌德是最客观的，而拜伦则是最主观的。拜伦总是叙述着自己，甚至在写作最客观的一类诗歌时，例如，诗剧和史诗，里面的主人公也是描述着拜伦自己。

歌德与约翰·保罗之比，就犹如正极之于负极一样。

25

歌德的艾格蒙特是一个轻松对待生活和必然为此错误付出代价的人。但作为补偿，这同样的心态也让他同样轻松地对待死亡。《艾格蒙特》一剧中的平民场景则是合唱。

26

在威尼斯的艺术学院里，在画在亚麻布上的湿壁画之间有这样一幅图画：神灵们端坐在云端里的金桌、金椅上；下面则是被羞辱了一番的客人——他们被投进了黑夜的深处。歌德首次到意大利并写作《伊菲格尼亚》时，肯定看到过这幅图画。

27

阿普莱伊斯[27]所写的一个故事讲述一个寡妇看见了那在狩猎中被人谋杀了的丈夫。这故事与《哈姆雷特》的故事完全相似。

在此，我想把我对莎翁这一巨作一处地方的猜想写下来。这一猜想虽然相当大胆，但我还是写下来供识者评判。在"生存还是毁灭"的著名独白里，有这么一句话"When we have shuffled off this mortal coil"[28]——一直被人视为模糊，甚至不可解，并且又从未得到过真正透彻的解释。原文的动词短语会不会是"shuttled off"（梭织）呢？"shuttle"作为动词已经不再使用了，但"shuttle"则是织布用的梭子。因此，句子的意思就可能是"当我们飞速梭织完这一可朽的线卷"。小小的笔误是不难发生的。

28

说起历史，我总是想到了与它相对立的文学。历史学之于时间就等于地理学之于空间。所以，地理学与历史学一样，都算不上是真正意义上的科学，因为两者的课题都不是普遍的真理，而只是个别的事物。关于这一点，我建议大家阅读《作为意欲和表象的世界》第2卷第38章《论历史》。历史一直是想要学习些东西、但又不肯付出学习真正的科学所需的脑力的人的喜爱科目。时至今日，历史比起以往都更加受到欢迎：每年出笼的数不胜数的历史题材书籍可以为此作证。谁要是像我那样，在所有的历史中都不由自主总是看到了同一样的东西，正如在万花筒的每次转动时，我们都看到只是换了个花样的同样东西，那他是不会对其怀有狂热兴趣的，但也不会对此加以责备。唯一可笑和荒唐的事情就是许多人想把历史变成哲学的一部分，甚至把它弄成是哲学本身，因为他们误以为历史能够取代哲学的位置。要解释各个时代的大众为何对历史都情有独钟，我们可以观察一下人们惯常的社交谈话：那一般来说也就是一个人讲述了某样事情，就此，另一个人则是另一个说法——在这样的条件下，每个人就都可肯定得到别人的注意。一如这类的社交谈话，我们在历史书籍中也可看到人们的思想只是关注着个别的事情。在高贵的交谈里面，正如在科学那样，人们的思想会上升至普遍性的东西。不过，这并不就此剥夺了历史的价值。人类生命是那样的短暂和仓促，它分散在无数百万个个体生命之中，大批成群地一头扎进被称作"遗忘"的巨兽那永远张开着、等待着它们的大嘴洞里。这样，把那些即将被吞没的东西的一鳞半爪抢救出来，留下对最重要和最有趣的事物、对主要事件和主要人物的纪念，使其不至于遭到全盘毁灭，这些的努力是相当值得感谢的。

在另一方面，我们也可以把历史学视为动物学的延续，因为对全体动物来说，我们考虑它们的种属就足够了；至于人类，由于人具有个体的性格，所以，我们也就有必要了解单个的人以及单个的事件，因为单个的事件是引出单个的人的条件。历史本质上的缺陷也就马上由此显现出来了，因为单个的人和事是数不胜数、永无尽头的。在研究了历史的这些单个的人和事以后，我们就会知道：我们需要了解的总量并不会因为我们已经知道了的而有所减少。至于其他严格意义上的科学，我们起码可以预期完整地掌握其中的一门。当我们面对中国和印度的历史，看着那些浩如烟海的材料，我们就会知道这根本就是一条错误的路子，那些孜孜不倦的求知者不得不认识到：我们只能从单个里面看到众多，在个别情况中得出规律，在对人性的了解中辨认出各民族的活动，而不是永无休止地罗列事实。

历史从头至尾除了讲述战争以外，别无其他。而战争既是最古老也是最现代的雕塑作品的主题。一切的战争，其根源不外乎就是偷窃的欲望。伏尔泰说得很对：

所有的战争不过就是偷窃而已。

也就是说，一旦一个国家感觉有了多余的力量，就扑向其邻国，奴役其人民，目的就是可以不用自食其力，而是把他人的劳动成果据为己有，不管这些成果是现成的，抑或将来才会产生。这为世界历史和英雄业绩提供了素材。尤其是在法语辞典里，艺术和文学的名声应被收在"gloire"[29]的词条下面，而在"gloire militaire"[30]一词下面，应该写上"voyez butin"[31]才对。

但是，当印度人和埃及人这两个相当笃信宗教的民族有了多余的力量，似乎通常都没把这些用在掠夺性的战争或英雄业绩上面，而是用于建造建筑物——这些建筑物能够抵御千百年时光的侵蚀，让后人对其怀念充满敬意。

历史除了上述的根本缺陷以外，还另有这样的缺陷：历史女神克利奥全身上下都沾染了谎言，情形就像长满了梅毒的街边妓女。当代的历史考证虽然在尽力医治历史的这一疾患，但以它局部的医治手段也只能抑制个别在这里或者那里冒出的症状；再者，许多混杂其中的江湖郎中只会加重病情而已。所有的历史大致上都是这样的情况——《圣经》中记载的历史除外，因为这是不言自明的。我相信历史上记载的事件和人物与真实的事件和人物的关系，就跟书籍首页的作者画像与作者真人差不多，亦即只是给出大致上的轮廓，只是模糊的相似，但经常由于某一错误的特征而歪曲了真相；有时候，则连点点相似之处都没有的。

报纸是历史的秒针，但这一秒针与其他两针相比，通常不仅是由更次级的金属所做，而且也甚少指示正确。报纸上的所谓头条文章就是对当时的时事情节的合唱。各式夸大其词是报纸报道的本质，正如夸张也是戏剧的本质一样，因为报纸必须炒作每一事件，尽量地小题大做。因此，由于其行业的缘故，报纸写作者都是危言耸听的高手；这是他们增加吸引力的手段。正因为这样，他们就像那些一有风吹草动就狂吠一番的小狗。所以，我们必须控制自己，不要太过留意它们的大呼小叫，以免影响自己的消化。并且，我们应该清楚：报纸通常都只是一副放大镜而已，在最好的情形下也仍是如此，因为那经常只是映在墙上的手影游戏而已。

在欧洲，伴随着岁月历史的是那相当奇特的、按时间顺序的显示器：它以形象的表现事件方式让我们第一眼就可辨认出每一个年代，并且是在衣服裁缝的控制之下（例如，1856 年在法兰克福展出了一幅据称是莫扎特青年时代的肖像画。我一眼就看出这幅画不是真作，因为画中的衣服属于比他们那时候早20年的年代）。只是到了现在这个年代，这种历史显示器才出现混乱，因为我们的时代甚至没有足够的创意能像其他年代那样发明一件属于自己时代的衣服款式，而只是呈现了一个化装舞会：每个人身上穿着的都是很早以前人们就弃置一边的衣服，就像是错置了生活年代的人。而在这之前的年代，人们还起码有足够的头脑发明了燕尾服呢。

仔细考察一番，事情其实是这样的。正如每个人都有一副面相，据此我们可以暂且判断这个人的为人，同样，每个时代也有其毫不逊色的外貌特征。这是因为每个时代的精神就像一股强劲的、吹遍万物的东风。所以，在人们的所做、所想，或者所写里面，在音乐、绘画和某种风行的艺术中都可找到这种时代精神的痕迹，所有的一切都被打上其印记。因此，例如，必然就会有只见字词不见意义的年代，也会有只有音乐没有旋律和只有形式没有目的的时期。修道院筑起的厚墙充其量顶住了这股东风的吹袭，如果这东风没有把这些厚墙推倒的话。所以，一个时代的精神也会给予这时代一个外貌。这时代精神的基本低音就永远是由每个时代的建筑风格和式样所奏出。首先是各种饰物、家具、器皿、用具等，最后甚至是人们所穿的衣服，理的发型和修剪胡子的方式，都无一不取决于时代的精神。[32]正如我已经说过的，当今时代由于缺乏创意，所以在所有这些都带上了欠缺个性的印记。但最可悲哀的事情却是这当今时代竟然选中粗野、愚蠢、无知的中世纪作为模仿的范本，偶尔也溜进了法国法兰西斯一世时期，甚至路易十四时期。当今时代那保留在图画和建筑物上面的外在一面，到了将来某一天会给后代人留下什么样的印象啊！那些见钱眼开、以取悦大众为宗旨的人把这一时代传神地称为铿锵悦耳的“当代今天”，就好像连绵的过去全为了这“不折不扣”的当今的到来而铺桥搭路、精心准备，现在终于大功告成了一样。后世的人在看到我们所建起的宫殿和乡间别墅的时候，目睹那种路德维希十四时期最让人恶心的洛可可风格，会是怎样的敬仰啊！但看到那些肖像画和达盖尔银版照片，看到一副擦鞋匠的面相但却蓄着苏格拉底式的胡子，看到讲究衣着打扮的人但却穿着讨价还价的犹太商贩在我青年时期流行穿着的衣服，他们却是很难知道那些到底是些什么玩意。

这个时代普遍欠缺审美趣味也反映在人们为纪念伟人而竖立的纪念塑像上面：这些雕塑人物都是身穿现代人的衣服。这是因为这种塑像纪念的是理念中、而非现实里的个人，是一个如此这般的英雄，一个有着这样或者那样素质的人，一个创作了这些杰作或者做出了这些事迹的人物，而不是纪念一个曾经在这世上颠沛流离，饱受与我们的本性相连的所有缺点、弱点之苦的凡夫。正如不应该也一道颂扬后面的那些缺点，我们也同样不应炫耀他所穿过的上衣、裤子。现在作为一个理念性的人物，他就以人的形态站在那，就以古人的方式着装好了，亦即半裸着身体。只有这样的处理才与雕塑相符，因为雕塑纯粹只是着眼于形式，雕塑所以也就要求完整、没有弯曲、变形的形体。

既然说起塑像的话题，那我就想一并指出：把塑像放置 10 到 20 英尺高的基座上面，是明显缺乏美感，甚至荒谬的做法，因为这样，人们无法清楚地看到这一塑像，尤其是这种塑像一般都由青铜做成，亦即呈深黑色。这样，从远处观赏，我们无法看清这一塑像；但如果太过靠近，那雕塑又高高在上，蓝天也就成了其背景，并且刺人眼睛。在意大利的城市，特别是在佛罗伦萨和罗马，我们在广场和街道都可见到大量的塑像，但所有那些塑像的底座都比较低，这样，人们就可以清楚地观赏它们。甚至罗马蒙地·卡瓦罗的巨型塑像的底座也是很低的。所以，在此意大利人证明了其良好的审美趣味。而德国人则喜爱一个刻有浮雕的高高的糕点甜食架子去表现英雄人物的形象。

29

在讨论美学一章的结尾处，我想谈一下在波阿色莱藏画（在慕尼黑）中老莱茵河低地画派的作品。

要欣赏一件真正的艺术品，我们并不真的需要先来一番艺术史的介绍；但对于我们在此谈论的画作，情况可就不一样了。我们起码只有在看过范·艾克[33]之前的油画以后，才可以正确评估范·艾克的作品价值。也就是说，在范·艾克之前，油画的风格和趣味出自拜占庭，亦即采用金的底色和胶画颜料；画中的人物僵直而生硬，既没有生气，也没有动感，并且头上都圈着带有圣者名字的一大神圣光环。范·艾克是一个真正的天才；他回归自然，在油画中给出了背景，赋予画中人物以生动的姿势、动作和构图；人物的脸上流露出真实的表情，服饰的皱褶也得到了精确的描画。另外，范·艾克引入了透视技法，在运用技法方面大致上达到了至为完美的程度。他的部分后继者，例如，舒利尔和亨林（或者梅姆灵），延续着他的路向；其他的则重拾以前的荒谬处理手法，甚至他本人也不得不保留一些教会认为必不可少的表现法。例如，他仍然得画上光环和巨大的光线。但人们看到他已尽其所能摒弃了不少陋习。因此，范·艾克总是与他时代的精神作斗争，舒利尔和亨林也是一样。所以，对他们的评判要结合考虑到他们的时代。他们画作的题材大多数都是空洞乏味的、一部分则是荒谬愚蠢的；并且，无一例外都是陈腐、老套、跟宗教有关的事情，例如，"三个国王"、"垂死的玛丽"、"圣克里斯朵夫"、"描画童贞女玛丽的圣卢克"等。这些都应归咎于他们的时代。他们所画的人物很少有一种自由的、纯粹的人的姿态和表情，而是普遍都做着教士的手势动作，亦即某种拘束、死板、造作、谦卑、蹑手蹑脚的乞丐举止。这些也同样是他们的时代的过错。另外，这些画家并不了解古人的作品。因此，他们所画的人物甚少长着一副美丽的面孔，在大多数情况下，这些人物的相貌都是丑陋的，也永远没有优美的四肢。虽然线条透视大部分是正确的，但空中透视却阙如。他们所了解的大自然是其画笔下所有一切的源泉，因此，样貌表情是真实的，但却永远没有多少深意。他们所画的圣人没有一个脸上是带有一丝真正神圣性的庄严、超凡脱俗的表情——而这也只有意大利人才能刻画出来，尤其是拉斐尔和柯列吉奥在早期的画作里面。

所以，我们可以对这一节所讨论的油画作品做出这样的客观评价：这些作品在表现实物方面，不管是头部还是长袍和其他素材，大都达到了完美的技巧，几乎可以与在很久以后的 17 世纪出现的真正荷兰画派所取得的成就相比肩。相比之下，至为高贵的表情、最高级的美和名副其实的优雅对他们来说又是陌生的。但正因为这些才是艺术的目的，而技法只是手段而已，所以，这些作品就不是第一流的艺术品。事实上，欣赏这些作品并不是不带条件的，因为我们必须首先去掉上述列举的缺陷，以及言之无物的题材和那些千篇一律的宗教动作，并把这些归之于他们所处的时代。

这一画派的主要优点——但这只是范·艾克和他最好的学生所做出——在于他们对现实的几可乱真的摹写，而这得之于画家对大自然的清晰观察和在描绘方面下过的刻苦、勤勉功夫；还有就是生动鲜明的颜色——这是这一画派所特有的优点。在这些作品之前或者之后，还没有哪些油画具有这样的色彩，这些是燃烧的色彩，把颜色的最大能量都被发挥出来了。所以，历经四百余年以后，这些画作看上去似乎只是完成于昨天。如果拉斐尔和柯雷乔知道了这些色彩，那该有多好！不过，这是这一画派的秘密，因而是已经失传了。我们应该对这些画作进行化学分析。

注释

[1] 充分的满足、最终的安慰、真正让人羡慕的状态，永远只能由图画、诗歌、音乐和其他艺术品呈现给我们。人们由此当然可以获得信心：这种满足状态肯定是存在的。

[2] 纯粹的认知主体出现了，因为我们忘记了自身，然后完全投入到直观所见之物里面，这样，在我们的意识里，就只有这些被观照之物。

[3] 马尔克斯·马绍尔（40—100）：罗马警句、短诗作者。——译者注

[4] 有趣的是，在英文和法文中，垂柳被称为"哭柳"：weeping willow, saule pleureur。——译者注

[5] 洛可可时尚是继巴洛克之后，欧洲18世纪的建筑、艺术风格，以矫揉造作、纤巧、华丽、烦琐为特征。——译者注

[6] 雅可布·伯默（1575—1624）：德国神秘主义者。——译者注

[7] 卢斯利斯经常在告辞拔腿离去时（贺拉斯因此戏称他为单腿站立），即兴吟诗。

[8] 让·菲利浦·拉莫（1683—1764）：法国歌剧作曲家和音乐作家，是通奏低音中音调和弦功能的发现者。——译者注

[9] 全剧只用唱，不用说白的歌剧。——译者注

[10] 克里斯朵夫·格鲁克（1714—1787）：德国古典主义作曲家，以所创作的歌剧闻名。——译者注

[11] 俄狄浦斯王的父亲。——译者注

[12] 第提斯·柏拉图斯（前254—前184）：罗马喜剧作家。——译者注

[13] 泰伦提乌斯（前195—前159）：罗马喜剧诗人。——译者注

[14] 威廉·伊夫兰（1759—1814）：德国演员、戏剧作家。曾在曼海姆做过演员，后在柏林担任剧院总导演。——译者注

[15] 弗里德里希·施莱格尔（1772—1829）：德国作家、批评家。——译者注

[16] 奥古斯特·冯·考茨布（1761—1819）：德国喜剧作家。——译者注

[17] 恩斯特·本·罗巴克（1784—1852）：德国戏剧作家。——译者注

[18] 卢克莱修（前98—前55）：罗马诗人，哲学家。著有《物性论》。——译者注

[19] 英国小说家劳伦斯·斯泰恩（1713—1768）的小说。——译者注

[20] 法国作家卢梭（1712—1778）的小说。——译者注

[21] 德国作家歌德的作品。——译者注

[22] 《神曲》的准确译名应该是《神的喜剧》。——译者注

[23] 佛朗西斯科·彼特拉克（1304—1374）：意大利诗人和学者。——译者注

[24] 卢多维科·阿里奥斯托（1474—1533）：意大利诗人。——译者注

[25] "Jetztzeit"是叔本华故意生造出来的重叠词，叔本华借此表示了讽刺的含义。——译者注

[26] 托尔卡多·塔索（1544—1595）：意大利诗人，著有《解放了耶路撒冷》。——译者注

[27] 卢西斯·阿普莱伊斯（公元2世纪）：罗马小说家，著有《论魔法》。——译者注

[28] 这一句一般译为"当我们摆脱了这一可朽肉身的烦恼"，句中的"coil"既有"纷乱"、"烦恼"的意思，也有"卷"、"圈"的含义；"shuffle"则被勉强解释为"摆脱"。——译者注

[29] 法语，意为荣耀。——译者注

[30] 意为战争、军事的荣耀。——译者注

[31] 法语，意思为"参阅'赃物'一词"。——译者注

[32] 胡子成了遮住人脸的半个面具，应该遭到警察的禁止。再者，这一处于脸部中央的性别特征是海淫的，因此，它取悦于女人。蓄须与否始终是测量希腊人和罗马人的精神文化的晴雨表。在罗马人中，西彼奥·阿菲加奴斯是第一个剃去胡子的人（普林尼：《自然历史》）。在安东尼执政时期，胡子又再一次冒出来了。卡尔大帝并不允许人们留有胡子，但在中世纪直至亨利四世时期，蓄胡子到了登峰造极的地步，路易十六废除了蓄须的风俗。

[33] 约翰·范·艾克（1386—1440）：画家，老弗兰德斯画派的创始人。——译者注

心理散论

1

　　每一只动物，尤其是每一个人，为能在这一世界生存和发展，需要在其意欲和智力之间有着某一恰当的比例。大自然越是精准地为他（它）做出了这方面的安排，那他就越能轻松、安全、适意地度过自己的一生。而大概接近真正准确的比例也足以保护他免遭毁灭。因此，在上述比例的合适和正确界线之内，有着一定的范围。这方面的适用标准如下。既然智力的使命就是为意欲照明道路，并为其指引步伐，那么，意欲的内在冲动越厉害和激烈，那为这一意欲配备的智力就必须越完美和敏锐。只有这样，强烈的渴望和欲求、炽热的激情、剧烈的情感等才至于把人们引入歧途，或者驱使人们做出欠缺考虑、铸成大错或者走向毁灭的行为。如果意欲相当强烈而智力又相当微弱，诸如此类的情形就会不可避免地发生。相比之下，一个冷漠、麻木不仁的人，也就是说，一个意欲衰弱、呆滞的人，只需微弱、有限的认识力就可以生存下去；一个温和的人则只需要普通、一般的智力。总的来说，意欲和认识力之间的不成比例，亦即偏离上述的比例标准都会造成人们的不幸福，哪怕这种不成比例是由于智力超出比例所致。也就是说，哪怕智力获得了超常和显著的发展并由此产生了对意欲完全不成比例的优势——这也就构成了真正天才的本质——但这对于生活的需要和目标而言不仅是多余的，而且也完全是有害的。也就是说，这种人早在青年时代，在理解、把握这一客观世界方面就有着超常的能量，伴随着活跃的想象力但却完全欠缺经验，这就造成这种人的头脑容易接受夸张的观念甚至虚幻的东西，轻易就以此填塞自己的头脑。一种偏执乖僻、不切实际的性格就由此形成。就算是在稍后的岁月，当他们获得了经验教训，把这些虚幻的东西忘掉和放弃以后，这种天才仍然永远不会在平凡、普通的外在世界和小市民的生活中感觉自在，不会像那些只具备正常认识力的人那样恰到好处地契入这样的生活、如鱼得水，而只会经常犯下一些奇怪的错误。这是因为头脑平凡的人在自己观念和知识的狭窄范围内，能够完全驾轻就熟，无人比他更胜一筹；他的认知始终如一地忠实于其原初的目的，履行为意欲服务的职责，因而心无旁骛，从来不作非分之奢想。但一个天才人物，归根到底却是一个"由于过分盈余而变成的怪物"，就像我已在讨论天才时所说过的那样[1]，一如与此相反的情形：一个激烈、冲动但又缺乏认识力的人，一个没有头脑的野蛮人，则是"由于缺陷不足而变成的怪物"。

2

生存意欲作为一切生物的内核，在最高级、亦即最聪明的动物的身上毫不掩饰地表现了出来，所以，就其本质方面，让人至为清楚地观察和研究这生存意欲。这是因为在这一级别动物以下的生物身上，意欲就不再那么清晰展现出来了，其客体化程度也是低级别的；但在这一级别的动物以上，亦即到了人的级别，伴随着理智的是深思熟虑，而伴随着深思熟虑的就是人的伪装和虚饰的能力，而这马上就给人披上了一层纱幕。所以，只有在人的激情爆发时，意欲才会不带伪装地呈现出来。这就是为什么每当人的激情发话时，不管这是什么激情，总能获得人们的相信，并且是有理由的。出于同样的原因，激情成为了文学家的主题和演员喜拿出手的好戏。但我们对犬、猫、猴子等的喜爱却是基于我在上文一开始所说的：正是它们那些完全天真、直白的表现和表达给我们带来了许多的愉快。

看着那些自由自在的动物无拘无束地率性而为，或寻找食物、照顾自己的孩子，或与其同类交往——这是一种多么特别的乐趣！在这些方面，这些动物该是什么和能是什么就是什么。就算只是一只小鸟，我也会长时间看着而兴致不减。甚至一只水獭、一只青蛙；或者刺猬、黄鳝、狍子、鹿，那就更好！这些动物能给观赏者带来愉快，主要是因为目睹那大为简化了的我们的本性，让我们感到高兴。

在这世上只有一种会说谎的生物，那就是人类。其他种类的生物都是真实、真诚的，因为它们都不加掩饰地展示自己是什么和表露出自己的喜怒哀乐。表达这种根本差别的一个象征性或者比喻性说法就是：所有的动物都以其天然形态现身和活动，而这就是它们给我们留下如此愉快印象的很大原因。看着这些动物，尤其是自由自在的动物，我的心都飞到它们那里去了。相比之下，人在自己衣服的遮蔽下却是一副滑稽、丑陋的模样，一个怪物，看上一眼都已经使人反感，尤其再加上身上那种不自然的白色、违反自然的食肉习惯，还有喝酒、抽烟、纵欲和各种疾病。人简直就是大自然的一个污点！希腊人把衣物减至最少，就是因为他们对我说的这些有所感觉。

3

精神上的惊恐、不安会引起心砰砰直跳，而心砰砰直跳会引致精神上的惊恐、不安。悲哀、焦虑和情绪不宁会妨碍或者破坏人体的生命程序和机体功能，不管这些是反映在血液循环、消化抑或排泄方面。反过来，如果心脏、或者大肠、血脉、储精囊等某个部位的工作由于身体的原因而受到干扰、阻碍，就会产生情绪不安、焦虑害怕、郁郁不乐和没有具体对象的忧伤，亦即处于人们称之为忧郁病的状态。正因如此，愤怒会让人咆哮、跺脚和做出激烈的手势动作；而这些身体表达会加剧愤怒，或者就算是很小的事情也让人发作。所有这些几乎不用我多说，都有力地证实了我的这一理论：意欲与身体两者是一致的，是一个统一体。根据这一理论，身体不是别的，只是在脑髓的空间观照中呈现出来的意欲而已。

4

许多被人们归因于习惯力量的东西，更准确地说，是我们原初和与生俱来的性格那种持续如一、不可改变的特性所致。因此，在相似的情形下，我们总是做出同一样的事情。所以，这样的事情不管是第一次做，或是第一百次做，都是遵循着相同的必然性。而真正的习惯力量，其实是因为迟钝或者惰性，是不愿智力和意欲做出新的选择，以省去麻烦、困难、甚至危险。所以，这种迟钝和惰性让我们今天做着昨天做过的、已经做了百次之多的、我们也知道其结果的事情。

但这习惯力量的真相却是藏在更深的一层，因为这要在比看上去的更根本的意义上去理解。也就是说，惯性力量之于纯粹是透过机械原因而活动起来的物体，恰恰就是习惯力量之于透过动机而活动起来的生物体。我们纯粹出于习惯做出的行为，其发生的确并不是因为在当时特定情形里某一特定的动机在发挥作用；所以，我们当时并不曾真的想到那些动机。在所有已经成为习惯的行为当中，只有最初的行为才有其动机，而这一动机所产生的次要后果就是目前的这一习惯。这一习惯足以使该行为继续发生，情形就跟受到某种推力而活动起来的一件物体一样：它不再需要新的推动就能持续活动下去；其实，只要这一活动不受到任何阻碍，就可以永远地持续活动下去。动物也是同样的情形，因为驯兽就是强制动物形成某种的习惯。马儿用不着连续驱使就会若无其事地继续拉车前行：这种拉车前行仍然是鞭打所产生的效果，当初拉车前行就是透过鞭打而开始的，现根据惯性定律而固着成习惯了。所有这些都的确并非只是比喻而已；这是事物、亦即意欲的同一性，反映在意欲客体化的相当不同的级别上面；根据那意欲客体化的不同级别，那同样的活动规律也就相应展现出不同的形态。

5

"祝您长寿！"是西班牙语中一句很普遍的问候语；恭祝别人长寿在全世界都是相当常见的。这一做法确实不能以人们对生活的认识加以解释，但却能从人的本性，亦即从生存意欲那里找出答案。

每个人都希望别人在他死后能够怀念他，这一愿望在那些很有抱负的人那里会升格为渴望留名后世。这在我看来似乎源自对生命的执著。当看到自己与现实存在的一切可能性都被割断时，那对生命的执着现在就要去抓住那唯一剩下的存在——虽然那只是理念上的存在而已。所以，那也就是抓住了一个影子而已。

6

对于我们所从事的一切事情，我们都或多或少地希望尽快完成。我们不耐烦地巴不得望事情尽快了结，并且当终于结束的时候，我们都会很高兴。只有对那总的结束，一切结束中的结束，我们才希望，一般来说，越迟到来越好。

7

每一次的分别都让我们提前尝到了死亡的滋味，而每一次的重逢则让我们提前尝到复活的感觉。这就是为什么就算那些对别人淡漠的人，过了20年或者30年以后，在重新见到故人时也会感到那样的高兴。

8

对每一个我们熟悉和感到亲切的人的死亡，我们感受到深刻的创痛，因为我们感觉到在每一个人的身上都有某种无以名状的、为这一个人所独有的东西——现在这已是绝对一去不复返了。"每一个人都是深不可测、难以探究的"，这一说法甚至适用于动物个体。谁要是无意中造成了自己宠物的死亡，并看到了这宠物永别的眼神，他就会深切地感受到这一点。这一告别眼神会让我们揪心悲痛。

9

在我们的敌人和对手死了以后，甚至只是在短暂的时间以后，我们就有可能对其死亡感到悲哀，几乎如同我们对待我们朋友的死亡一样——也就是说，我们少了他们见证我们的辉煌成就。

10

突然获知我们交上了某一特大好运会轻易造成致命的后果，原因在于我们的幸福感和不幸福感就只是在我们期望得到的和我们已经得到之间的一个比例数字。据此，我们不会把已经占有的，或者预先就可以肯定会得到的好东西认为就是好东西，因为所有的快感乐趣只是否定的，只是消除了苦痛；而苦痛或者灾祸却是肯定的，直接就可感觉到了。在拥有某物或者有了确切能够拥有某物的愿景以后，我们的期望就马上提升了，我们接受更多拥有物的能力也就提高了，在这方面的愿景也就更宽大了。而如果由于持续不断的不幸，我们的心情备受压抑，期待和要求也已降至最低，那突如其来的好运就会让我们无力承受。也就是说，这一大好运由于没有得到原先的期望和要求的中和，现在显然就会肯定地、以其全力产生作用。这样，那就会爆裂我们的情绪，亦即造成致命的结果。由此才有了这众人皆知的小心谨慎的做法：首先，让这个人对那即将宣告的特大好运产生希望，让他对此有了愿景；然后，只是分成各个部分、逐步地把这消息传达给他，因为通过产生了的期待，每一部分的消息就得以卸去其作用力度和保留着产生更大期望的空间。根据所有这些，我们可以这样说：我们消化好运的肠胃虽然是没有底的，但它的入口处却是狭窄的。对于突然降临的不幸，上述做法却并不完全适用，因为在此，希望始终在对抗着这一不幸，所以，不幸的消息造成致命效果的情形要少得多。至于在遭遇好运时，恐惧却并没有扮演相类似的抗衡角色，原因就是我们本能地更倾向于希望，而不是恐惧，就犹如我们的眼睛自动地会转向光明而不是黑暗一样。

11

希望就是把渴望某一事情的发生混淆为这一事情有可能发生。但或许无人能够摆脱这种心的愚蠢——它扰乱智力正确评估一件事情发生的可能性，以至于把一件只有千分之一发生可能性的事情也视为很有可能发生。不过一桩不留下任何希望的不幸就像即时毙命的一击；而希望不断破灭、不断重生就酷似凌迟处死。

被希望抛弃了的人，恐惧也同样放过了他；这就是"绝望"一词的含义。一个人渴望什么，就会相信什么，这是相当自然的事情；相信它，正是因为渴望它。如果这一有益和起缓解痛苦作用的本性特点被反复的、异常冷酷的命运打击所根除，当他甚至反过来走到这一地步：相信他不情愿的事情肯定会发生，而他所渴望的事情，就因为那是他渴望的事情，所以就永远不会发生——那这样一种状态，确实就是我们所说的绝望了。

12

在判断他人时，我们经常会出错——这并不完全是我们的判断力之过，而是大多数由于培根所说的：

智力并不是一盏不烧燃油的灯，而是需要得到意愿和激情的供应。

——《新工具》，I，49

也就是说，从一开始，在不知不觉之中我们就会由于琐碎不足道的小事对别人产生了先入为主的好感或者反感。另外，经常也有这样的原因：我们并不会只停留在我们所确实发现的别人的素质上面，而是从这些素质推断出其他的素质，因为我们以为这两者是紧密相连的，或者，是互相排斥的。例如，看到别人的慷慨大方我们推断出正义，从虔诚推断出诚实，从说谎推断出欺骗，从欺骗推断出偷窃，等等。这就为许许多多判断上的错误敞开了大门，一方面是因为人的性格是千奇百怪的，另一方面是因为我们的观点失之片面。虽然性格总是连贯和始终如一的，但由于人的总体素质的根源埋藏太深，我们无法仅靠一些零星素材就可以断定哪几样素质能够在某一情况下共存，哪几样却不可以。

13

在所有的欧洲语言里，人们通常把"person"一词用作泛指个体的人，这种无意识的用法相当精确和恰当，因为"persona"的本意是演员所戴的面具，人又的确并非如实表现出自己，而是每一个人都戴着一张面具和扮演着某一个角色。总的来说，整个的社会生活就是一出持续上演的喜剧。这让内涵丰富的人觉得乏味、无趣，但平庸之辈却乐此不疲。

14

我们会经常失口说出一些对我们有可能构成危险的话；但那些会使我们显得可笑的话语，我们却慎重不会说出来，因为在此，后果是即时显现的。

15

受到不公正的对待，人的内心自然会燃起报复的炽热渴望，并且人们经常说：报复是甜蜜的。证实这一点的，就是人们所做出那许多牺牲，其目的就只是为了享受报复的乐趣，而不是打算以此补偿所受的损害。人头马腿怪物利用生命的最后时刻作了精心安排，所以，由于确切预见到那布局极其巧妙的复仇，人头马腿怪物的苦涩死亡也带有了某种的甜蜜。对这同一思想的更加现代和更加可信的描述见之于意大利小说家贝多洛蒂的小说《两姐妹》——这一小说已被翻译成三国语言。华尔特·司各特爵士把这所说的人的倾向非常贴切、有力地表达了出来：

复仇是以地狱之火烧熟的、味美无比的一小口食物。
在此，我想试着为渴望复仇找出一种心理上的解释。

我们由于天灾或者偶然，或者命运的原因，即"在相同的处境下"，所遭遇的痛苦，并不像别人任意加在我们身上的痛苦那样让人难受。这根源就是：我们承认大自然和偶然就是这一世界本来的统治者，并且，我们看到自己经由这些所遭受的损害其他每一个人也都会同样遭受。所以，当我们承受出自这些源头的痛苦时，我们更多的是哀叹人类共同的命运，而不是自己个人的运数。相比之下，别人任意给我们造成的痛苦除了本身的伤害和损失以外，还有着某样相当奇特和苦涩的东西，也就是说，它让我们意识到了别人的优势——不管那是通过武力抑或狡猾——和相比之下自己的无能。如果可能的话，造成了的伤害、损失可以设法弥补；但那额外的苦涩，亦即这一想法："我必须忍受你的这些！"却经常给我们带来比原来的损害更多的痛苦，而这种痛苦也只能由报复而得到中和。也就是说，通过损害那损害了我们的人——不管是运用武力抑或狡猾——我们也就显示了自己的优势并由此一举抹去了他所显现的优势。这带来了热切渴望得到的一种情绪上的满足。所以，一个人越高傲，或者虚荣心越强，那他的报复心就越强。不过，正如每一个实现了的愿望都或多或少暴露出这愿望原来只是假象，复仇的愿望也同样如此。通常，从复仇中期望获得的乐趣会由于同情的作用而变了味道；事实上，做出了的报复行为会在这之后撕扯我们的心和折磨我们的良心，因为促使报复的动机已经不再发挥作用，而表明我们狠毒的证据现就摆在我们的眼前。

16

没有实现愿望的苦痛与悔疚相比是不足道的，因为前者面对的是永远开放的、无可估量的将来时光，但后者面对的是无法挽回地成了既成事实的过去。

17

"耐性"（geduld，patientia）一词[2]，尤其是西班牙语的
"suffrimiento"，正是由"痛苦"一词而来；所以，这是一种精神活动
的被动态，与精神的主动态相反。如果精神活动非常活跃，那它是很
难跟耐性结合在一起的。"耐性"是麻木不仁、精神迟钝、思想贫乏
的人和女人与生俱来的优点。但耐性却是非常有用和必要，这也就表
明了这个世界的悲惨特性。

18

金钱是人的抽象中的幸福，所以，再也没有能力享受具体幸福的
人，就全副心思扑在金钱上面了。

19

所有执拗、顽固都是因为意欲强行挤进了认知的地盘。
闷闷不乐、心情恶劣与忧郁是大有分别的；从兴高采烈到忧郁的
距离比从闷闷不乐、心情恶劣到忧郁的距离要短许多。
忧郁吸引人，但闷闷不乐、心情恶劣却赶走人。
忧郁症折磨人之处不仅是让我们对现在的一切没有来由地恼怒和
不快，不仅是为将来某一杜撰的不幸而毫无根据地担忧，而且还让我
们莫须有地指责自己过去的行为。
忧郁症造成的最直接后果就是每时每刻地考虑或者寻找那些会引

起我们愤怒和不安的事情。原因就是一种内在的病态不满，通常再加上发自脾性气质的一种内在不安。如果这两者达到最厉害的程度，就会导致自杀。

20

下面的议论更详细地阐释了我在《附录和补遗》第 114 条里援引过的尤维纳利斯[3]的诗句，

一个小小的机会就足以让我们发怒。

愤怒马上就会产生某种错觉，那就是愤怒的理由被出奇地歪曲和夸大了。而这种错觉本身又加剧了愤怒，而加剧了的愤怒又再度夸大了这一错觉。这种互相作用持续加剧，直至形成贺拉斯所说的"短暂的暴怒"。

为防范这一点，性子急和活泼的人在刚感觉到不愉快的时候就应马上尝试强迫自己暂时把这件事情抛诸脑后，因为过了一小时以后，当他们回看这一问题时，事情早已不再显得那样可怕，或许很快就显得毫不重要了。

21

憎恨是心的事情，而鄙视则是头脑的所为。这两者都不在"我"的控制之下，因为一个人的心是无法改变的，是受着动机的驱动；而这个人头脑则是根据不变的定律和客观的材料做出判断。"我"只是心和脑的结合而已。

　　憎恨和鄙视是相互明确对立和排斥的。不少人的憎恨情绪，其根源甚至不是别的，而只是对别人的尊重——而这尊重是别人的优势和优点所强行造成的。另外，如果我们要去憎恨我们见到的所有可怜兮兮的坏蛋，那我们就会忙得不可开交；用鄙视我们就可以更加方便、容易地一概打发掉他们。真正的鄙视是真正的骄傲的背面，是深藏不露的。谁要是让人留意到发出的鄙视，只要他是想让别人知道他根本瞧不起他们，那他就已经是以此流露出了某些钦佩。这样，他就暴露出了憎恨，而憎恨是排斥鄙视的，他现在只是在假装鄙视而已。而真正的鄙视就是坚信别人是毫无价值的，这种鄙视是可以与体谅和容忍结合一起的——通过体谅和容忍，为了自身的安宁和安全，我们就可以避免刺激我们鄙视的对象，因为每个人都可以做出危害他人的行为。但一旦这种纯粹、冷静和发自内心的鄙视表现了出来，那就会换来对方的极度憎恨，因为受到如此鄙视的人并没有能力以同样的武器做出还击。

22

　　引起我们某种不快情绪的事情，就算是相当微不足道，都会在我们的脑海里留下某种的后续作用；只要这后续作用仍然存在，那就会有碍我们清晰和客观地理解事物和情况，并的确使我们所有的想法都沾上了颜色，就犹如很小的物件，如果放置在眼前很短的距离，就会限制和歪曲了我们的视野。

23

让人们变得铁石心肠的，就是每个人自己都要承受够多的烦恼，或者自认为是这样。所以，某种非同寻常的幸福状态会让大多数的人变得慈善、富于同情心。但持续、不变的幸福状态却往往产生出与此相反的效果，因为这种状态使人不识痛苦，以致对痛苦再也无法感同身受了。这就是穷人何以有时比富人更加乐意助人的原因。

使人们变得这样的好奇和喜欢打听，正如我们从其四处张望、暗中打探别人的事情就看得出来，却是无聊——这是人生中与痛苦对应的另一极——虽然嫉妒在此也经常起到了作用。

24

如果我们想窥探一下自己对某个人的真实感情，那就要留意在第一眼看到邮差交来的、令人意想不到的是发自这个人的一封来信时留给我们的印象。

25

有时候我们似乎在同一时间既愿意又不愿意某件事情发生，于是对这同一件事情我们既高兴又忧虑。例如，如果我们需要参加一次至关重要的考试，而能够顺利通过则对我们大有好处，那么，我们就既渴望又害怕考试时间的到来。如果在等待期间，我们获知这次考试暂时被推迟了，那我们就会同时既高兴又担忧，因为这消息有违我们的目标，但却让我们得到了暂时的放松。这与我们等待一封至关重要的、决定性的信件，而它又迟迟没有到来，是同样的情形。

在类似的情形中，其实有两种动机在对我们发挥着作用：一个动机作用更加强烈，但距离我们更远，那就是希望通过考试并获得事情的结果；另一个动机作用稍弱，但距离我们更近，那就是希望现时能得到安宁，在这期间继续享有保留着希望的好处——虽然这是不确定的状态，但它起码比有可能出现的不幸结局要好。所以，在精神世界里也同样发生了在物理世界里所出现的这种情况：在我们的视野里，一件更小、但距离更近的物体遮蔽了更大但距离更远的东西。

26

理性值得称为先知，因为理性把将来发生的情形，亦即把我们现在的所为将要导致的结果和作用展示给我们。当性欲、暴怒、贪婪引诱我们做出将来就会后悔的事情的时候，理性正是以此方式使我们得以控制住自己。

27

我们的个体生活的轨迹和事件，就其真正的含义和关联而言，可比之于粗糙的镶嵌砖块组成的图案作品。太过靠近这些图案时，我们无法正确辨认出所展现的东西，既看不出其含义，也看不出其美之所在。只有与这些图案相隔一段的距离，上述两者才会显现出来。同样，在我们生活中的重要事件仍在发生或者刚发生不久，我们经常都不会明白其真正的关联，而只能等到事过境迁了相当一段长时间以后。[4]

这到底是因为我们需要想象的放大镜作用，还是因为事情的整体只能相距很远的距离才可以让我们浏览其整体？抑或是因为激情必须冷却下来？或者，只有经验教训才会使我们的判断力成熟起来？或许所有这些因素加在一起吧。但有一点是确定的：经常是只有在多年以后，我们才会正确了解别人的行为；甚至对我们自己的行为，有时候也是如此。在我们的生活当中是这样，在历史上也同样如此。

28

人的幸福处境通常就犹如一些小树林：从远处看过去，这些小树林显得很美；但靠近距离或者走进树林以后，原先的那种美就消失了。我们置身于树林之中，但却不知道那种美已经消失于何方了。我们经常羡慕别人的处境，原因就在这里。

29

为什么尽管着有千百面镜子的帮助，一个人却并不真正知道自己看上去是何种样子，因此也无法具体想象出自己本人，而对每一个熟人却都可以做到这一点？这是向"认识你自己"（德尔菲的阿波罗神庙的格言）迈出第一步时就碰到的困难。

这部分的原因无疑就是：一个人在照镜子的时候，眼睛都是朝向镜子并且静止不动的。这样，他眼睛的那些有其含义的活动，以及眼神的特征也就失去十之八九了。但除了这身体上不可能做到的事情以外，与此类似的在伦理方面不可能做到的事情似乎也一并发挥了作用。我们无法以陌生的目光投向镜子中的自己，但这样做却是客观了解自己的条件。也就是说，这是因为这样的目光毕竟是建立在伦理上的自爱之上，连带着的是深感的非我（参看《伦理学的两个基本问题》，伦理学的基础，第 22 节），而要纯粹客观、不打折扣地看清所有的缺陷——也只有这样，镜中的图像才能忠实、真正地展现——那样的目光是必不可少的。但在我们看镜子中的自己时，却不是带着这样的目光；上面所说的自爱始终会在我们的耳边悄声防护性地说："这个可不是非我，而是我。"——这起到的作用就是"别碰我!"，并阻碍我们纯粹客观地去把握，而要达到这纯粹客观，没有少许恶意这一发酵酶似乎是不可能的。

30

我们并不知道自己承受痛苦和做出实事的潜力如何，直至有机会让这些潜力活动起来，就犹如望着池塘里波平如镜的静水，我们不会看得出它是如何咆哮着、翻滚着从岩石上奔腾而下，或者作为喷泉能够进升至怎样的高度；又或者我们预料不到冰冻的水所能蕴含的热量。

31

无意识的存在只是对其他的生物而言有其真实性，因为这无意识的存在呈现了这些生物的意识里；直接的真实性则是以自身的意识为条件。所以，人的个体真实存在也就首先是在其意识之中。但这样的意识必然是能够反映事物的，亦即以智力及其活动的范围和素材为条件。据此，意识的清晰程度，因而也就是思考的程度，可被视为存在的真实性程度。但在人类本身，对我们自己和他人的存在的思考程度，或说对这些的清晰意识程度，却是根据人们天生的的精神能力的大小及其发展程度，以及人们用于深思的闲暇的多寡，而出现许多梯级差别。

至于人与人之间精神能力的真正和原初的差别，只要我们停留在泛泛、大概的情形，而不是对单个例子进行考察，那我们就不容易对人与人在这方面的差别做出比较，因为我们无法从远距离就可以对这些差别一览无遗，这些差别也不像人们在教育、闲暇、职业等方面呈现的差别那么外露和明显。不过，就算深入后面这些差别而加以考虑，我们也不得不承认不少人享有比其他人至少高出 10 倍的存在程度，因而比他人多存在 10 次。

在此，我不想谈论那些野蛮人——他们的生活常常就只是比树上的猿猴高出一级而已。我们还是考察一下，例如，在那不勒斯或者威尼斯（在北方人们由于需要应付冬天，所以必须考虑更多的事情，因而变得更加的深思熟虑）的某个挑夫，并大致浏览一下这个人从开始到结束的一生。这种人为贫穷和匮乏所迫，全凭自己的体力，依靠辛勤的劳作以解决每天、甚至是每时的急需；没完没了的喧哗、骚动，许多的匮乏，对每天不作打算，在身体消耗疲乏以后就痛快休息；与他人多有口角、争吵，没有片刻思考的时间；享受温暖气候中的感官舒适和还可凑合的食物；最后，再加上从教会中接受一些粗糙愚笨的成见作为形而上的成分。所以，大致而言，这个人对自己追逐的一生，或者更确切地说，被追逐、驱役的一生，只是浑噩地有所意识。这场焦灼不安、混乱不堪的梦构成了千百万人的一生。他们完全就只是为了当时意欲的需要而认识。他们不会回想在自己存在中的关联，更加不会想到这一存在本身的关联。在某种程度上，这些人存在着，但却又不曾真正地觉察到自己的存在。所以，浑浑噩噩、不假思量地度过此生的贫困者或者奴隶，其存在比起我们一般人更明显地接近动物的存在，后者完全就是局限于现在此刻。但也正因为这样，这种人的存在并没有那么多的烦恼。事实上，因为一切的快感乐趣从本质上而言都是否定的，亦即只是摆脱了匮乏或者苦痛，所以，永远与贫困者的工作相伴的这样一种从劳苦到消除了劳苦的持续、快速的变换——然后，这又加固和显现为工作与休息和需求得到满足的变换——就成了快感的永恒源泉。证实这一源泉相当丰富的确切证据，就是在贫穷者脸上常见得多（与有钱人相比）的高兴表情。

现在，让我们看一下理性、考虑周详的商人吧。他们的一生是在筹谋和盘算未来中度过，小心谨慎地实施精心制定的计划，创立公司，养活妻儿，传宗接代，同时，也积极参与公众活动。这种人的存在，比起上面所说的那一种人，明显具有更高程度的意识，也就是说，他们的存在具更高程度的真实性。

接下来，我们可以看看学者的情况，例如，研究过去历史的专家。这种人已经意识到了整体的存在，越过了他存在的时间，超越了他本人之外，他们再三思量的是世界发展的历程。

最后就是诗人、文学家，甚至哲学家。这些人的静思默想达到了如此的高度，他们并不是受诱使去探索存在中的某一特别的现象，而是对这一存在本身、对这一巨大的斯芬克斯之谜感到惊奇。这一存在就成了他们的研究课题。他们的意识达到了如此之高的清晰度，以致成了世界意识。这样，在这种意识中的看法和想法与为其意欲服务完全无关；他们的意识现在向他们展现的世界，需要他们更多的是去探究和考察，而不是投身于世事的忙碌俗务。如果意识的程度也就是真实的程度，那么，当我们形容这一类人是"至为真实的人"时，这种表达就有其深意。

在此描述的极端之间，以及在那当中的级别，每个人都可以找到自己的位置。

32

奥维德[5]的这一诗句：

动物弯曲着腰，面对着大地。

——《变形记》，I，84

以其本来的、肉体上的含义虽然只适用于描绘动物，但就其形象和精神上的含义而言，这一诗句却也不幸地适用于绝大多数的人。他们的感觉、思维和努力完全地投入到争取身体的快意、舒适中去，或者也投放到个人的兴趣中去，其范围虽然经常是包括多个方面，但这些兴趣归根到底也只是因为与他们全力谋求的上述东西扯上了关联才变得重要，也不会超出这些关联之外。这些人的生活方式、他们的谈话不仅可以证明我所说的话，甚至他们的眼神、模样及其表情、走路的姿势和说话的手势动作都可以表明我说的是事实。他们身上的一切都在呼喊着："弯腰向着地面吧！"所以，奥维德紧接着的第二行诗句：

他唯独给了人类一副庄严、崇高的表情，
并且要求他们以喜悦的眼神眺望天空中的星辰。

并不适用描绘这些人，而唯独适用于形容那些更加高贵、更具禀赋的人，那些思考和真正审视自身周围的人。但这些人却只占人类中的少数而已。

33

为什么德文里"gemein"（愿意是"普遍"、"共同"、"一般"，引申的意思则是"庸俗"、"粗野"、"可鄙"、"恶毒"）是表达蔑视的字词，而"ungemein"（"脱俗"、"不同凡响"、"与众不同"）却表达了赞叹？为何一切一般、普遍的东西都招人蔑视呢？

"Gemein"一词的原意是为所有人，亦即为整个种属所独有、所共有的东西，因此，也就是与整个种属有关的东西。所以，那些除了具备人类这一种属所普遍共有的素质以外就再别无其他的人，就是一个"庸俗的人"。"平凡的人"（gewohnlicher mensch）则表达得比较温和，更常用于描绘人所具有的智力素质；而"庸俗的人"则涉及人的道德素质。

的确，一个人如果与自己种属的千百万人并无二致，那他又能有什么价值？千百万人？更准确地说，是数不胜数、永无穷尽的人——大自然从其永不枯竭的源泉里绵绵不断地喷涌出他们，直至永远，其慷慨一如打铁匠打出左右飞舞的火花。

很明显，这一说法是对的：一个人如果除了具备自己种属的素质以外就再没有其他的素质，那么，他除了拥有这一种属的生存以外，没有权利要求享有别样的生存。

我不止一次地探讨过这一点［例如，《伦理学的两个基本问题》中《论意欲的自由》第三部分（2）；《作为意欲和表象的世界》第1

卷，第338页]：动物只有种属的性格，唯独人才得到了真正的个体性格。但是，在大多数人的身上却只有点点真正属于个人的东西：他们可以几乎完全被纳入生物分类中的纲。"这些都是样品"。他们的所思、所欲，正如他们的面相一样，是他们所属的整个种属、顶多是他们所隶属的纲的所思、所欲。也正因为这样，他们庸俗、渺小，并以庞大的数目生存着。我们通常都可以相当准确地预见到他们将要说出的话和做出的事。他们没有独特的印记，就像工厂大批生产的产品一样。

他们的存在难道不应该，就像他们的真正本性那样，融进种属的存在中去吗？庸俗这一诅咒把这些人在这一方面拉近了与动物的距离：即只给予了这些人种属的本性和存在。

但不言自明，一切崇高、伟大、高贵的事物，其本质已决定了它们只能孤独地存在于这样一个世界：在这里，要描绘卑劣、下流和无耻，再没有比那意指一般都存在的东西的"gemein"（"平庸"、"庸俗"）一词更好的词语了。

34

意欲作为自在之物，是构成一切生物的共同材料，是事物的普遍元素。所以，意欲是我们与所有人，甚至与动物和其他更加低级的存在形态都共有的东西。因此，在意欲方面，我们和万物是一样的，因为都是充满着意欲。相比之下，一种生物赖以优越于另一种生物，一个人赖以优越于另一个人的，却是认识力。所以，我们要表现出来的，应该尽可能地局限在认识力方面，只有认识力才可以显现出来。这是因为意欲作为我们共有的东西，就正是所谓俗的东西。据此，意欲的每一次激烈显现都是"俗",亦即使我们降格为只是种属的一个标本、范例而已,因为正是在这个时候我们只显示出种属的特征。因此,所有的愤怒都是俗;所有的纵情狂欢、所有的仇恨和恐惧,一句话,每一种情绪,亦即每一意欲的活动,当变得如此强烈,以致在我们的意识里远远地压倒了认识力,使我们变得更像是一个意欲着的生物,而不是一个有认识力的人——在这时候,我们就都是俗。放纵于诸如此类的情绪,那就算是最伟大的认识天才也会变成一个最普通的凡俗之人。而谁要是希望成为超凡脱俗,亦即伟大,那就永远不能允许意欲占优的活动占领其意识,哪怕他受到诱惑很想要这样做。例如,他必须察觉到别人对自己憎恨、仇视的态度,但又能够不为所动。确实,没有比这一迹象更能确切无误地显示出一个人的伟大了:对任何伤害性、侮辱性的话语都能够无动于衷,把这些东西,如同其他无数的错误一样,归之于说话者肤浅的认识力,因此也就只是知道这些东西,但却不会对此有多少的感觉。由此我们也就理解了格拉西安[6]所说的话,

没有什么比让别人发现自己毕竟只是一个常人更加降低自己的身份。

根据以上所言,我们必须隐藏起自己的意欲,犹如我们必须隐藏起自己的生殖器,虽然这两者都是我们本质的根源。我们应该只让我们的认识力显现出来,犹如我们只露出自己的脸。否则,我们就会变得凡俗。

甚至在戏剧当中——而戏剧的主题理应就是激情和情绪——意欲的表现也会轻易变得俗不可耐,这点尤其见之于法国的悲剧作品。

那些悲剧作者除了描绘激情就再没有更高的目标了。他们时而营造出一种可笑、愚蠢的激情，时而又写出一些简短的俏皮、挖苦的话语，目的就是借助这些幌子以掩盖其主题的低俗。在看到由著名的拉切尔小姐扮演的苏格兰女王玛丽·斯图尔特，对着伊丽莎白大女王发脾气的一幕时，尽管拉切尔小姐的演技很出色，但我还是想起了市场上的女鱼贩子。由于这样的表现手法，最后的一幕送别也同样失去了一切令人肃然起敬的成分，亦即真正悲剧性的、法国人没有半点认识的东西。同一个角色却由意大利女演员丽斯托利表演得异常出色，因为意大利人和德国人尽管在其他方面存在着巨大的差异，但对于在艺术中什么才是真挚、严肃和真实的东西却有着相同的感觉，因此他们和处处暴露出缺乏这类感情的法国人恰成对照。戏剧中的高贵、亦即脱俗和崇高，首先就是经由认识力——它与意欲互相对立——而产生，因为认识力自由地翱翔在所有意欲活动之上，认识力甚至把意欲的活动也当作了审视、思考的素材，就正如莎士比亚的戏剧尤其让我们看到了这一点，特别是《哈姆雷特》一剧。那么，如果认识力上升至这样的高度：领悟到了所有的意欲与争斗都是虚无的，并因此取消了意欲本身，那这一戏剧就是真正悲剧特质的，那也就是真正崇高的，同时也达到了这戏剧的最高目标。

35

如果智力能够集中其力度，生活就显得那样的短暂、渺小和匆匆即逝，以致生活中没有什么事情是值得我们为之感动的，相反，一切都是无足轻重的，甚至快乐、财富和名声也是如此；甚至无论一个人如何遭受过失败，他也不会真的在这方面失去很多。但如果智力是松弛无力的，那生活看上去就是如此漫长和重要，一切都马虎不得，都是如此困难，以致我们因此全身心投入其中以分享那些好处、确保占有从搏斗中获得的战利品和实施我们的计划。这后一种对生活的看法是形而下的，亦即格拉西安所说的"对生活太过认真"。而前一种观点却是超验和形而上的，对此奥维德的"一切并不那么重要"（《变形记》）是不错的表达。但柏拉图的这一句话把这种观点表达得更好：

没有什么人、事值得我们为其如此烦心。

第一种感觉，其产生是因为在意识中，认知取得了优势；然后，认知被解放了、不再纯粹只是为意欲服务，而是去客观理解生活的现象；现在，认知也就不可避免地看清楚了一切都是徒劳和虚无。而在持第二种感觉的人那里，意欲占据了优势，认知存在的目的纯粹是为意欲照明目标以及通往这一目标的途径。一个人的伟大抑或渺小，全在于上述哪一种人生观点在意识里取得优势。

36

每个人都会把自己视野的尽头当作是世界的尽头，这一错觉在思想智力方面而言是无法避免的，一如在肉眼方面，地平线上的天、地就好像是相连似的。正是部分出于这一原因，每个人都以自己的标准衡量别人，而这样的标准通常不过是一个裁缝的标准而已，而我们也不得不忍受这些的衡量，就正如每个人都把自己的平庸和渺小强加之于我们，而这样的天方夜谭却又居然马上就被人们作为事实接受下来。

37

人们头脑中的一些概念甚少是清晰和明确的，这些概念也只是徒有其名而标示其存在而已，一旦连这些名称都没了，那这些概念就会完全消失了。例如，智慧就属于这一类的概念。这一概念在几乎所有人的脑子里都是那样的模糊不清！我们只需看看哲学家对此概念的解释！

据我看，智慧标示的不仅是理论上的完善，而且还有实践中的圆满。我给予智慧的定义就是：对整体和普遍的事物能有完美和正确的认识，这认识渗透着一个人的浑身上下，甚至在其一举手、一投足也展现出来，因为这人的行事都受其指引。

38

人们身上一切原初的，因此也就是真正的东西，就像自然力一样无意识地发挥作用。经意识而出的东西，也就因此成了表象和概念；把这样的表象表现出来也就是某种程度上通告了此表象。据此，一切真正的和经受得住考验的性格和精神素质本来都是无意识的；这样的素质也才给人们留下了深刻的印象。所有有意识做出的事情都是经过了一番补足和带有目的的；所以，这类行为已经变成了造作，亦即欺骗。一个人无意识中做出的事情并不费心劳力，但却是任何费心劳力都无法替代的。观念和思想的原初构成就属于这一类事情，这些也是一切真正成就的根基和内核。这就是为什么与生俱来的才是真正的和令人信服的。任何人想要成就某样事情，就必须在他所从事这事情的时候——不管这是商业、写作抑或教育——在不认识个中规律的情况下遵循着规律。

· · · · · ·

39

许多人在生活中交上好运确实就是因为他们脸上常常挂着一副愉快的笑容——这使他们赢得了别人的欢心。但我们还是要小心谨慎一点为妙，并从哈姆雷特的不朽名句中认识到：

一个人会微笑着、微笑着捅你一刀。

40

具有闪亮和伟大素质的人并不介意承认自己身上的缺点和不足，或者让别人看见这些东西。他们视自己已经偿还了这些的缺点，或者甚至会认为：这些的缺点与其说贬低了他们，还不如说他们为这些缺点争了光。尤其是如果这些缺点、不足是与他们的伟大素质直接联系在一起，"作为必不可少的条件"，那就更是这样的情况。这与已经引用过的乔治·桑[7]的这一句话不谋而合：

每个人都有自己的美德所带来的缺点。

相比之下，某些拥有良好品格和正常头脑智力的人却永远不会承认自己那些微的缺点和毛病。他们会小心翼翼地把这些东西遮掩起来，对任何关于这些缺点和毛病的暗示都相当敏感。这恰恰是因为这些人的全部优点就在于没有瑕疵和不足，因此，一旦他们暴露出了某种瑕疵和不足，他们的优点就会随即打了折扣。

41

对才具平平的人来说，谦虚只是诚实而已；对有非凡才能的人而言，谦虚却是虚伪。因此，后一种人如果坦然说出自我的感觉，不加修饰对自己超常能力的意识，那这与平庸之人表现出谦虚是同样良好、温文的行为。华列日斯·马斯姆斯在《论自信》一章里提供了这一类做法的相当温文、有礼的例子。

42

甚至在被驯服、接受训练的能力方面，人也是优于一切动物的。穆斯林受训练一天五次面向麦加祈祷，从不间断。基督徒则受训在某种特定的场合在自己的胸前画十字、鞠躬，等等。总的来说，宗教的确就是人为训练的杰作，我的意思是，在训练人的思维方面。所以，众所周知，在这方面开始做工作永远不会太早。只要我们在一个人6岁之前，极其严肃、反复不断地向他说着一样东西，那么，没有什么明显荒谬的东西是不可以牢固植入这人的脑袋，因为训练人就跟训练动物一样，只有尽早开始才会完全成功。

贵族被训练成唯一只把自己用名誉保证的誓言奉为神圣，认真、死板地笃信骑士荣誉的怪诞规则，甚至在必要的时候不惜为骑士荣誉而赴死，把国王真的视为某种更高级的生物。我们出于礼貌说出的客套话，尤其是对女士毕恭毕敬、细心周到的行为，都是人为训练的结果。我们对于出身、地位、头衔所怀有的尊崇也出自同样的原因。我们对别人针对我们的某些话语的不一样的生气程度也是同样如此：英国人被训练成把别人责备他们不是绅士的话视为极大的侮辱，如果被别人指为说谎者，那就更加不得了；法国人不能原谅别人说他是"懦夫"；德国人则觉得骂人"愚蠢"的行为，简直就是十恶不赦的大罪，等等。许多人被训练成能够在某一方面始终不渝地信守诚实，但在其他各个方面的表现却不值一提。所以，不少人不会盗窃钱财，却会随手拿走可以直接享用的东西。很多商人在欺骗别人的时候可谓不择手段，但肯定不会做出偷窃财物的事情。

43

医生在看人的时候，看到的是这人的身体毛病；法律学家则只盯着人们的劣性；而神学家则会留意世人的愚蠢。

44

我的头脑里面有一个对立的反对派：它对我所做过的或者决定了的一切事情——哪怕已是经过了深思熟虑——在事后都会与我论争，但却又并不总是对的。这只是人的检验心理的一种核实和纠错方式，但却是经常对我发出一些莫须有的指责。我估计很多人也有同样的情况，因为谁又不需对自己说：

你以自己的能力做了什么样的事情，
而又对当初的尝试和最后的成功无怨无悔？

——尤维纳利斯

45

　　如果一个人的头脑观照活动足够活跃，不需每次在感官受到刺激以后才可以开始其直观活动，那这个人就具备了很强的想象力。

　　与此相应，对外在的观照越少经由感官所引导和提供材料，那我们的想象力就越活跃。孤单一人长时间地待在囚室或者病房里，寂静、昏暗、朦胧，都会增加有助于想象力的活动；想象力在诸如此类的影响下，会自动开始活动起来。反过来，当我们的观照从外在获得许多现实素材，例如，在旅行中，在熙熙攘攘的人群里，或者在光天白日之下，我们的想象力就会停止工作，甚至在需要的时候，也仍然无法活动起来：想象力知道现在并不是适合它的时间。

　　不过，想象力要有所成果的话，就必须从外部世界获取许多材料，因为只有这些材料才可以填充它的储藏室。想象就跟身体一样，都需要接受食物：当身体从外在获得了许多它要消化的食物的时候，它是最没有能力进行任何工作的，身体想要得到休息。不过，正是有赖于这些的食物，身体在以后适当的时候才可以展现出所有的力量。

46

　　人们的意见、看法遵循着物体摆动的规则：如果摆过了重心的一边，那就必须在这之后走回另一边的同等距离。那些意见和看法只能随着时间才可以找到并停止在真正的静止点上。

47

正如在空间里，距离增大会使所有的一切收缩从而变小，其缺点和不足也就因此消失不见了，所以，在缩小镜或者针孔照相机里面，一切都显得比在现实中的漂亮，同样，在时间上，过去也发挥着类似的作用：逝去已久的事情或者景象，连带其中的人物，在我们的记忆中显得特别令人愉快，因为记忆把无关紧要的和让人不快的东西都清除掉了。现在此刻因为没有这一优势，所以它在我们的眼中总是充满着缺陷不足。

正如在空间里，接近我们的细小东西会显得比较大，当距离非常接近的话，那这些小东西就会占据我们的整个视线范围；但一旦我们与这些东西拉开了一段距离，那它们就会显得细小和不起眼了——同样，在时间上，在我们日常生活中的琐碎小事、烦恼、不幸，只要它们是在现时和在我们身边发生，就会显得是大事、重要的事，并相应刺激起我们的情绪、忧虑、懊恼和激情。但一旦永不疲倦的时间长河把这些事情只是带走了一段距离，它们就会变得毫无意义，不值一提，并且很快就被忘掉了，因为这些事情大小与否全在于它们与我们距离的远近。

48

因为欢乐和悲伤并不是头脑中的概念和表象，而是意欲的影响，所以它们不会停留在记忆的范围；我们也无法回想起那些意欲影响本身，那也就是说，我们不能重温它们，而只能回想起当时与那些相伴的表象，特别是在当时由欢乐或者悲伤情绪所引发的看法和表示，以通过这些来测量当时的那些情绪。所以，我们对欢乐和悲伤的回忆总是有欠完美；在事过境迁以后，我们也就淡漠了。这就是为什么我们有时候要去重温过去的快意或者苦痛时，都总是无功而返，因为这两者的真实本质存在于意欲，而意欲就其自身而言，是没有记忆的。记忆是智力的一种功能，而智力就其本质而言，就只是提供和保留纯粹的表象而已，但这些不是我们现在讨论的主题。奇怪的是，到了糟糕的日子，我们都能生动地回想起过去的幸福时光；但在美好日子里，我们对糟糕的时候却只有相当不完美和冷冰冰的回忆。

49

对于我们的记忆，我们担心的是学过的内容纷乱和相互混淆，而不是记得太多而导致记忆超出负荷。记忆力不会因为所学过的东西而有所削弱，就好比沙子不会因为已经堆砌了不同的形状而失去塑造新形状的能力。在这种意义上说，记忆是深不可测的。不过，一个人的知识越丰富多样，那么，要马上找出不时之需则需时更多，因为记忆就像是一个商店主：他必须从一间很大的、摆满五花八门货品的商店找出他所需要的物件；或者，实在地说，因为一个人必须从多条可能的联想当中，回忆起唯独的一条，而这一条联想由于之前的学习和练习引向他想回忆起来的东西。这是因为记忆不是一个用于储蓄东西的容器，而只是使精神力得以发挥的一种本领，所以，头脑始终只是在可能中，而非在实在中拥有其全部知识。关于这一话题，我推荐读者阅读我的《论充足理由律的四重根》第2版第45章。

50

　有时候，我回忆不起来某一个外语词、一个名字，或者某一个技术用语，虽然我很熟悉它们。在用心想了一段或长或短的时间但又徒劳无功以后，我就完全放弃回想了。然后，往往在一两个小时之内，在少数情况下要迟一点，但有时得过了四到六个星期以后，当我正想着完全不同的事情时，那要找的词就突然出现了，就好像是有人在我耳边悄声告诉了我这一个词似的（所以，一个不错的做法就是临时用一个记忆符号把需要找的字词记录下来，直到它重新出现在我们的记忆中为止）。多年来我经常观察这一奇特现象并为之惊叹，我现得到了下面这一可能的解释。在经过一番艰难而又没有结果的搜索以后，我的意欲保留着要找到这一词语的意愿，并因此委派智力进行监察。这样，稍后在我的思路、联想中，一旦某个与我要找的词具相同开首字母或有着几分相似的词偶尔出现，那监察者就会扑向前去，把它补足成我要找的词；这个词也就这样终于被揪住，并被作为战利品突如其来地拖至我的面前。但对这个词是如何和在哪里被逮住我却全不知情。这就是为什么它的出现就好像有人在我耳里悄声说了出来一样。这情形就类似一个小孩无法说出学过的一个单词时，老师最后只能提示单词的第一个或者第二个字母，而小孩也就终于想起这个词了。如果无法得到这种提示，那最终就只能逐一按字母表顺序寻找这一单词了。

　直观的形象比纯粹只是概念更能牢固地留在我们的记忆中。所以，那些有想象天赋的人比常人更加容易学到语言，因为他们把所学的词语马上与相对应的事物的直观形象联系起来，而其他人则只是把所学的词语与自己语言中的字词联系起来。

凡是我们想留在记忆里的东西，我们都应尽可能地把它们还原为某一直观的形象，不管这直观形象是直接的，抑或只是例子、明喻、类比或者其他别的东西，因为我们的记忆能更牢记住一切直观、形象的东西，而不是只在抽象思考中的东西或者只是纯粹的字词。这就是为什么我们经历过的事情比起我们阅读过的事情更容易留在我们的记忆里。

记忆法或记忆术（mnemonik）不仅仅只是考虑如何运用技巧把直接的记忆通过俏皮话或者警语转化为间接的记忆；记忆法更应该是属于这样一门研究记忆的系统理论：这门理论阐述和解释记忆的特点，并且是从记忆的本质推论出这些特点，然后再彼此互相推论。

51

我们只是不时地学到一些东西，但却是整天都在忘记。

在这一方面，我们的记忆就像一个筛子：随着时间的流逝和长久地使用，筛子只能留住越来越少的东西。也就是说，我们的年纪越老，那么，我们现在仍交付的记忆的东西就流失得越快，而在早年就已存留在记忆里面的东西则仍然保留着。所以，一个老人记忆中的往事距离现时越遥远，就记得越清晰；而越接近现时，记忆中的事情就越发不清楚了。这样，一个老人的记忆也就像他的眼睛一样，变得只能看清远距离的东西。

52

在生活中的某些时候，在没有什么特别外在原因的情况下，更准确地说应该是经由那发自内在的、只能从生理方面做出解释的敏感性加强，我们对周围环境和当下瞬间的感官把握能达到某一少有的、更高一级的清晰度；这样的时刻就以此方式永远打印在记忆当中，并连带其全部个体性保存在记忆里。而我们却不知道为何从那成千上万相似的时刻当中，偏偏选上这些。更准确地说，这都是相当的偶然，就像保存在岩石层里面的一些已经绝迹了的动物的个别样品，或者，就像被人们无意中夹在一本书里面的昆虫。但这一类记忆却又总是愉快的。

往昔生活中的许多情景和事件，在我们的记忆中显得多么的美好和充满意义，虽然那时候我们不曾珍惜就让其溜走了！不过，不管我们是否珍惜，所有这些还是要消逝的；它们恰似一块块的镶嵌砖，共同组合成了我们生活经历的记忆图案。

53

有时候，逝去已久的一幕往事似乎在没有明显原因的情况下突然栩栩如生地出现在我们的回忆里。这在很多情况下是有可能因为我们嗅到一缕淡淡的、还没有进入我们的清晰意识的气味，情形就跟当年我们嗅到了这一气味一样。这是因为气味尤其容易勾起人们的回忆——这已是广为人知的了，而头脑中的联想就只需要些微的驱动而已。随便一提，眼睛是理解力的官能（《论充足理由律的四重根》第21章）；耳朵则是理性的官能；而嗅觉，正如我们在这里所看到的，则是记忆的官能。触觉和味觉是现实的，与接触紧密相连，并没有理念性的一面。

54

记忆的一个独特之处就是轻微的醉意经常会大为增强对往昔时光、情景的回忆，以致比在清醒的时候更完美地回想起当时的个中情形。相比之下，对我们在有轻微醉意的时候所说的话、所做的事的回忆，却比我们清醒时候的更差。事实上，如果我们真的醉了，那在事后是没有回忆的。轻微的醉意会有助于我们的回忆力，但提供给记忆力的素材却很少。

55

神志不清歪曲了直观，疯狂则歪曲了思想。

56

在所有的思维活动中，最低的一级是算术——这一点可由此得到证明：算术是唯一可以用机器来进行的思维活动，就正如现在在英国，为了方便人们已广泛使用了计算器。对有限数和无限数的分析归根到底也就是算术运算，我们应据此评估"数学的深奥思想"——对这样的说法，利希腾贝格[8](《杂作》，I，198）是这样取笑的：

那些所谓的专业数学家，全凭世人的幼稚，赚取了思想深刻的美誉；这种情形与神学家自认为就是圣洁的颇为相似。

57

一般来说，具有伟大才能的人与智力很低的人更容易相处，这是跟平常人相比较而言的。基于同样的道理，暴君与群氓，祖父母与孙儿女，都是天然的盟友。

58

人们需要外在的活动是因为他们没有内在的活动。一旦人们有了内在的活动，那外在的活动就成了相当不便的、很多时候简直就是可恨的骚扰和负担。此时，我们的愿望就是闲暇和外在的宁静。正是人们没有内在的活动而需要外在活动，才可以解释为何那些无所事事的人会坐立不安，并对旅行有着盲目的狂热。驱使他们穿梭往来于国与国之间的，正是他们的无聊，而在家的时候，这无聊就把他们驱赶在一块——看到那种情形就让人忍不住要笑。证实我这所说为实的一个绝妙例子是一个我不认识的五十来岁男子提供的。他告诉我在两年间他游玩过的边远和陌生的国家和地区。听到我说他必定承受了不少不便、吃了不少苦头和经历了不少危险时，他马上和直截了当地、在省略三段论的前提下给了一个异常天真的回答："我可一刻都没感觉到无聊。"

59

我对人们独处就会感到无聊烦闷并不感到奇怪：他们单独一人的时候是不会笑的，甚至觉得这样做是怪诞的事情。那发笑是否就大概只是一个给予他人的信号，一个符号，就像文字一样？欠缺想象、也欠缺活泼的思想（就像第奥弗拉图斯[9]所说的"精神呆滞、麻木"）就是人们不会在单独时发笑的主要原因。动物则无论是单独还是聚在一块时都是不会笑的。

厌恶人类的迈森有一次在单独一人的时候笑了起来，并且被一个类似上述的人看见了。人家就问他为何笑呢，因为他是一个人呀？"这正是我发笑的原因"，迈森回答说。

60

一个有麻木、迟钝气质的笨蛋，如果是爽朗活泼气质的话，那他就成了一个小丑式的傻瓜。

61

不上剧院看戏就像穿衣打扮化妆不照镜子；但不征求朋友的意见就做出决定则更加糟糕——因为一个人可以对各种事情都有中肯、准确的判断，但偏偏对自己个人事情的时候不是这样，因为在此，意欲马上就会扰乱了智力的判断。这就是为什么我们应该征求别人的意见，这与医生可以医治别人，但偏偏医治不了自己，而要找一个同行诊治是一样的道理。

62

我们日常的自然而然的手势动作，例如在热烈的交谈中伴随出现的手势动作，是一种独特的语言，甚至是比字词普遍得多的一种语言（只要这些手势动作是独立于词语、在各国都是一样的），虽然各个民族都是根据其活泼性而运用手势。某些民族例如意大利，他们的手势语言还多了某些纯粹是他们民族约定俗成的手势，这样的一些手势因此也只能适用于当地。手势动作的普遍性类似于逻辑和语法所具有的普遍性：因为手势动作表达的是谈话中属于形式的部分，而不是谈话中的内容。不过，手势动作却有别于逻辑和语法，因为它不仅与智力有关，而且它还和道德，亦即意欲的波动有关。据此，手势伴随着讲话就犹如准确跟进的基本低音伴随着旋律，并且，就像这低音一样，手势动作加强了这些话语的效果。最有意思的莫过于尽管谈话中的素材、亦即具体内容和每次谈论的事情千差万别，但当谈话的形式部分是相同时，那么人们每次采用的手势动作是完全一致的。因此，当我从窗口看到两个人在热烈地交谈，但又听不到他们所说的哪怕是一个字的时候，我却可以明白他们谈话中泛泛的，亦即纯粹形式的和典型的含义，因为我确凿无误地看到说话的人现正在辩论，提出他的根据，然后界定这些根据，然后强调它们，最后以胜利者的姿态得出他的结论；或者看到他讲述所遭受的一桩不公，形象地向我们诉说对手的愚蠢、麻木不仁和难以对付；或者他得意洋洋地告诉别人他如何制定了一个绝妙的计划并付诸行动，最后又如何终于取得了成功；或者哀叹因为遭受了厄运，以至于计划功亏一篑；再就是，他承认目前处于一筹莫展的困境；或者根据他的叙述，他如何及时识破了对手的用心和手腕，通过行使自己的正当权力，或者动用武力，挫败了对手的阴谋和惩罚了玩弄这一阴谋诡计的人，等等，等等。不过，单纯的手势动作能够告诉我的，说到底就是整段谈话在抽象中的道德或者智力方面的关键内容，那也就是这谈话的精髓部分、真正实质性的内容。尽管个别的谈话是在不同的场合进行，交谈的事情因而又是多种多样、千差万别，但这些东西却都是一样的，与话语内容的关系，就犹如概念之于被这概念所涵括的个体事物。正如我已经说过的，这至为有趣的一点就是甚至脾性差异极大的人，在表达相同的境遇时，运用的手势动作却是完全一样和固定不变的，这跟每个人嘴里都说着一种语言里面的相同词语完全是同一样的道理。但是，正如每个人所选用的词语会因为受过不同的教育和发音不同而稍微有所不同，同样，手势动作也会因人而异呈现些微的差别。至于现存的、为众人所遵循的手势形式，确实并不是以约定俗成作为其基础，而是原初和自然而然的，是一种真正的大自然的语言，虽然这可以经由模仿和习惯而被固定起来。我们都知道：演员和大众演说家都必须认真研究手势动作，后者的研究范围则稍微狭窄一点。而这主要就是观察和模仿，因为手势语言不可以化为一些抽象的规则，除了一些比较泛泛的主导原则以外，例如，手势动作不能出现在话语之后，而必须恰好走在话语之前——它宣告话语的到来，并以此引起人们的注意。

英国人对手势语言有着一种特有的蔑视，视其为粗俗的和有失身份。据我看来，这只不过是拘谨的英国人的一个幼稚偏见而已。我们在这里谈论的是大自然给予我们每一个人、而我们又都能明白的一种语言，所以，纯粹出于对众人称赞的绅士风度的喜爱而摒弃手势语言，把它视为禁忌，这种做法是否妥当令人怀疑。

注释

[1] 参见本书"论天才"篇。——译者注
[2] "耐性"一词的德语和拉丁语词根"dulden"和"pati"是"痛苦"的意思。——译者注
[3] 尤维纳利斯（约60—约127）：罗马最有影响的一位讽刺诗人。——译

者注

[4] 我们并不容易看出现时人、事的含义。只有当它们已成往事，依靠回忆、讲述、描绘的帮助，它们才会凸显其含义。

[5] 奥维德（前43—17）：以《爱的艺术》和《变形记》闻名于世的罗马诗人。——译者注

[6] 巴尔塔扎尔·格拉西安（1601—1658）：西班牙哲学家、作家。——译者注

[7] 乔治·桑（1804—1876）：法国浪漫主义女小说家。——译者注

[8] 乔治·克里斯朵夫·利希腾贝格（1742—1799）：德国物理学家兼讽刺作家，以嘲笑形而上学和浪漫主义的过火论点而知名。——译者注

[9] 第奥弗拉图斯（前373—前287）：亚里士多德在雅典的继承人。——译者注

论命运

生活中是没有偶然的，和谐和秩序把持着对生活的统治。

——波洛提奴斯[1]

我在这里向各位传达的想法不一定会引出某个扎实的结果，其实，我或许只能把这些思考称为形而上学的梦幻想象。尽管如此，我仍然无法下定决心把这些思考付诸遗忘，因为这些讨论对于不少人来说是受欢迎的，人们至少可以以此比较一下自己这方面的想法。不过，这些读者应该记住：在下面的讨论中，一切都是充满疑问的，不仅对论题[2]的解答是这样，甚至这论题本身也是如此。所以，在本文中，我们不能期待能够得到任何明确的解答，而只能指望对一些相当晦暗模糊的事物的关联稍加梳理而已——这些事物关联在我们的一生中，或者当我们回顾一生时，曾经不由自主地进入我们的头脑。我们对这一论题的思考跟我们在黑暗中的摸索相差无几：在黑暗中，我们注意到了某样东西，但却并不真正知道这东西究竟在哪里、是什么。在对这论题的讨论中，假如我有时采用了某种肯定的，甚至是武断的口吻，那么，我就在这里作一次性的说明：那只是因为反复表示怀疑、猜想的套语会变得啰嗦、乏味，而这点是需要避免的。读者不要对那种口吻太过认真。

确信某种天命的主宰，或者相信在冥冥之中有某种超然的东西在驾驭着我们个人一生中的大小事情——这在各个年代、时期都是普遍和流行的，甚至那些有思想的、对一切迷信把戏都感到反感的人，有时候也会对这定命的说法深信不疑，而这跟任何既定的教义完全无关。反对这种信念的首先是这一事实：这种信念一如其他所有信奉神祇的信仰那样，并不出自认识，而只是意愿（或"意欲"）的产物；也就是说，它首先是我们的贫苦状态的产物。这是因为那本来只应由认知所提供的、构成这一信念的素材，其源头可能是这样一个事实：虽然偶然和变故无数次别出心裁地向我们使坏，但事情的最终结果有时候却是对我们有利的，或者是间接地使我们得到极大的好处。在诸如此类的情形里，我们认出了冥冥之中的命运之手，尤其当命运无视我们的见解，甚至在引领我们踏着我们讨厌的路径而最终抵达幸福目标的时候，我们就更能清楚地看到它的作用。这样，我们就会说："我的旅途算是幸运的了，虽然中途船只触礁了。"我们自己做出的选择与命运的引领是对照分明的，但与此同时我们可感觉到后者更胜前者一筹。正因为这样，当我们偶然遭遇逆境时，我们就会用这一句经常被证明是千真万确的话安慰自己："这或许会是好事情呢，谁知道？"这种看法其实源自这一观点：虽然偶然统治着这一世界，但错误却也是它的统治伙伴；因为我们都同样受制于错误和偶然，所以，现在在我们看来是不幸的事情或许正是一件大好事。这样，在我们的求助从偶然转向错误时，我们也只是逃离一个世界暴君的作弄和打击而投向另一个世界暴君。

除了上述这一点以外，把纯粹明显的偶然事件视为带有某一目的，确实是一个大胆无比的想法。不过，我相信每个人都会在其一生中至少一次曾经真切地有过这一想法。在一切种族和一切信仰里面，都可找到这种想法，虽然在穆罕默德的信徒当中，这种想法至为明确。这一想法可以是至为荒谬或者至为深刻，就看人们是如何理解这一想法了。虽然支持这一想法的事例有时候相当明显和有力，但反驳这些事例的意见始终是：如果偶然性从不曾作用于我们的事务，从不曾甚至比我们的智力和见识还要好地照看着我们的事情，那可才真的是最大的奇迹呢。

一切事情，其发生无一例外都有其严格的必然性。这是一个先验明白的、因而是一个颠扑不破的真理。在此我把它称为可论证的定命主义。在我的《论意欲的自由》的获奖论文里，这一真理就是在经过探讨、思考以后所得出的结果。这一真理也得到了经验的和后验的证实，材料来自这些再也毋庸置疑的事实：磁性催眠、个别人所具有的第二视觉，还有不时的那些甚至直接和精确地预兆了将来事件的睡梦。[3] 能够经验证实我的这一理论——一切发生的事情都有其严格的必然性——的最突出的现实例子，就是人的"第二视觉"。由于具备"第二视觉"而经常早就预见了的事情，我们在后来目睹其完全精确地发生，连带着当初预言过的所有伴随细节。我们甚至故意用尽种种办法阻挠预言中的事情发生，或者至少在某些附带细节上使就要发生的事情不尽如预言的样子。这些努力总是徒劳无功，因为阻挠这些事情发生的努力正好促成了预言要发生的事情。在古代的历史和悲剧作品中，也发生了同样的情形，神谕或睡梦所预兆的灾难正是通过人们采取相应的防范措施而促成。从众多的例子当中，我只需引用俄狄浦斯王和希里多德第一本书中的克拉芬和阿德拉斯图斯的优美故事。与这些例子相吻合的还有由值得信赖的本德·本森所提供的有关凭"预见幻境"预言的例子——它们登载于基泽编写的《动物磁性档案》第 8 卷第三部分（尤其是第 4、12、14、16 例子）以及容·史蒂林的《圣灵论的理论》（155）。假如预言能力更为常见而不是像现在这样稀罕，那么，无数被预见到的事情就会准确无误地发生，证明所有事情的发生都有其严格的必然性的不容否认的事实证据就会普遍存在，每个人就都可以接触得到。然后，人们就再也不会对这一点产生怀疑：虽然事情的发展表现为纯粹是偶然的，但归根到底，事实却不是这样。相反，所有的那些偶然本身都在某一深藏不露的必然性之中，那些偶然本身只是这一必然性的工具而已。能够一窥这其中的情形就是自古以来所有占卜术努力争取的事情。重温那些预见将来的事实例子，可以引出这一结论：所有的事情不仅伴随着完全的必然性而发生，而且，发生的这些事情从一开始就以某种方式注定了，是客观上确定了的东西，因为这些事情在预见者的眼里已经显现为此刻存在的事情了。尽管如此，我们仍然可以把这种情形归因于因果链的发展所必然导致的事情。但无论如何，认为所有发生的事情，其必然性并不是盲目的，亦即确信我们的人生历程既是必然的同时也是有着计划安排的——这种认识，或更精确地说，这种观点是更高一级的宿命论。这种宿命论不像一般的宿命论那样可以简单地加以说明或者证明。不过，我们每一个人或许迟早都会在某一段时间里有过，或者从此永远认定了这种宿命论，这根据一个人的思想方式而定。我们可以把这种宿命论称为"超验的宿命论"，以把它与那种一般的、可被明示的宿命论区别开来。"超验的宿命论"不像一般的宿命论那样得自严格来说是理论性的知识，或者出自这方面必要的调查研究，因为这些工作几乎无人能够胜任，而是在自己人生进程的经历当中逐渐形成的。也就是说，在所经历的事情当中，某些事件的发生特别的引人注目，一方面，由于这些事件尤其和非常地适合当事人，所以，这些事件有着某种道德上的或者内在的必然性的印记；另一方面，这些事件也明显有着完全是外在偶然性的痕迹。频繁发生这样的事情就会逐渐使人们得出了这一看法，这看法通常还会变成这样一种确信：一个人的人生历程，无论从表面上看是多么的杂乱无章，其实却是一个自身协调与和谐、有着确定方向和启发意义的整体，几乎就像是一部构思极尽周密的史诗。[4] 不过，一个人的人生历程所给予这个人的启发和教训也只唯一与他的个体意欲有关，而他的个体意欲归根到底也就是他的个体错误而已。这是因为规划和整体并不在世界历史当中，就像教授的哲学所幻想的那样，而是在个体的一生中。民族的确只存在于抽象之中，只有个人才是真实的。所以，世界历史并没有直接的形而上的意义；它其实只是偶然形成的形态。在此我提醒读者参阅我在《作为意欲和表象的世界》第一卷第三十五章对这一问题的论述。因此，在个人命运的问题上，许多人都会产生超验宿命论的看法。人们在度过了生命中相当长的一段时间以后，只要对自己的生活仔细检查一番，那或许每一个人都会在某个时候有机会产生这种超验宿命论的想法。的确，当一个人回顾自己人生历程中的细节时，自己一生中所发生的一切有时候似乎就是早就安排好了，而出现过的人物就犹如登场的演员而已。这一超验宿命论不仅包含许多慰藉，而且或许还有许多真实的东西。因此，在各个时代，超验宿命论甚至成了人们宣讲的信条。[5] 在这里，有必要提及一段完全不带偏见的证词，它出自一个饱经世故的宫廷大臣，并且是在其年逾古稀之时给出的。90 岁的涅布尔[6] 在一封信里写下了这一段话：

经过仔细的观察，我们就会发现大多数人的一生都有某种的规划——这一规划通过人们自身的天性或者通过外在的情势得以实施；这规划就好像预先勾勒下来。尽管人们的生活状态起伏不定和变化多端，但到了人生的结尾，我们看到的是一个统一体，这里面可看出有着某种特定的和谐一致……虽然某一特定的命运在隐秘地发挥着作用，但这命运之手仍然清晰可辨；这随着外在影响或者内在冲动而动，甚至相互矛盾的原因都常常结合起来随着这命运之手的方向活动。不管人生进程如何迷惘、混乱，动机和方向总会显示出来。

　　——《涅布尔的文学遗著》，第 1 卷，第 452 页，第 2 版，1840

　　我这里所说的每个人一生中的某种规划性，当然可以部分地从一个人与生俱来的、呆板如一的性格得到解释，因为这一性格始终把这个人拉回到同样的轨道上去。与自己性格至为吻合的东西每个人直接和准确地一眼就可认出。一般来说，他根本不是在清晰的反省意识中领会到这些，而是直接地、就像本能一样地循着自己的性格行事而已。这样的认识，只要其径直化为行动，而没有进入清晰的意识，那就与马绍尔·荷尔[7]的条件反射行为相差无几。由于这一特性，每个都会追求和抓住适合自己个人的东西，他甚至无法向自己解释清楚为何会这样做；他这样做既非受到外在的影响，也不是由于自己的虚假概念和偏见所致，情形就像在沙滩上被阳光孵化的水龟：它们破壳以后马上就会径直向海里爬去——这时，它们甚至还没有看见海水的能力。所以，这是我们内在的罗盘，神秘的冲动，引导我们准确地走上那条唯一适合我们的道路。不过，也只有当一个人走完了自己的人生之路以后，他才会发现这条道路的方向是始终如一的。但这些与外在环境所发挥的巨大力量和强烈影响相比，却又似乎并不足够。在此，并不那么可信的就是：这世上最重要的事情，亦即经过这许多的忙碌、折磨和痛苦之后才换来的人生历程，其受到的另一半指引，亦即来自外在的指引，竟是出自的确盲目的偶然性之手，而这偶然性本身什么都不是，也缺少任何秩序和安排。我们更宁愿相信，正如有某些名为"失真形象"的图像（蒲叶[8]《实验和气象物理的元素》，2，171）：这些图像肉眼看上去只是扭曲失真、残缺不全的东西，但透过圆锥镜察看，这些图像却显示出正常人形——同样，纯粹依靠经验来理解人生世事的发展，就像是用肉眼看那些"失真形象"，而认为事情的发展遵循着命运的目的就犹如透过圆锥镜看那些图像，因为圆锥镜把原来分散的和支离破碎的东西连接和安排在一起了。不过，针对这种观点总有这另一反驳意见：我们在生活事件中以为看到的那种有组织的联系只不过是我们的想象力在无意识发挥作用而已：想象力发挥了整理、图解的作用，就像在斑驳的墙上，我们会看到清晰和美丽的人形和群队——那是因为我们的想象把偶然分散各处的斑点有组织地联系了起来。不过，可以这样估计：对于我们是合理的和有益的事情，就这些字的最高和最真实的意义上而言，不可能是我们只是划过但却又从来没有具体实行过的事情，亦即不可能只是存在于我们的头脑里面、被阿里奥斯托称为"空洞不实的计划"、从来不曾真实存在过的东西——这些计划因为偶然而遭挫败，我们在此后的一生中都为此感到懊丧、悲哀——而毋宁是在现实的巨大图案中留下了现实印记的东西，并且，在认出了这些事情的目的性以后，我们带着确信说出这一句话以形容这些事情，"这就是命运的安排"（奥维德语），亦即必然发生的事情。所以，要实现在这意义上的目的性，就必须以某种方式通过深藏于事物根源之中的偶然的与必然的统一体。在人生进程中，由于这统一体的原因，内在必然性显现为人的本能冲动，然后是理性的权衡、思维，最后，形势的外在作用加入共同发挥作用。这样，在人生走到尽头以后，在这些因素的共同作用下，这一生就犹如一件终于圆满完成的艺术品——虽然在此之前，当人生还在进展时，看上去好像欠缺计划或者目标。这种情形跟每一件只是定下了制作规划的艺术作品是一样的。当人生结束以后，仔细审视这一人生的每一个人都会惊叹：这一人生轨迹简直就是匠心独运、深谋远虑和坚持不懈的杰作。总的来说，这一人生的意义取决于这一人生的主体是平庸的抑或出类拔萃。从这一角度出发，我们就能领会这一相当超验的思想："现象的世界"是由偶然统治着的，在其背后却是一个控制着偶然、无处不在的"思考的世界"。当然，大自然所做的一切事情都只着眼于种属，而纯粹只是为个体的话，则丁点都不会去做，因为对于大自然来说，种属就是一切，个体则什么都不是。不过，我们假设了在此发挥作用的，并不是大自然，而是在大自然以外的某种形而上的东西——它完整、不可分地存在于每一个体里面，所以，所有这一切都涉及全部个体。

为彻底澄清这一问题，虽然我们首先应该回答这些问题：一个人的性格有可能与这个人的命运完全不相吻合吗？或者就主要方面而言，每个人的命运都与他的性格相匹配吗？或者最后这一问题：是否的确有某一隐秘、无从捉摸的必然性，就像一部戏剧的作者那样，把一个人的命运和他的性格总是天衣无缝地连接在一起？——但恰恰是在这一问题上，我们是不清楚的。

在此期间，我们相信自己在每时每刻都是自己行动的主宰。可是，在我们回眸自己所走过的人生之路，尤其当我们清楚回想起自己迈出的不幸一步，及其招致的后果时，我们通常都无法理解我们为何做了这样的事，而又没做那样的事，以致看上去仿佛某种奇怪的力量在冥冥中指引着我们的脚步。所以，莎士比亚说：

　　命运，显示您的力量吧，我们身不由己，

命定如何，就该如何。

——《第十二夜》，第 1 幕，第 5 景

古人们在诗歌和散文永远不知疲倦地强调命运的无所不能和以此衬托出人的无能为力。无论是在哪里，我们都可以看到人们对此观点深信不疑，因为他们感觉到在那明显可经验的事物的关联之下，还隐藏着某种秘密的事物关联（参看卢奇安：《死者的对话》，XIX 和 XXX；希里多德的《历史》）。因此，在希腊语里对这一概念有多个称谓。[9]甚至歌德也在《柏利行根的神祇》一剧第 5 幕写道：

我们人类无法驾驭自己；控制我们的力量由那些邪恶精灵所一手掌握；他们恶意戏弄我们，使我们沉沦、毁灭。

另外，在《艾格蒙特》(第 5 幕，最后一景）写道：

人们以为指挥着自己的生活；但内在深处却不由自主地受到自己命运的牵引。

的确，先知耶律米亚已经说过：

每个人的行事并不在自己的掌握之中，指挥脚步的并不是行进中的那个人。

所有这一切都是因为我们的行事是两种因素作用之后的必然结果。其一是我们的性格：固定不变，并且只能后验地、因此是逐渐地

为我们所了解；其二就是动因（动机）：存在于外在，随着世事的发展而必然出现，并且，在性格保持不变的前提下，以一种必然性决定了既定性格的作为，其必然性与机械活动的必然性没有两样。对事情随后的发展做出判断的我是认识的主体，而这认识的主体对于性格和动因而言是陌生的，它只是对这两者的活动和成事做出评判的旁观者。这样，它当然有时候就会感到吃惊了。

然而，一旦领会了这种超验宿命论的观点，并从这一观点出发审视一个人的一生，我们有时候就会看到一些至为奇特的事情：在发生的某一事件里，明显物理上的偶然性与这事情的道德和形而上的必然性结合在了一起，恰成对照；但后者却始终无法加以论证和说明，而永远只能运用想象去理解。为使读者清楚明白这种情形，我举一个著名的例子，同时，由于这是一个特别明显的例子，它又非常适合成为这一类情形的典型代表。我们不妨看一看席勒的《跟随着铁锤前行》一剧。在剧中，可以看到费利多林由于参加弥撒而延缓是完全偶然所致，但是这一延缓对他来说又是极其重要和必然发生的。如果我们仔细回想自己走过的人生之路，或许就会发现类似的情形，虽然没有那么重要也没有那么突出和明显。许多人就会因此不得不做出这样的假设：某种秘密的和不可解释的力量引导着我们一生中的转折和变化，虽然很多时候是违背我们当时的目标和打算，但与我们这一生的客观整体和主观适宜却是相一致的，因此也就是促进了我们的真正利益。所以，事过境迁以后，我们经常都认识到我们当初那些相反方向的愿望是多么的愚蠢。

命运引领着顺从者，但拖曳不情愿的人。

——塞涅卡[10]

这一力量还必须以一条贯串一切事物的无形线绳，把那些不曾被因果链互相连接起来的事物结合起来，让其在必要的时候走到了一块。因此，这种力量完全主宰着真实生活中的连串事件，就犹如一部戏剧的作者主宰着他戏剧中的事件一样：偶然和错误首要和直接地干扰了事物有规律的因果发展，但这两者就只是这力量那无形之手所运用的手段而已。

深藏不露的必然性与偶然性结合在一起，由此产生出这样一种无法探究的引导力量——这是一个大胆的假设，最有力地促使我们做出这一假设的是考虑到这一事实：每一个人在体质、道德、智力方面的确定和独特的个性——这些对这个人来说就是全部的一切，并因此必然是出自一种至高的形而上的必然性——在另一方面（正如我在我的主要著作第2卷第43章已经表明了的）却又是这个人的父亲的道德性格、母亲的智能和两者合为一体所导致的必然结果，而双亲的结合一般来说都是明显由偶然情况所致。所以，在此，把必然性和偶然性最终结合一体的需要，或说形而上和道德上的要求，就无法抗拒地强加给了我们。但要对这两者一体的根源获得一个清晰的概念，我认为是不可能的。我们只能这样说吧：那就是古人所说的命运，也包括了人们对"每个人都有一个守护神"这一说法所理解的内容，以及被基督徒尊为无所不能的上帝。虽然这三者是有区别的，因为命运被看作是盲目的，但后两者却是密切注视着一切，但这些把命运拟人化的差别，在与事物的深层内在形而上的本质相比，就站不住脚并变得毫无意义。我们只能唯独从这种深层内在的形而上的本质中寻找偶然性与必然性那让人无法解释的合为一体的根源，而这必然性与偶然性的合为一体亦即表现为操纵我们所有人类事务的神秘力量。

认为每一个人都有一个守护神，并且这守护神掌管着这个人的一生——这种看法据说源自古代意大利西北部的伊特拉斯坎人，但这种看法在古代流传很广。这看法的中心内容包含在米兰特[11]的一首诗里，这首诗由普卢塔克为我们保存了下来；它也见之于斯托拜阿斯的《物理学与伦理学》一书中：

一个人在出生的时候就获提供一个守护神，
以指引他走过生命中的迷途。

柏拉图在《理想国》的结尾处告诉我们（书册第10卷，第336页）：在再生之前，每个灵魂都要自己选择命运及与此命运相应的性格。然后，柏拉图写道：

当所有的灵魂都已经选定了自己的一生以后，他们列队根据所抽的签走到拉赫西斯跟前。拉赫西斯便派给每个灵魂自己所选择的守护神，以便保护他们度过自己的一生，完成自己的选择。

波菲利[12]对这一段话加上了颇值一读的评论——它被斯托拜阿斯在《物理学和伦理学文选》（书册第2卷，第8章）保留了下来。但柏拉图在这之前就曾谈及与此相关的问题：命运只决定了做出选择的次序；不是神决定你们的命运，而是你们自己选择命运。谁拈阄得到第一号，谁就第一个挑选自己将来要过的生活。贺拉斯把这种情形优美地表达了出来：

这种事情只有守护神才会知晓

他缓和星辰的命运预言

他是具人性的一个可朽神祇

他变化多端，形象因人而异，

一会儿是光明的形象

一会儿又是阴暗形体。

关于这种守护神值得一读的描述见之于阿普列乌斯的著作（《论苏格拉底的守护神》，第 236 和 238 页）。扬布利科斯所写《埃及之谜》也有谈论这一问题的短小但却重要的一章。但更值得人们注意的是波洛克奴斯[13]对柏拉图的阿基比亚德斯[14]的评论：

引领我们的一生，实现我们在降世前就已生效的选择，把命运和诞生自命运的神祇所给予的礼物，以及上天神灵的阳光分派给我们——他就是守护神。

柏拉色斯[15]也异常深刻地表达过同样的思想，因为他写道：

要恰当理解命运的话，那就是：每个人都有一个精灵，就寄住在人身之外，他的座椅就在星星的上面。这精灵使用其主人的浮雕图案；是这精灵向这个人预兆将要发生的事情，这些精灵就叫做命运。

值得注意的是，普卢塔克也已经有过同样的见解，因为他说灵魂除了沉浸在人的尘世肉身里面的那一部分以外，更加纯净的另外一部分却作为星星悬在人的头顶，并被正确地称为这个人的守护神。这守护神引导着这个人，而一个人越明智，那他就越愿意听从守护神的引导。这一大段太长了，不宜在这里照录下来，它见之于《苏格拉底的守护神》一书。里面的关键句子是这样的：

在肉身的暗流里移动的部分称为灵魂，但那永不消亡的部分则被大多数人称作精灵；他们相信精灵就寄住此身内部。不过，持正确见解的人却认为这种东西寄住身外，并把它称为守护神。

附带说上一句，众所周知，那喜欢把异教徒的一切神祇、鬼怪变为魔鬼的基督教，似乎把古人所说的这种"守护神"变成了学者和魔法师手中的"家神"了。基督教所描述的人格化的命运主宰大家都相当熟悉，不需要我在这里多说。但是，所有上面这些称谓和说法，都只是对我们正在谈论的事情的形象、比喻的理解，一如总的说来，除非运用形象和比喻的方法，否则，我们是无法理解最深刻、最隐秘的真理。

事实上，那种深藏不露，甚至可以控制外在影响的力量，归根到底却是植根于我们神秘的内在，因为一切存在的由始至终的确就在我们自身。就算碰上最幸运的情形，我们也只是从很远的距离匆匆一瞥那个中的可能性，并且也只能通过类推和比喻的方式。

与那种发挥神秘控制作用的力量最近似的，就是大自然的目的论，因为这目的论让我们看到：一些符合目的的事情是在人们对这些事情的目的并没有任何认识的情况下发生的，尤其是外在发生的事情明显符合某一目的，亦即在不同的，甚至是异类的或者无机体的东西之间发生的事情。这其中的一个令人惊异的例子就是海水把大量的浮木冲至没有树木的极地。另一个例子就是我们这一行星的陆地完全是向着北极堆积，而在北极，由于天文学上的原因冬季八天是短少的，并因此比南极暖和许多。在完整和封闭的机体里面清晰表现出来的内在与目标一致之处，为促成某一目的而相互结合得天衣无缝、让人吃惊的大自然技巧与大自然的纯粹机械论，或说终极原因与作用原因，（与此相关的论述可参阅我的主要著作第二卷第二十六章），让我们由此类推地看到那发自不同甚至彼此相距遥远的点、似乎对自己也不明所以的东西，却为着一个终极的目标通力合作，并准确地汇聚在这一终极的目标。在这过程中，并没有认识力的指引，而是由于某一先于一切认识可能性的更高一级的必然性。再者，如果我们回想起由康德和稍后由拉普拉斯提出的关于我们这一行星体系的起源的理论——这一理论的可能性几乎已经是确凿无疑的了——并且对我在主要著作第二卷第二十五章第 324 页中所做的考察进行一番思考，也就是再三思考那些盲目的自然力如何通过遵循它们的既定不变的定律而活动，最终引出了这一井然有序、让人赞叹的行星世界，那么，我们在此就有了一个类似例子，可以帮助我们大致上和从远距离看到这样一种可能性：甚至一个人一生中所遭遇到的事件，尽管经常受到盲目偶然的随心所欲的摆布，但这些事件的进程却好像受到有计划的指引，符合这一个人的真正和最终利益。[16]假定是这样的话，上帝决定我们命运的信条，这一完全拟人化的说法，虽然不是直接的、在本来意义上的真实，但却是对一个真理所做的间接的、寓言式的和神话式的表述，因此，就像所有为实际服务的宗教神话一样，在给予主观安慰方面是完全足够的。在这种意义上，这一信条跟诸如康德的道德神学是一样的：康德的道德神学可被理解为一种方向、态度的样板模式，也就是寓言式的。所以，一句话，这样的信条虽然不是真实的，但与真实也已相差无几了。也就是说，正如在大自然的深沉、盲目的原始自然力里——其相互作用就产生了我们的行星系统——那生存意欲就已经是内在运作和指导的东西（在这之后就出现在这世界的至为完美的现象里），就已经通过严格的自然法则，为着自己的目标而奋斗，并为建立这一世界及其秩序打下了基础，例如，通过最偶然的一次推进或者摆动就永远地决定了黄赤交角和自转速度，而最终的结果必然表现了生存意欲的全部本质，这恰恰是因为生存意欲的全部本质已经活动在那些原始自然力当中，同样，决定着一个人的行为的所有事件，以及引出这些事件的因果关联，只是那也在这个人身上显现的同一样意欲的客体化。由此可见——虽然这仍然相当于雾中视物——这些事件必定与这个人的特定目标协调、吻合。在这一意义上，这些也就构成了那种指引个人命运的神秘力量，并被寓言化为这个人的守护神或者决定着他命运的上帝。但纯粹客观地考虑，正是并永远都是那全面包罗万象、无一例外的因果关联（由于这因果关联的缘故，一切发生的事情，其发生都是严格必然的），取代了那只是神话中的世界主宰，并的确有理由称得上世界主宰这名字。

下面这些泛泛的思考会帮助我们了解上述所言。"偶然"意味着在因果上没有关联的事情在时间上交会。但没有什么事情是绝对偶然的，就算是至为偶然的事情也是从更远的途径而来的必然发生的事情，因为处于因果链遥远上端的某些明确的原因，很早就已经必然地决定了这一事情必须恰恰在此刻并因此是与另外的其他事情同时发生。也就是说，发生的每一件事情都是在一条沿着时间方向前行的原因与结果链条上的某一环。但这样的链条，由于空间的缘故，却是并存着无数条之多。这些因果链条却不是互相完全的陌生和没有任何的关联。更准确说，这些因果链条以多种方式纠缠在一起。例如，现正同时发挥作用、各自会产生不同结果的多个原因，都源自更早的一个共同的原因，因此，这些之间的关系就犹如曾孙子与曾祖父一样。在另一方面，现在出现的某一结果通常需要许多不同原因的交会，其中的每一个原因都是它们各自那条从过去发展而来的因果链上的一环。因此缘故，所有那些沿着时间方向前行的因果链构成了一个多方缠绕的、共同的巨网；这一巨网以其整个宽广度同样是沿着时间的方向前行，并正好构成了世界的进程。如果我们把那些单个的沿着时间方向的因果链用经圈标示出来，而同时发生的、并正因此互相没有直接因果关系的那些，可以在任何一处以纬圈标示出来。尽管处于同一纬圈的所有事情之间没有直接互为因果，但是，由于这整个网络的交织相联，或者说，由于那沿着时间方向滚动的所有原因和结果成一整体，所以，这些事情之间仍然有着一种间接的、虽然是遥远的联系：这些事情现在同时并存因此就是一种必然。正是基于这一道理，一件在更高意义上是必然要发生的事情，其所有条件就会偶然地交会在一起——这种事情的发生也就是命运的旨意。例如，下面这一事实也是基于同样的道理：由于民族大迁移，野蛮的洪流在欧洲泛滥，希腊雕塑最精美的作品，还有拉奥孔、梵蒂冈的阿波罗神像等等就马上好像经由剧院舞台的活板门似的消失了，因为这些东西转到了泥土的怀抱，以便在那里安然无恙地等待1000年，期待着一个更加温和、高贵、懂得并且欣赏艺术的时代的来临；而最终在15世纪末，教皇朱利二世统治下的这个时代终于到来了，那些保存完好的艺术典范和表现了人体的真正典型的巨作，也就完好无损地重新得见天日。同样是基于这道理，个人一生中重要的和决定性的机会和境遇也是适时而至。最后，甚至预兆的发生也是这样，而人们对预兆的相信是那样的普遍和无法根除，以致头脑卓越的人相信预兆也不是稀奇的事情。这是因为没有什么是绝对偶然的，其实，一切都是必然地发生，甚至那些彼此之间并没有因果联系的、在同一时间发生的事情，亦即我们所称的偶然，其发生也是必然的，因为现在同时发生的事情早就已经通过在极为遥远的过去的那些原因，确定了要在此时发生。因此，一切都会在相互间映照、在相互间引起回响。希波克拉底[17]那句著名的、适用于机体的协调运作的说法（《论营养》），也可适用于总体的事物：

　　那只是一次的流动，一次的呼吸，但一切都息息相关。

　　人们对预兆的重视难以根除，他们"从动物的内脏和鸟儿的飞行预测将来的事情"，翻开的《圣经》的一页，铺开的扑克牌，掷铅，查看咖啡渣，等等，都证明了人们抗拒理智根据而坚持这样的假定：从现在此刻的和眼前清晰可见的事物，就有可能知道由于空间或者时间的缘故而隐藏的东西，也就是在遥远的地点或者在将来的时间所发生的事情；这样，只要人们掌握了真正的解码钥匙，就可以从此看到彼。

　　第二个类似例子，可以帮助大家从一个完全不同的一面间接明白我们此刻正在思考的这一超验宿命论。那就是睡梦。我们的生活与梦境有着许多相似之处，人们对此早有认识，并且也经常表达过这种认识。甚至康德的超验唯心主义也可以被理解为最清晰地阐明了：我们这所意识到的生存，其性质是梦幻一般。这一点我在《康德哲学批判》中已经指出。而且，正是这种与睡梦的相似之处让我们看到（虽然这仍然只是远距离地雾里看花）一种神秘的力量是如何有其目的地控制和引导着与我们有关的外在事件，而这种神秘力量却可能就根植于我们自己那难以测探的本质深处。也就是说，甚至在梦里，情境会纯粹偶然地巧合一起，变成了我们行为的动因，而这些情境都属于外在的，并不听任我们的指挥，甚至通常是招我们讨厌的。但这些情境相互之间却有着某种秘密的、符合一定目的的关联，因为某种隐藏着的力量——梦中的一切偶然都听命于这力量——在控制和安排着这些情境，甚至仅仅在与我们有关的方面。但在这里，最奇怪的事情就是这一种力量归根到底不是别的，而只是我们自己的意欲，只不过其发自的角度，并不属于我们做梦时的意识。所以，梦中发生的事情通常都与在梦中的意愿相悖，使我们感受着惊讶、懊恼甚至极度恐惧，而我们自己其实在暗中操纵着的命运，却没有解救我们。同样，在梦里，我们热切地询问某样事情，并得到了一个让我们大为惊叹的答复；或者，我们被别人问起一个问题，例如在考试的时候，而又无法回答，但另一个人却出色地给出了答案，使我们自愧弗如。在上述两种情况下，对问题的回答永远只能是来自我们自身的能力。为能更清楚地表明在梦里这种来自我们自身的对事件的神秘指引和更好理解其运作，我这里还有一个唯独能解释清楚这一问题的例子，但这例子无法避免的是淫秽的性质。所以，我是假设了是在向尊重的读者诸君发话，大家不会介意，同时也不会把这一笑了之。众人皆知，有一些梦是大自然为了某一物质上的目的的，例如，释放满溢的精液。在这种梦里，当然会出现色情的情景。但有时候在其他没有或者无法达到这一目的的梦中，也会出现同样的情景。不过，这两种梦却是有区别的：在第一种梦里，美女和机会很快就会促成我们的好事，大自然也就此达到了目的；但在第二种梦里，在得到我们热切渴望的尤物的过程中，新的障碍层出不穷，而我们又无法扫除这些障碍。这样，到最后我们仍然无法达到目的。那制造出这些障碍并且接二连三使我们的强烈愿望受挫的，只是我们自己的意欲，但其所发自的领域却远远超越梦中人的表象意识之外，所以，它在梦中就显现为强硬、无情的命运了。那么，现实生活中的命运和每个人从自己的一生或许都会逐渐注意到的那种符合一定的目的、计划，不就可能与梦中的情形有着某种的相类似吗？[18]有时候会有这样的情况：我们拟定好了一套计划并且摩拳擦掌要付诸实行，但之后，发现这一计划与我们的真正利益完全不相符合。在这期间，我们热切地循计划而行，但却会感觉到命运对此存心作对，因为命运开动其一切机器以破坏这一计划。这样，命运就最终违反我们的意愿、把我们强行推回到那条真正适合我们的路上。在遭遇这些似乎有目的的阻碍时，不少人会说出这样的话："我就看出事情是不对劲的"；也有人会把这称为不祥之兆；另外，更有人会说这是上帝发出的暗示。不过，他们都会有这一共识：当命运明显执拗地阻挠我们的某一计划时，我们就应该予以放弃，因为既然这一计划与我们意识不到的目的不相吻合，那是不会实现的；如果我们一意孤行地想完成这一计划，那我们只会招致命运更加残酷的打击，直至我们终于重新返回正确的道路上为止。或者，如果我们终于成功地强行实施了计划，那只会给我们带来祸殃和损害。上文所说的那句话："命运引领顺从者，但拖曳不情愿的人"，在此得到了完全的证实。在很多的情况下，事后的结果清楚表明这一计划的失败无论从哪一方面来说都对我们的真正幸福大有裨益，但关于这一点我们自己却有可能是不清楚的，尤其是如果我们把形而上、道德层面的东西视为我们的真正幸福和利益。但现在，如果我们回顾一下我的全部哲学所得出的主要成果，亦即表现并维持这世界现象的，正是意欲；意欲也活在和奋斗在每一个个体当中，并且，如果大家同时还回想起人们所普遍承认的生活与睡梦的相似之处，那么，概括我到此为止所说的，我们可以想象这种情形大致上是可能的：正如每一个人都是自己的睡梦的秘密导演，那么，控制我们的真实人生轨迹的命运归根到底也类似地以某种方式源自意欲，亦即我们自身的意欲；但在人生历程中，以命运面目出现的，其作用所发自的区域，是远远超越我们个人的想象、表象意识之外，而我们的个人想象和表象意识则只是提供动因，以指引我们那在经验中可认识的个体意欲；因此，我们的个体意欲经常不得不与我们那显现为命运的意欲、引领我们的守护神、"居住在我们的自身之外并在星辰中有其位置的精灵"[19]发生异常激烈的冲突，而作为命运、守护神、精灵等的意欲则从长远俯览着个体意识，并因此毫不留情地针对个体意识安排和确定了某样事情作为对其外在的约束，而这些事情，意欲是不会让个体意识有所察觉、也不会让这些事情无法执行和流于失败。

首先，引自司各图斯[20]关于"神"的一段见解会缓和这斗胆说出的话所产生的令人诧异，甚至近乎天方夜谭的效果，但必须记住：司各图斯所说的"神"是没有认识力的，也没有时间、空间和亚里士多德的十大范畴这些属性；其实，它仅有一个普遍的称号，那就是意欲——很明显，司各图斯的"神"不是别的，正是我称之为"生存意欲"的东西：

只是因为一些事情还没有在我们现实事物的经历过程中出现，我们就说神并不知晓他其实早就知道、并且早就确定了的事情——这是对神的另一种无知。

相隔不远，他又接着写道：

对神的第三种无知就是我们这样的说法：神并不知道那些并不会随着行动和做事而显现出效果的事情，虽然神在自身具备了肉眼无法看见的根据、原因——这些是神自己创造出来，并为神所知悉。

现在，如果我们为了更好地理解我所阐述的观点，而借助那已获得认可了的人生与梦的相似之处，那我们仍然必须注意到人生与梦之间的这一差别：在梦里，关系是单方的，也就是说，只有一个正在感觉着和意欲着的我，其他的一切都是幻影而已；在人生的大梦里，关系是相互的，因为一个人不仅必须在其他人的梦中现身，同样，其他人也会在他的梦里现形。因此，由于一种真正的"前定的和谐"，每个人都只梦到与自己的形而上的导向相应、相吻合的东西，所有的人生之梦是那样别出心裁地相互纠缠在一起，每个人都得知对自己有益的东西，与此同时又为他人做出必须的事情。于是某一重大的世界性事件就与千万人的共同命运相吻合，方式却因人而异。所以，一个人一生中的所有事件是以两种根本不同的方式联结起来的。第一种是大自然进程的客观因果关联；第二种则是主观（体）上的关联，只涉及经历这些事件的个人，并且跟这一个人所做的梦一样的主观，但在这一个人那里，事件的顺序和事件的内容也同样必然确定了的，但其方式就犹如一部戏剧里面依次变换的场景全由戏剧作者的计划所决定。上述两种关联同时并存，而同一事件作为两条完全不同的链中的各自一环，却精确嵌入这双重的链条。这样的结果就是一个人的命运与另一个人的命运总是相互配合得恰到好处。每个人都是自己的戏剧的主角，与此同时也在别人的戏剧中扮演角色。当然，所有这一切，都超出我们的智力所能理解的范围，只能借助于那奇妙至极的"前定的和谐"，我们才可以把所有这一切认为是可能的事情。但在另一方面，认定所有人的人生历程及其互相交往是不可能有其协调、和谐的，情形与作曲家赋予其交响乐中那些似乎杂乱、轰鸣的音声以协调、和谐并不一样——持这样的看法，是否胸襟狭窄、欠缺了勇气？如果我们回想起人生之大梦的主题在某种意义上就只是一样东西，就是生存意欲，而复杂多样的现象是以时间和空间为条件，那么，我们就不会对那宏大的想法感到那么的厌恶。这是那一实质所做的大梦，但方式却是其中的每一个人都一齐做梦。因此，所有一切都互相嵌入并互相吻合。一旦我们同意这一点，接受了事情发生的双重链条——正是因为这双重链条，每一个人都在一方面为自己而存在，符合自己的本性以必然性行事和活动，走自己的路；但在另一方面，却又完全是确定了和适宜于被别人所理解，就像呈现在别人梦中的图像一样地影响别人——那么，我们就只能把这一道理推广至整个大自然，亦即包括了动物和其他没有认识力的东西。那就再一次让我们看到了预兆、预言、奇迹昭示的可能性，因为在大自然的进程中必然发生的事情，又可以在另一方面被视为对我而言只是影像或图像，是我的人生之梦的素材、内容，其发生和存在仅仅只与我有关，或者甚至只是我的行动和经历的反映和回响而已。所以，一件事情当中的自然成分和原因方面的可被证明的必然性，丝毫不会消除这件事情的预兆性质，而后者也同样不能消除前者。所以，不少人误以为只要表明一件事情的发生是不可避免的，就可以驳倒事件的征兆成分，因为他们会非常清楚地证明这一事情发生的自然的和必然的作用原因；如果这是一件自然界发生的事情，那就带着一副很有学问的样子用物理学方法去证明。但他们可是走了错路。一个理性的人不会怀疑他们这些东西，人们也不会硬把事物的征兆说成是一大奇迹，而恰恰是因为那延伸至无穷无尽的因果性，以其特有的严格必然性和久远的预先确定性，已经不可避免地确定了这一事件是在这样一个时刻发生，所以，这一件事的发生才会有它的预兆。那些似乎懂得很多的人，尤其当他们变成用物理学的观点看待和理解事物以后，尤其应该记住莎士比亚的这一句话：

天地间的事情比你们的哲学所能想象的多得多。
——《哈姆雷特》，第 1 幕，第 5 景

但随着对征兆的相信，研究占星术的大门重又打开了，因为哪怕是最微不足道的被认为是征兆的一件事情，例如，鸟儿的飞行，与某人的不期而遇，等等，其发生是以长无尽头的、严格必然的一条原因链为条件，一如星星在某一特定时间会到达某一可计算出来的方位有着同样的前提条件。只不过，当然了，星座高高在上，地球上半数的人都能同时看到它们，而征兆则只出现在与个人相关的领域里。再者，如果我们想形象地理解征兆的可能性，又如果一个人在其人生进程中走出重要的一步，其后果仍然隐藏在将来，而这时候，他瞥见了或好或坏的征兆，并因此提高了警觉或者增强了信心，那我们就可以把这样的人和事，比之于乐器上的一条弦线：当弦线被击打时，弦线不会听到自己的声音，但却会听到自身颤动所引起的另一条弦线共振所发出的声音。

康德把自在之物与其现象区分开来，而我则把自在之物还原为意欲，现象则还原为表象——这使我们有了看到三个悖论统一起来的可能，虽然那只是从遥远的距离、也并非完美。这三个悖论为：

（1）自在之意欲的自由与个人所有行为所遵循的普遍必然性。

（2）大自然的机械论与大自然的技巧；或者，大自然的作用原因与目的原因；或者，大自然的产物出自纯粹的因果关系与出自某种目的（与此有关的问题可参看康德的《判断力批判》，78，以及我的《作为意欲和表象的世界》第 2 卷第 26 章）。

（3）一个人一生中所发生的所有事件，其明显的偶然性与其道德上的必然性——这两者以符合这一个体的超验目的的方式具体形成所有的那些事件。用大众的语言表达，就是：自然而然的发展与注定的天命。

我们对协调这三对悖论的见解虽然都有欠清晰、完美，但针对第一对悖论的见解较之第二对悖论更为清晰，对如何协调第三对悖论则至为模糊不清。但能够把其中一对悖论协调统一起来的见解，不管如何有欠完美，都会增进对其他两对悖论的理解，因为这里面的一对悖论就是另外两对悖论的影像和比喻。

至于这里所讨论的个人人生进程中所受到的神秘指引，其最终目的是什么，我们只能给予一个相当大概的说法。如果我们只是停留在个人的情形，那这种指引通常看上去只是着眼于我们尘世间的、一时的安乐。但由于这种个人安乐是那样的稍纵即逝、极不完美、渺小不堪，这不可能就是这种神秘力量的最终目的。这样，我们就不得不在我们那永恒的、超越了个体生命的存在当中寻找那种最终目的。这样，我们就只能相当泛泛地说：我们的人生历程透过那种神秘力量的指引而获得如此安排，以致从我们在这人生历程中所获得的全部知识看，对意欲的在形而上方面最符合目的的效果产生了，而意欲是我们人的内核和自在之本质。这是因为虽然生存意欲在总体上的世界进程中获得了回应（作为其争取的现象），但同时，每一个人都是有其完全个人的和独一无二方式的生存意欲，就仿佛是生存意欲的某一个体化行为，其足够的回应因此也只能是构成世界进程的某一具体部分，并表现为这一个人所特有的经历和事件。既然从我哲学中的严肃部分（以区别于只是教授们的哲学或者滑稽哲学）所得出的结果已经看到：意欲最终摒弃生命就是短暂存在的最终目的，那么，我们就必须假定：每一个人都将被引领至这一目的，采用的是某种适合这一具体个人的方式，因而通常要逐渐和经过漫长迂回曲折的道路。再者，因为幸福和快乐妨碍这一最终目标的实现，所以，我们看到与此吻合的是：每一生命的历程都与不幸和痛苦不可避免地交织在一起，虽然具体的分量各自差别很大，并且甚少达致极点，亦即甚少发展成悲剧性的结局，而真到了这种结局，意欲似乎就在某种程度上受到强力驱使而摒弃生命，情形好比剖腹以得到再生。

因此，一种看不见的、只呈现于真真假假的外表之中的力量指引着我们，直至死亡——生命的这一本来的结局和就这点而言，生命的目的。在死亡时分，所有决定着一个人的永恒命运的神秘力量（虽然它们植根于我们自己）就聚合在一起发挥作用。这些力量角力后的结果就是这个人即将踏上的道路；这个人的再生、轮回也就准备好了，连同其所有的痛苦快乐。所有这些从这一刻以后都是无可挽回地被确定下来了。正因为这样，死亡时分才有了极为重要、严肃、庄重和可怕的特性。这也是最强烈意义上的决定性时刻——这是末日审判。

注释

[1] 波洛提奴斯（Plotinos，前269—前203）：新柏拉图主义哲学家。——译者注
[2] 这篇文章的论题（题目）原为"对个人命运具有的明显目的性所做的超验思考"。——译者注
[3] 1852年12月2日《泰晤士报》，登载这样一篇司法报告：在格罗卓斯特郡的纽温特，法医官乐格夫对一个名叫马克·赖恩的男人进行了尸体检查。马克·赖恩的尸体是在水中被发现的。死者的兄弟是这样陈述的：在听到自己兄弟马克失踪的消息以后，我就马上回答说：他溺水死了，因为在昨天晚上我梦见自己站在深水里，并且试图把他从水中拉起来。接下来的晚上，我又梦见我的兄弟在奥森荷尔的水闸附近溺水身亡，一条石斑鱼在我身旁游弋。第二天早上，我和另一个兄弟来到了奥森荷尔。在那里我们看见了在水中的一条石斑鱼。我马上就

认定我们的兄弟一定在水里面。我们确实就在水中找到了马克的尸体。因此，像在水里的一条石斑鱼这样一件刹那间的事情，在数小时之前就分厘不差地被预见到了！

[4] 如果我们在脑子里仔细回想许多过去的情景，就会发现其中的所有事情似乎早被事先安排好了，就像一部小说里面计划得有条不紊的情节一样。

[5] 我们的行为和我们的人生轨迹都不是自己的作品，我们的本质和存在才是自己一手造成的，虽然无人会作如是观。理由就是我们的本质和存在，加上那根据严格因果关联而出现的情境和发生的外在事件——在这基础上，我们的行事和人生轨迹就会遵循着绝对的必然性而产生。在一个人诞生的时候，这个人将来整个一生的轨迹，直至每一个细节，都已经无法挽回地被确定下来了。因此缘故，当催眠者发挥出他的最强能力时，能够精确地预言一个人的一生。当我们思考和评价我们走过的人生道路，做的事情和承受过的痛苦时，应该牢记这一伟大和确切的真理。

[6] 卡尔·路德维希·冯·涅布尔（Knebel, Karl Ludwig von, 1744—1834）：魏玛宫廷大臣，作家、翻译家。——译者注

[7] 马绍尔·荷尔（Hall, Marshall, 1790—1857）：最先科学地解释了反射作用的英国生理学家。——译者注

[8] 蒲叶（Pouillet, Claude, 1790—1868）：法国物理学家。——译者注

[9] 奇怪的是：古人的头脑充满着命运无所不在、无所不能的思想。不仅诗人——尤其是写作悲剧的诗人——甚至哲学家和历史学家都是这方面的证人。在基督教时代，这一思想退居幕后，不再被大肆强调了，因为排挤它的是上帝控制命运的观念——这种命运观念预先假定了某种智力根源的存在；由于这智慧发自某一个体神灵，这种命运也就不是那么一成不变、毋庸更改了，与此同时，这一观念也就不再那么深刻和神秘了。后一种命运论无法取代前一种，更有甚者，它还责备前者欠缺信仰呢。

[10] 塞涅卡（约前4—65）：古罗马雄辩家、悲剧作家、哲学家、政治家。——译者注

[11] 米兰特（Menander, 前342—前290）：希腊喜剧作家。——译者注

[12] 波菲利（Porphyrios, 232—304）：新柏拉图主义者。——译者注

[13] 波洛克奴斯（Proklos, 410—485）：《柏拉图对话录》的注释者。——译者注

[14] 阿基比亚德斯（Alkibiades, 前450—前404）：雅典政治家和统帅。——译者注

[15] 柏拉色斯（Paracelsus, Philippus, 1493—1541）：瑞士医学家和自然

哲学家。——译者注

[16] "甚至当你睡着的时候，事情仍然由于自身的原因而持续发展，既可能是为了你的幸福、平安，也可能是为了与此相反的目的。"——米兰特

[17] 希波克拉底（Hippokrates，约前460—前377）：古希腊医生，被誉为医学之父。——译者注

[18] 客观地看，一个人的人生历程遵循着一种普遍和严格的必然性；因为这个人的所做所为就像一台机器的运作一样地出于必然，并且，所有外在事件都出现在一条因果链的主导线上，而这条因果链上的各个环节彼此都有着严格的必然联系。如果我们记住这一道理，那么，当我们看到一个人的一生发展的结果与这个人贴切吻合，恰似早有安排时，我们就不会感到惊讶了。

[19] 根据柏拉色斯所言。

[20] 约翰·司各图斯（Skotus, Erigena, 约810—877）：德国神学家。——译者注

论性爱

你们这些有智慧和高深学问的人，

你们想过，并且也知道，

为何一切都要交配？

这到底是怎样发生，何时发生？

他们为何亲吻和相爱？

你们这些高贵的智者告诉我吧！

我这是发生了什么，

告诉我是何时、何地和如何

为什么这会发生在我的身上？

——比格尔[1]

我们习以为常地看到文学家首要着眼于描写两性的爱情。性爱一般都是戏剧作品的首要题材，既有悲剧也有喜剧，既有浪漫剧也有古典剧，既有印度的也有欧洲的。性爱也同样是绝大部分抒情诗和史诗作品的素材，尤其是如果我们把汗牛充栋的长篇浪漫传奇也归入史诗作品的类别——这些浪漫传奇自多个世纪以来，在欧洲的文明国家年复一年地定期生产出来，就像大地结出的果子。所有这些作品，就其主要内容而言，不外乎就是对现正谈论的激情从多方面或简短、或详尽的描写。而且这方面描写最成功的作品，诸如《罗密欧与朱丽叶》、

《新爱洛伊丝》、《少年维特的烦恼》，已经获得了不朽的声名。拉罗什福科[2]认为狂热的爱情就犹如鬼魂：所有人都谈论它们，但却没有一个人亲眼见过它们。同样，利希腾贝格在他的文章《论爱情的力量》（《杂作》，Ⅱ，第234页及以下，1844）里反驳和否认这一激情的真实性，认为这一激情并不合乎自然。但是，上述两人都大错特错了。这是因为某样对人性是陌生的、有悖于人性的东西，亦即只是从空气中产生的怪胎，是不可能在各个时代都得到文学天才们不知疲倦的描绘，人们也不可能怀着持久不变的兴趣接受。缺乏真理的东西不会具有艺术美：

只有真实的才是美的；只有真实的才值得去爱。

——波瓦洛[3]：《书信》，Ⅸ，23

当然，经验——虽然不是每天都有的经验——也证实了那一般只是热烈、但却仍可控制的喜爱，在某些情形下会发展为一种激情，其激烈超过了任何其他的激情。到了这个时候，人们就会抛开一切顾虑，以令人难以置信的力量和坚持克服一切阻碍，以致为了满足这一激情，人们毫不犹豫地甘冒生命的危险；如果这一激情实在无法满足，甚至会不惜赔上生命。维特和雅可布·奥蒂斯[4]并不只是小说中的人物。每年在欧洲我们都至少看到好几个属于"关于他们的死，我们无从知晓"（贺拉斯语）的人，因为他们的苦痛，除了官方报告的记录人和报纸的记者以外，别无其他的记录者。读一下英文和法文报纸所登的警察报告就可证实我并无虚言。不过，被这同样的激情送进疯人院的人数就更多了。最后，每年都会有一两桩相恋者由于外在情势的阻挠而双双殉情的案例。可是，让我感到费解的，就是这些确信彼此相爱、并且期望在享受这种爱情中得到至高快乐的人，为何不是宁可走出极端的步子，脱离一切的关系和忍受各种的不便，而是连带这生命拱手让出那在他们看来大得无法再大的幸福。至于强烈程度较低的那种激情，以及它对人们的轻微袭击，每天我们都有目共睹；如果我们还不至于那么衰老的话，我们还通常有心共感呢。

经过这一番的回忆，我们也就既不可以怀疑这种爱情的实在性，也不能怀疑它的重要性；这样，我们就不会为一个哲学家探讨这一属于所有文学家的永恒主题而感到奇怪，反而会对此感到不解：这样一件在人们生活当中无一例外扮演着如此重要角色的事情，至今为止竟然几乎完不曾得到哲学家的思考，这一方面的素材仍然未经处理。柏拉图是对这一问题至为关注的哲学家，尤其是在《会饮篇》和《菲德洛斯篇》。但他就此所表达的看法只是局限于神话、寓言、笑话等，并且绝大部分的内容也只涉及希腊人对男孩的爱恋。卢梭在《论人类不平等的起源和基础》中对这一话题的谈论既不充分，同时也是错误的。康德在《论美感和崇高感》(罗森克兰茨版，第435页)第三节对这一话题的讨论，是相当的皮毛，并没有给我们带来多少专业的知识，因此某些部分也是不正确的。最后，柏拉特纳[5]在《人类学》里对这一问题的探讨，每个人都会发现那是既呆板又肤浅。相比之下，斯宾诺莎对这一问题的定义，因为其极其幼稚、足以博取我们一乐而值得一提：

爱情是伴随着一个外在原因的表象而产生的兴奋和愉快。

——《伦理学》，4，命题44

所以，我没有先行者的讨论可供利用和反驳。这桩事情客观地摆在了我的面前，是自动与我对这一世界的考察联系起来了。此外，我根本不可以寄望那些本身就受着性爱激情的控制的人赞同我的观点，他们因此在试图用最崇高和最超凡脱俗的形象来表达他们洋溢的感情。对于这些人来说，我的观点显得太过肉体、太过物质，尽管我的观点从根本上是形而上的，甚至是超验的。假使他们稍稍想一下：如果今天激发他们写下田园抒情诗和十四行诗的对象早出生18年，那些对象就可能难得他们向其看上一眼呢。

这是因为所有的爱恋激情，无论其摆出多么超凡脱俗的样子，都只是植根于性欲之中，并且的确就只是一种更清楚明确、具体特定、在最严格意义上个人化了的性欲。牢记这一事实以后，我们现在就考察一下性爱以其各级的程度和多种细微差别所扮演的重要角色，不仅只是在戏剧和浪漫小说里面，而且也在这真实世界当中——在这里，性爱表现为所有推动力中最强劲和最活跃者，仅次于对生命的爱；它持续不断地占去人类中年轻部分人的一半精力和思想，是几乎所有愿望和努力的最终目标；至关重要的人类事务受到它的不利左右，每过一小时就会中断人们严肃、认真进行的事情；有时候，甚至会让最伟大的精神头脑暂时陷入迷惘和混乱之中；它无所顾忌地以其破烂垃圾干扰了政治家的谈判、协商和学者们的探求、研究，知道如何把爱的小纸条和卷发束夹进甚至传道的夹包、哲学的手稿里面；每天都挑起和煽动糊里糊涂、恶劣野蛮的争执斗殴，损害了人与人之间最珍贵的关系，扯断了最牢不可破的纽带；它时而要求为其献出健康或者生命，时而又得奉上财富、地位和幸福；它甚至使一向诚实的人变得没了良心，把之前一直忠心耿耿的人沦为叛徒。据此，总的看来，性爱就好像是一个充满敌意的魔鬼，执意要把一切都颠倒过来，弄成混乱的一团糟。这样，人们就忍不住大声发问：为何这般喧哗和忙乱？这些渴望、吵闹、害怕、困顿，到底是为了什么？不就是汉斯要找到他的格蕾特[6]嘛；为何这样鸡毛蒜皮的小事扮演了这么重要的角色，并为井井有条的人类生活带来这些没完没了的烦扰和混乱？不过，真理的精灵会向严肃认真的探究者慢慢显露答案：我们现在面对的可一点都不是鸡毛蒜皮的小事；相反，这种事情的重要性是与人们的认真、热情的努力完全相称的。所有的情事，不管其上演是穿着袜子抑或穿着高跷鞋[7]，其最终目标的确要比人生中任何其他的目标都更重要，这目标因此值得人们如此一丝不苟地追求。也就是说，这些情事所决定的不是别的，而是下一代人的构成。当我们退出舞台以后，将要登场的角色，其存在和内在构成，就全由这些风流韵事所决定。正如这些将来的人，其存在完全是以我们的性欲为条件，同样，这些人的真正本质也以为满足性欲、即进行性爱而由个人做出的选择为条件；他们的本质无论在哪一方面，也就由此不可挽回地确定了下来。这就是解答这问题的关键线索。当我们运用这一线索，逐级探索一遍强烈程度不一的性爱激情，从只是一般、泛泛的喜欢一直到最狂热的激情，那我们就会对其更加精确地了解。这样，我们就会了解到这激情的不同强度是源自这种选择的个人化程度。

现在一代人的总体情事，据此就是人类为将来一代人的构成方面所做出的考虑，而将来的一代人又决定了以后无数代人的构成。这事情极其重要，因为它并不像其他事情那样只关乎个体的祸、福命运，而是关乎将来人类的存在和特定构成；因此，个人的意欲以加强了的能量作为种属的意欲出现了。情爱事件的庄严伟大和崇高感人，其狂喜和痛苦的超验特性，正是建基于此。千百年来，文学家不知疲倦地通过无数事例把爱情的这些心醉神迷和伤心欲绝表现出来，因为没有任何其他题材能像性爱那样吸引人们的兴趣。由于这一题材涉及种属的祸、福，而其他各类题材只关乎个体的事情，所以，这题材与其他题材的关系就像是一个实体与这一实体的某一表面的关系一样。正因为这样，一部戏剧如果缺少了爱情情节，那它就很难吸引观众的兴趣；在另一方面，就算人们天天重弹这一老调，这题材也永远不会穷尽。被我们意识到的、没有以某一特定异性为目标的泛泛的性冲动，不折不扣就是就其本身而言的、在现象之外的生存意欲。但在意识中显现出来的、目标指向了某一特定个人的性欲，就其本身而言，则是作为一个特定个体而存在的意欲。在这后一种情形里，性欲尽管就其本身是一种主体的需要，但性欲却知道要非常巧妙地戴上一副客观赞赏的面具并以此欺骗意识，因为大自然需要这种策略以达到目的。在每一个两情相悦的例子里，无论男女双方彼此的赞赏和钦佩显得多么的客观和带有崇高的意味，其唯一的目标只是要生产一个具有特定构成的个体而已。这一点首先可由此得到证实：关键的并不是，例如，彼此相爱，而是要占有对方，也就是说，要享受对方的身体。所以，就算确信是彼此相爱了，但如果无法占有她的身体，那也一点都不会给恋者以安慰。不少碰到这种情形的人，已经开枪了断自己。相比之下，那些深爱着对方，却又得不到对方同样爱意的人，只要能够占有对方的身体，亦即得到肉体的欢娱，那他也就可以勉强凑合。证明这一点的，是所有那些强迫性的婚姻，以及虽然女方对男方没有爱意，但男方通过赠送大量的礼物和做出其他牺牲而换取女方欢心的情形；另外，还有强奸的例子。要生产这一特定的小孩，就是整段浪漫情事的真正目的，虽然沉浸在爱情之中的当事双方并不会意识到这一点；至于为达到这一目的而采用的手段和方法则是枝节的事情。尽管灵魂高尚和感性的人，尤其是那些热恋中人在此如何大声反对我的这一大胆、不客气、现实的观点，但他们可都是错的。这是因为：难道细致确定下一代人的个性素质不是一个比他们那些洋溢的感情和脱离现实的肥皂泡高得多和有价值得多的目标吗？的确，在这现世上所有的目标当中，还会有一个更加重要和更加远大的目标吗？也只有这样的目标才配得上我们对狂热之爱的深切感受，与爱情一道出现的认真执著，以及在这爱情的范围和情景当中甚至那些微小细节所获得的重要性。只有认定这一目的是真实的，那为了得到心仪的对象而经历的琐碎事情、没完没了的费心劳力和折腾才似乎与整件事情相称。这是因为将来一代及其全部的个性特质，就是经由这些努力和操劳才得以挤进生存。事实上，早在人们为满足他们名为爱情的性欲而做出如此谨慎、执拗和具体明确的选择时，这将来的一代就已经蠢蠢欲动了。两个恋人间逐渐加深的爱慕实际上就是两个恋人可以并且想要生产的新的个体的生命意欲；确实，在这一对男女那充满渴望的四目交投之时，这一新的个体就已经燃起了新生命之火，并且宣告了这将来的个性是和谐、构造良好的。男女双方感觉到了要实实在在地结合、融合而成一个独特的生命，目的就是在这以后就只作为这绝无仅有的生命而存活下去；这一渴望最终就在他们所生产的孩子身上得到了实现，因为在孩子的身上，从双方传过来的素质融会结合、自成一体地存活下去。反过来，一对男女互相的、明显的、持续的反感则显示：由他们两人生产的孩子只能是一个结构糟糕、自身有欠和谐、不尽美满的生命。所以，卡尔德隆[8]虽然称残忍、可怕的色米拉弥斯为出自空气的女儿，但却介绍她是实施强奸以后所生下的女儿，这之后就是谋杀丈夫——卡尔德隆的做法是别有一番深意的。

但是，最终以这样的强力把异性两人专门凑合在一起的，是显现在整个种属中的生存意欲：在此，生存意欲期望自身的本质以符合自己目的的方式客体化在这两人能够生产的个体。也就是说，这一个体将具备来自父亲的意欲或者性格，来自母亲的智力，来自双亲的身体。但通常，这一个体的形状更多的是跟随父亲，身材的大小则更多地跟随母亲——这一点与杂交动物所表现出来的规律相符，主要是因为胚胎的体积是由子宫的体积而定。一个人那相当特别的和为这个人所仅有的独特个性是如此的难以解释，同样，两个恋人间独特的和个人的激情也是如此。确实，归根到底，这两者就是同一样的东西：独特的个性明白外现了隐藏的独特的激情。当父母开始彼此相爱，亦即像表达非常精确的英语短语——"to fancy each other"[9]——所说的那样，那一刻确实就可被视为一个新的个体的最初形成和这个体生命的"胚胎之心"。就像我已经说过的，在他们充满渴望的眼神相交和锁定在一起时，新生命的第一颗种子就产生了——当然，这一颗种子一如所有其他的种子，通常都被糟蹋浪费了。这一新的个体在某种程度上是一个新的（柏拉图式的）理念：正如所有的理念都极力争取进入现象，为此目的贪婪地抓住因果律分配给所有这些理念的物质，同样，这一人的个体性特别理念也异常激烈和贪婪地争取在现象中实现。这种激烈和贪婪恰恰就是那未来双亲相互间的狂热和激情。这种激情有着无数的级别，其中的两个极端人们至少可以用"感官肉欲"和"圣洁爱情"加以形容，但就其本质而言，所有这些始终就是同一样的东西。在另一方面，就其程度而言，这种激情越是个人化，亦即被爱的个人，因为其部位和素质的缘故越能够专门满足恋爱者的愿望，越投合恋爱者因其自身个性而特定的要求，那这种激情就越强烈。这些到底是取决于哪些方面，随着下面更进一步的讨论，就会变得更加清晰。首先和从根本上，恋爱者喜欢的是健康、力量和美，那也就是喜欢青春，因为意欲首先要求展现的是人种的种属特征——这是人所有个性的基础。日常的打情骂俏不会要求除此之外更多的东西。然后，与人的种属特征相连的则是更专门和特别的要求——这些我们将继续个别地探讨。而一旦看到可以满足自己专门和特别要求的异性对象，激情就会随之提升。但最高程度的这种激情，是出自两个个性的彼此契合：由于这一契合，父亲的意欲，亦即性格，与母亲的智力在结合以后，就恰好圆满完成这样一个个体——对此，那在这整个种属当中显现的、总体的生存意欲是多么地渴求！这一渴求是与意欲的大小互相吻合的，因此是超出了一个可朽凡夫的心的范围，其动因也同样是超出了个人智力所能理解的范围。这也就是真正、狂热激情之魂。那么，两个人越是完美地契合对方（这有着各式各样的方面，稍后再探讨），那这两个人相互间的激情就会越强烈。因为在这世上并没有两个一模一样的人，所以，某一确切、具体的女人必然最完美地契合某一确切、具体的男人——这始终是就其所要生产的小孩而言。真正的狂热的爱是那样的少见，就正如两个这样的人很少会偶然相遇在一起。但因为这样一种爱的可能性对于每个人来说始终是存在的，所以，在文学作品里面，关于这种狂热的爱的描写就能为我们所理解。正因为爱恋激情就是围绕着要生产出来的孩子及其素质，其内核就在于此，所以，在两个年轻和具有一定文化修养的异性之间，由于两人在气质、性格和精神思想方面的和谐一致，他们之间可以存在一种不夹杂着性爱成分的友谊，在性爱的方面，他们甚至会产生某种反感和厌恶。这其中的原因是因为他们生产出来的孩子在肉体上或者精神上会带有不和谐的素质，一句话，这小孩的存在与构成不符合（在种属上显现的）生存意欲的目标。如果是相反的情形，那虽然两人在气质、性格和精神思想方面都不同，由此也产生了相互间的反感，甚至敌意，但性爱却是可以产生和存在的——在此，如果性爱蒙蔽了当事人，对上述那些差异视而不见而导致了婚姻，那这样的婚姻将是非常不幸的。

现在将更加深入、彻底地探讨性爱这一问题。自私和利己这一特质如此深植于每一个性之中，以致为了要刺激某一个体生物活动起来，利己的目标就是我们唯一可以信赖的。虽然种属比弱小的个体性本身对个体有着更早、更密切和更大的权利，但当个体需要为种属的持续和构成行动起来，甚至做出牺牲时，个体的智力并不能够理解事情的重要性，以致可以为着这一目的发挥作用，因为智力只是为服务个体而设计的。所以，在这种情况下，如果大自然要达到自己的目的，那就只能把某种错觉植入个体之中，好让事实上只是对种属有好处的事情，在个体看来成了自己的好事。这样，个体才会在错觉地以为为自己服务的情况下为种属尽力。在这一过程中，某种幻象在这一个体的眼前晃动（在事成以后就马上消失了），取代现实成了动因。这一错觉就是本能。在绝大多数情况下，本能可被视为种属的感觉——它把对种属有益的东西呈现给了意欲。但因为意欲在这里已经成了个体的意欲，所以，必须让它受骗，以便把种属的感觉所呈现的东西，让它透过个体的感觉察觉得到，也就是说，让个体误以为在追求自己的目标，而这个体其实只是致力于普遍[10]（这个词在此采用了其本意）的目的。我们在动物的身上最清楚地观察到本能的外在现象，因为在动物那里，本能的角色是至为重要的；但本能的内在运作过程，我们就像了解一切内在的东西那样，只能在我们的自身去了解。虽然人们会以为人几乎是没有本能的，顶多只是新生婴儿寻找和紧抓母亲乳房的那种本能而已。但事实上，我们有一相当明确、清晰、而且复杂的本能，这一本能就是精细、认真、固执、任性地选择其他的个体以获得性满足。这一性欲满足本身，只要这是基于个人某一迫切需要的感官享受，那与另一个体的美或丑是根本无关的。尽管如此，我们还是相当热切地考虑异性对方的美、丑，以及由此做出小心、谨慎的选择。这种做法因而很明显与选择者本身无关，虽然选择者误以为是与他自己有关，而是与其真正的目的、与要生产的小孩有关，因为这小孩需要尽可能得到种属纯粹和正确的典型。也就是说，由于众多肉体上的意外和道德上的劣性，形成了人的形态方面的多样退化和缺陷；尽管如此，人的真正典型，连带其各个部分，总会被重新确立起来。这些就是在无一例外指导着性欲的美觉的指引下进行。缺少了这种美感的指引，性欲就会沦为一种令人厌恶的需求而已。据此，每个人首先都明确喜欢和热切追求最美丽的个体，亦即带着最纯粹的种属特征的印记的人。其次，每个人都会在其他个体的身上特别要求他自身欠缺的优点；甚至与自己的缺陷恰成相反对照的那些缺陷在他的眼里也被看作是美的。例如，矮个的男子会寻找高个的女人，金头发的人喜爱黑头发的人，等等。男人在看到一个符合自己的美感的女人时，会感觉到心醉神迷；他就会以为，与这个女人结合就是在这世上至为美好的事情。这恰恰就是种属的感觉。这种种属的感觉在认出个体清晰表达出来的种属的印记以后，就希望这个男人能把这种属的印记延续下去。维持种属典型就得依靠这种对美的明确喜好，这种喜好也因此发挥着如此强力的作用。稍后，我们将专门考察这种喜好的根据理由。因此，在此引导着人们的的确就是着眼于种属利益的本能，而人们自己却误以为只是在为自己寻求更高的快感享受。事实上，我们可以以此获得对所有本能的内在本质的一个富启发意义的解释，而所有的本能几乎总是就像这里的例子一样，驱使个体生物为追求种属的利益而活动起来。一只昆虫为了只是得到一处产卵的地方而小心翼翼地寻找某一特定的树木、水果、粪堆或者肉块，或者像姬蜂那样，寻找另一只昆虫的幼体；为了达到这一目的，不避劳苦和危险。这就像一个人为了满足性欲而细致认真地挑选一个有着特定的、在个体上吸引自己的素质构成的女人，并且是如此热切地渴望得到她，以致为了达到这一目的，他经常罔顾理性，缔结愚蠢的婚姻而牺牲自己的生活幸福；或者，卷入一桩风流韵事之中，并为此赔上自己的财产、荣誉和生命；甚至会做出诸如通奸、强奸等犯罪行为。所有这一切，不过就是为了根据那无处不在的、君主般的大自然意欲，以最适当的方式为种属服务——虽然这是以个体为代价。也就是说，在任何情况下，本能都好像是按照某一目标概念而行事，然而又完全没有这一目标的概念。一旦行事的个体无法理解目标，或者不愿意追随这一目标，那大自然就会把本能植入这一个体之中。因此，一般来说本能只是给予动物，而且主要是给予最低等的动物，因为这些动物只有很微弱的理解力。几乎唯独是在现在考察的这一情形下，本能也才给予了人，因为人虽然明白个中的目的，但却不会以所需的热情，亦即不会甚至是付出自己个人利益和幸福的代价，来追求这一目的。真相在这里，一如在所有的本能，摇身一变而成为人们头脑中的错觉、幻想，目的就是对意欲施加影响。那肉欲享受的错觉就欺骗这个男人：在一个吸引他的美丽女人的怀里，他所得到的快感享受会更甚于在别的女人怀里；或者，这一错觉全部和唯一指向某一特定的个人，让这男人确信占有这个女人就会给他带来无限的幸福。据此，他就误以为现在是为了自己的享乐而操劳和牺牲，而其实他这样做只是为了维持种属正规的典型，或者，只是某一完全确定的个体、某一只能出自这对父母的个体现在要求进入生存。在此，本能的特征都具备了，也就是说，某种行事似乎遵循着某一目标概念，但这一目标概念却又是完全不存在的；受到那错觉驱使的人经常甚至是憎恶那引导着他的那个目的，亦即生育，并且想要阻止那个目的——几乎所有非婚姻的私通行为即属于这种情形。与我所阐述的本能的特征相吻合，每个恋爱中人在终于得到他的快感以后，都会体验到一种莫名其妙的失望，都会惊讶地发现：自己如此渴望的东西并没有比任何其他别的性的满足带来更多的东西，他也看不出这种满足到底给了他多少的好处。也就是说，这一欲望与他的所有其他欲望的关系就犹如种属与个人的关系，也就是无限之物与有限之物的关系。而这一满足本来就只是为了种属的利益，并不会进入个体的意识；而这一个体在此受着种属意欲的鼓动，以种种牺牲为一个完全不是他自身的目的服务。所以，在伟大的工作终于大功告成以后，每一个恋人都会发现自己受骗上当了，因为错觉消失了，而在此全凭这一错觉的作用，个体才会受到种属的蒙骗。因此，柏拉图相当准确地说过：

没有什么比性欲更会吹牛的了。

——《斐莱布篇》，319

但所有这些再一次让我们了解了动物所遗传的本能。毫无疑问，动物也是受到某种错觉的影响——这错觉让它们误以为是为了自己的快乐，而其实，这些动物却是为了种属而孜孜不倦地劳作和做出种种的自我牺牲：鸟儿建造自己的巢儿；昆虫寻找唯一适合产卵的地方，或者捕捉一些自己不能食用、但却必须放置在卵子旁边作为将来出生的幼虫的饲料；蜜蜂、黄蜂、蚂蚁埋头营造那巧夺天工的建筑物和异常复杂的系统。它们肯定都受到某种错觉的引导，这种错觉把为种属的服务裹上自我目的的外衣。要理解那在本能的外现下面所隐藏着的内在或说主观运作过程，这大概就是唯一的途径。但从外在或客观上看来，那些主要听任本能摆布的动物，尤其是昆虫，都表现出神经节系统，亦即主观的神经系统，相对于客观的大脑系统的优势。由此可以得出结论：这些动物与其说是被一种客观的、正确的理解所驱使，不如说是受主观的、刺激起意愿的表象的驱使，而这些表象是通过神经节系统作用于脑髓而产生的；因此，这些动物也就是受到某种错觉的驱使。这就是所有本能发挥作用的生理过程。为解释这一点，我再举出另一个有关人的本能的例子，虽然这一例子不是很鲜明。那就是怀孕妇女反复无常的胃口：这似乎是因为给予胚胎的营养有时候需要灌输给胚胎的血液出现某一专门的或者特别的变化，于是，能引起这样的变化的食物马上就成了孕妇心目中异常诱人的美食。错觉在此也就产生了。据此，女人比男人有着多一样的本能，女人的神经节系统也更加的发达。从人类脑髓的巨大优势就可解释为何人类的本能比动物少，甚至这些不多的本能也容易遭到误导，也就是说，那本能地引导着人们挑选配偶以满足性欲的美感，在退化为鸡奸的癖好[11]时，就是遭受了误导。这类似于某些丽蝇的例子：它们不是依据本能把卵产在腐肉上面，而是把卵产在海芋的花朵上面，因为丽蝇被这种植物的腐肉气味误导了。

一切性爱归根到底就是一种本能，完全是着眼于要生产的后代——这可以从对这一本能更为详细的剖析中获得完全证实，所以，这些分析是不可以省略掉的。首先，男人本性上就是在爱情方面喜欢多变，而女人则倾向于专一。男人从获得了性欲满足的一刻起，爱情就明显下降了。几乎其他每一个女人都会比他已经占有的女人更能吸引他，因为他渴望多种多样。相比之下，女人的恩爱之情却从上述那一刻起日渐增加。这是大自然的目的所使然：那就是维持和因此尽可能地繁殖种属。也就是说，一个男人可以在一年里轻松、容易地生育超过一百个孩子，只要他有足够数量的女人就行；但一个女人，哪怕跟许多个男子在一起，也只能在一年里给这世上带来一个孩子（孪生孩子除外）。因此，男人总是环顾寻找更多的女人；而女人则相反，女人会紧紧地依附自己的那一个男人，因为大自然驱使她本能地、不加思考地留住将来小孩的养育者和保护者。由此看来，婚姻上的忠实对于男人来说就是人为的，但对于女人则是自然的。也就是说，女人的通奸行为比男人的这种行为更加难以原谅：从客观上看，是因为女人的通奸行为所带来的后果；从主观上看，因为这种行为是违犯自然的。

不过，为了更加透彻和让人们完全确信：对异性的喜爱，无论看上去是多么的客观，也只不过是乔装打扮了的本能而已，亦即种属的感觉，其争取的就是维持种属的典型——那我们就有必要仔细地考察在这种对异性的喜爱里，那些引导着我们的考虑和理由。我们必须深入其中的细节，虽然这些东西在哲学著作中出现似乎很古怪。这些考虑和理由可分为：（1）直接与种属的典型，亦即与形体美有关的一类；（2）着重于精神、心理素质的一类；（3）属于相对的一类：透过对方而修正和中和两人的片面性和不正常素质。我们将逐一对它们进行讨论。

引导我们的喜爱和选择的首要考虑是年龄。总的来说，我们会接受从月经开始到月经结束的一段年龄，但却明显偏爱18岁到28岁之间的女子。处于这一年龄段之外的女人不会再能吸引我们；一个年老的，亦即闭经的女人会引起我们的厌恶。青春但没有美貌的女子永远有其魅力；美貌但不再青春就没有吸引力了。很明显，在此，那无意识中引导着我们的目的，就是那可能的繁殖后代。所以，每一个人随着自己远离生育或者受孕的最佳时期而相应地失去吸引异性的魅力。引起我们喜爱的第二个考虑因素就是健康。急性病只是暂时困扰我们，但慢性病，或者体力（智力）的衰退都会吓倒我们，因为这些东西是可以遗传给小孩的。第三点考虑因素是对方的身体骨架，因为这是种属形态的基础。除了高龄和疾病以外，再没有什么比畸形的身材更引起我们的反感了，就算配上最美丽的一张面孔也难以弥补；而就算是一张至为丑陋的面孔，只要有一挺拔的身材，那就绝对更胜前者一筹。再者，我们对对方身材骨架的有欠匀称是至为敏感的，例如，短足、矮腿、缩了水似的身材，还有那一瘸一拐的走相——如果这不是外在事故所造成的话。相比之下，一副绝妙、匀称的身材却会让我们着迷，它足以弥补所有其他的缺陷。大家对小足的珍视也可归入这一类的原因，因为小足是种属的基本特征，没有动物能有人这样小的、加在一起的骶骨和蹠骨，而这一特征又是跟人们直着身子走路相关的：人是蹠行哺乳动物。据此，耶稣·西拉克[12]说过：

　　一个挺直身材、有着美丽双脚的女人，就好像是有着银基座的金柱子。

　　牙齿同样是我们所看重的，因为这些对于汲取营养是很重要的，尤其是它们会被遗传给子女。第四个考虑就是一定程度的肌肉丰满，也就是说，身体的植物功能、肉体要占据优势，因为这会保证带给胎儿丰富的养料。所以，女方瘦削无肉会让人大倒胃口。女人的丰满胸脯特别能够吸引男人，因为女人的胸脯与她的生殖机能直接相关，向新生儿保证了丰富的食物。但异常肥胖的女人却引起我们的厌恶情绪，原因就是这种身体状态显示子宫萎缩，亦即难以受孕——这不是经由大脑，而是透过本能知道的。对方的美貌也是一个因素。在这里，我们首先关注的是脸部的骨头，因此主要是察看对方的鼻子是否好看，而短小、鼻孔朝天的鼻子会糟蹋掉脸上的一切好处。鼻子稍微向上抑或向下弯曲决定了不知多少女孩子的生活幸福，并且应该是这样，因为这涉及到种属的典型。由上颌骨形成的较小嘴巴，作为人的脸部的种属特征是非常重要的，与动物的嘴巴恰成对照。向后收缩、好像被人砍削了一截的下巴尤其令人作呕，因为明显突出的下巴是我们人类种属独一无二的特征。最后，我们会察看对方的眼睛和额头是否漂亮，因为眼睛和额头与人的精神素质、尤其是智力素质有关，而智力素质是遗传自母亲的。

在另一方面，女人的喜爱在无意识中所根据的考虑和理由，我们自然不能那么精确地罗列出来。大体上，我们可以说出下面这几点。她们偏爱 30 岁到 35 岁年龄段的异性，尤其是排在年轻小伙子之前，尽管小伙子事实上显示了最高的人的美。这其中的理由就是女人并不是由审美趣味指挥自己，而是受着本能的引导——她们的本能认识到处于上述年龄段的男人达到了生殖力的顶峰。总的来说，女人对男人的外在美，尤其是英俊的面孔并不那么重视，似乎她们要把传给孩子美貌的任务独力承担了下来。吸引女人的主要是男人的力量，以及与此相关的勇气，因为这些保证生产出强壮的子女，与此同时也保证了孩子们有一个强壮的保护者。男人身体上的每一样缺陷，对种属典型的每一处偏离，在那孩子方面都可以被这女人消除——只要这个女人本身在这些方面是无懈可击，或者在这些方面朝着相反方向明显突出的话。只有那些专属于这个男人性别的、母亲因而无法提供给孩子的素质才是例外。属于这一类别的素质包括男人的躯干骨架、宽阔的肩膀、狭窄的臀部、挺直的腿脚、肌肉力量、勇气、胡子，等等。所以，女人经常会爱上一个相貌丑陋的男人，但却永远不会喜欢一个没有男子气的男子，因为她们无法中和、抵消这个男人在这方面的缺陷。

在性爱的背后隐藏着的第二类考虑是精神方面的素质。在此，我们会发现女人普遍受到男人的心或者说性格的素质的吸引，因为这些是遗传自父亲的。女人特别喜欢男人坚定的意志、果断和勇敢的作风，或许还有诚实、仁慈的心地。相比之下，智力方面的优势却不会对女人发挥直接的和本能的作用，这恰恰是因为这些东西孩子并不遗传自父亲。对于女人来说，缺乏理解力并没有什么大不了的；更确切地说，超人的思想能力，甚至思想的天才等反常东西反倒会造成不妙的效果呢。所以，我们经常看到一个丑陋、愚蠢和粗野的家伙在女人那里击败一个聪明、有文化修养和亲切可爱的人。出于爱情而成婚的双方，有时候在智力本质方面差异相当悬殊：例如，男方粗野、孔武有力、思想狭窄，女方则温柔、思虑细腻、富于审美情趣和文化修养等；或者，男方学富五车，甚至是个思想天才，而女方则是十足的呆头鹅：

> 这就是维纳斯女神的意旨；
> 她开着残忍的玩笑，喜欢
> 把不相匹配的形体和精神，
> 束缚在同一枷锁之下。
>
> ——贺拉斯：《卡米娜》

这其中的原因就是：在此发挥主导作用的是完全另一样的、有别于智力方面的考虑，是本能的考虑。人们在婚姻里着眼的不是卖弄才智的消遣，而是生儿育女；婚姻是心、而不是脑的结合。当女人说爱上了男人的头脑思想时，那是虚荣和可笑的借口，或者，那是本性退化的过激表现。相比之下，在男人对女人发自本能的爱情中，男人并不会受到女人的性格素质的左右。因此，那许许多多的苏格拉底才会娶了珊迪普[13]这样的河东狮，例如，莎士比亚、阿尔布希特·丢勒、拜伦等。女人的智力素质在此是会发挥出某种影响，因为这些东西是由母亲遗传给孩子的，但这种影响却轻易被美丽的身体所压倒，因为后者关乎更为关键的东西，其影响是直接的。尽管如此，由于感觉到了母亲智力的影响，或者对这方面有所经验，所以，母亲们会让女儿们学习优美艺术、语言，等等，以让她们在男人的眼里更有魅力。她们也就想用人为的手段促进智力，就像在需要的时候她们会人为地增大其臀部和隆起其胸部一样。大家必须记住：我们在这里讨论的始终是完全出于本能的、直接的两性间的相互吸引，而真正意义上的两性相爱只能由此产生。至于一个有理解力和有文化思想修养的女人会珍视一个男人表现出来的理解力和思想，以及一个男人出于理性的思考，审视和检验新娘的性格，并看重和考虑这些——这与我们现在探讨的问题是没有关联的。诸如此类的审视和考虑为理性选择婚姻对象奠定了基础，但却不会构成那充满激情的性爱，而后者才是我们讨论的题目。

到现在为止，我只是探讨了那些绝对的，亦即适用于每一个人的考虑和理由。现在我要谈到的是相对的、属于个人的考虑因素；因为这些个人着眼的是矫正那已呈现出缺陷的种属典型，纠正现在已经出现在挑选者身上的种种偏离种属典型之处以回到种属典型的纯粹表现。所以，每个人都喜欢自己没有的东西。基于出于个人自身构成和着眼于个人的自身构成等相对的考虑而做出的选择，与只是出于绝对考虑而做出的选择相比，前者更加明确、坚决和唯一。所以，真正狂热的激情一般都起源于这些相对的考虑，而起源于绝对的考虑因素的

· 172 ·

则只是平淡无奇的喜爱。据此，燃起强烈无比的热情的人，往往不是那些长得端正、匀称、无可挑剔的美人。要产生这样的真正激情，是需要某些条件的。这只能用一个化学方面的比喻才可以表达清楚：这异性双方必须能够互相中和，就像酸和碱互相中和而成为一种中性盐。在此所需的要点基本上是下面这些。首先，所有的性别（性欲）特性都是某种片面性。这种片面性在一个人的身上会比在另一个人的身上更明确表达出来、程度会更高，所以，每一个人的这种片面性也只能通过异性中的特定一位而得到补足和中和，因为每一个人都需要得到与他自己个体的片面性相反的某一片面性，以便在新产生的个体身上，补足成人类的典型。这一新个体的构成永远是一切努力所要达到的结果。生理学家知道一个男人身上所具有的男人特性和女人特性是有无数等级的：如果男子特性降至最低程度，那这个人就是令人作呕的两性人和畸胎；如果女子特性增至很高的程度，那他又成了妖媚的雌雄同体、男性女子。经由前者或者后者他都可以变成一个完整的两性人，而有些人则是恰恰处于男、女特性的中间，他们都不可以被归于男的或者女的性别，因而也就不适合繁殖。我们现在讨论的两种个体特性的互相中和需要男方所具有的他那某种程度的男性特性正好对应着她那某种程度的女性特性；这样，双方的结合也就消除了双方的片面性。据此，最有男性气的男人会寻找最有女人味的女人，反之亦然。同样，每个人都会寻找在性欲上程度上与自己相称的异性一方。至于两人间在这方面的所需的对应达到了何种程度，那就由男女双方凭本能去感觉；而这方面的对应，与其他相对的考虑因素一道，是更高程度的爱欲的根源。所以，当恋人们充满激情地谈论其心灵和谐一致时，事情的实质通常就是：男女双方就他们将要生产的生命及其是否完美已经达成了和谐一致，并且，这种和谐一致明显比他们的心灵和谐一致重要得多——后者在婚后不久经常就会转变为烦人、难受的不和谐和不一致。接下来的是其他相对的考虑因素，都是基于每一个人都试图通过对方以消除自身的弱点、缺陷，以及种种偏离典型之处，让这些东西不会在生下的孩子身上延续下去或者进一步发展为完全反常的东西。一个男人在肌肉力量方面越弱，那他就越想找个身强体壮的女人；女人也会做出这方面的同样事情。但因为女人稍欠肌肉力量是合乎自然和普遍的情形，所以，一般来说，女人都会更喜欢强壮的男人。还有就是，身体的大小是重要的考虑因素。小个男人特别喜欢身材高大的女人，反之亦然。这小个男人的父亲身材越高大，而这小个男子只是因为母亲的影响才成为现在这个样子，那这小个男子对高大女子的偏爱就越狂热，因为他从他父亲那里继承了能够供应血液给一副高大身躯的血管系统及其能量。但如果他的父亲和祖父身材矮小，那他对高大女子的喜爱就不会那么明显了。高大女子对高大男子的厌恶，其根源就是大自然为了避免产生过于高大的种族。否则，以这一女子所遗传的力量，这一种族就会因为太过衰弱而不能久活。但如果这样一个高大的女子选择一个高大的丈夫——这或许是为了在社会上显得体面一点的缘故——那么，后代一般来说就将为此愚蠢付出代价。此外，人们对头发和皮肤的颜色也是相当看重的。金黄色头发的人绝对喜欢发色黝黑或者棕色的异性；但后者却很少喜欢前者。这其中的理由是金发、蓝眼睛形成了变种，几乎就是一种反常的现象，近似于白老鼠，或者起码是白马的一类。这种人并非土生土长于地球的其他地区，甚至不是在南北极的邻近地区，而只是独一无二地出现在欧洲；并且，他们明显来自斯堪的纳维亚。在此我附带说出我的看法。我认为白色皮肤对人来说是非自然的；人的自然肤色是黑色，或者褐色，正如我们的祖先印度人那样。所以，白人并非原初出自大自然的怀抱，因此也没有白人这一人种，尽管人们颇多谈论白人人种。其实，白人的皮肤只是褪色了。当这些人被赶到陌生的北方以后，他们就像移植到那里的热带植物一样，在冬天需要一个温室；经过千万年的时间，这些人的皮肤就褪成白色了。茨冈人（吉普赛人），一个在大概4个世纪以前就移民进入欧洲的印度人部族，就让我们看到了从印度人的肤色过渡到我们现在肤色的情形。因此，大自然在性爱中争取回归属于人的原型的黑色头发和褐色眼睛，但白皙的肤色已经成了一种第二天性，虽然印度人的褐色皮肤还不至于让我们反感。最后，每个人也会在个别的身体部位寻求能够矫正自己的缺陷和偏离典型之处；这一部位越重要，那种寻求就越坚决。因此，鼻子扁平的人会对鹰钩鼻子、鹦鹉脸说不出的喜欢；对于身体的其他部位，情况也一样。身材、手脚异常高挑、纤细的人甚至会认为过于矮短、敦实的异性也是美的。对异性脾性的考虑也与此相似：每个人都会偏爱与自己相反的性情，但偏爱的程度视这个人在这方面的特征是否明显、突出。一个在某一方面相当完美的人，虽然不会喜爱和追求异性在这一方面的缺陷，但他对这方面的欠缺完美会比其他人更容易迁就和接受，因为他本人可以确保子女不会获得这方面的重大缺陷。例如，如果一个人本身肤色相当白皙，那他就不会很反感对方泛黄的脸色；但如果自己是这个样子，那他就会觉得白净的肤色简直就是美若天仙。有时候会出现稀有的情形：一个男人爱上一个明显丑陋的女人——这是因为除了上面所讨论的男、女特性程度恰好互相对应而构成和谐以外，女方身上的总体反常之处也与这个男人所具有的反常之处恰成对比，并因此发挥纠正和调整的作用。一旦出现这种情形，男女相互间的爱欲通常就会达到相当强烈的程度。

我们是那样认真地审视和检查女人身体的每一部分，而女人也从她的角度检查男人；对一个开始获得我们欢心的女人，我们是那样小心翼翼和一丝不苟地察看；我们在选择时的一意孤行；新郎对新娘的密切留意，以防在哪个方面因看走了眼而出错，以及他对女方身体关键部位的太过或者不及的高度重视——所有这些，是与最终目的的重要性完全相称的。这是因为将要出生的孩子将要一辈子背负类似的部位：例如，女方背部只是很轻微的弯曲，那这就很容易让她的儿子有了驼背，其他的也是一样的情况。当然，人们并没有意识到所有这些；相反，每个人都以为做出这样困难的选择只是为了自己能取得性欲快感（但这从根本上却不可能掺和到这些事情）。不过，在自己身体交合的前提下，他准确无误地做出了符合种属利益的选择，而他的秘密任务就是尽可能地维护种属纯粹的典型。个体在此是在并不知情的情况下，依据更高的、种属的命令行事。正因为这样，他才那样看重那些可以是、并且的确是无所谓的事情。当两个年轻异性首次见面时，那种互相打量的无意识的认真劲，那投向对方的探求、锐利的眼神，双方的所有特质和部位都要承受的小心细致的检查——这里面都隐藏着某种相当奇特的东西。这种探求和检验也就是种属守护神对透过这男女双方有可能生产的个人及组合的素质的思考。男女各自对对方的喜欢和渴望程度由这种思考的结果而定。这种渴望在已经达到了某一相当程度以后，可能会因为突然发现此前不曾注意到的东西而减弱和熄灭。这样，种属守护神就在所有能够生殖后代的那里思考将来的一代。这将来一代的构成是丘比特一手操持的——他一刻不停地忙碌着、思考着、盘算着这些的事情。与丘比特的那些关乎种属和以后千秋万代的伟大和重要的事情相比，那加在一起也不过犹如白驹过隙的个人事情是琐碎、不足道的；所以，丘比特就随时准备着无所顾忌地牺牲这些个体。这是因为丘比特与众个体之比，就犹如不朽与可朽之比。他的利益与个体利益相比，也就犹如无限与有限相比。由于丘比特意识到自己掌管着的事情比所有其他只涉及个体苦乐的事情更高一级，所以，在战乱中，或者在熙攘的生意场里，或者在瘟疫肆虐的间隙，丘比特仍能超然、不为所动地忙于自己的职责；甚至在孤独、冷清的修道院里，他仍在继续处理分内的事情。

在上述的讨论中，我们已经看到爱恋的强度随着其个人化而增加，因为我们指出了两个个体的身体构成可以是这样的情形：为了尽可能地确立或者恢复种属典型，这其中一个个体就是另一个个体的专门和完美的补充，后者因此也就唯独渴望前者。在这样的情形，那就已经出现相当程度的激情；也正因为这一激情指向了唯一的这一个对象，因而就好像是肩负着种属的特殊任务似的，所以，这种激情马上就带上了某种高贵和崇高的色彩。根据与此相对立的理由，那纯粹只是性的冲动，因为其并没有个人化，指向了所有的异性，只是争取在数量上保存种属，而很少考虑到质量，所以，就是平凡、庸俗的。不过，个人化以及与之相伴的强烈爱恋却可以达到这样厉害的程度，以致如果无法得到满足，那这尘世间的一切好处，甚至生命本身都会失去了价值。到了这个时候，这种爱恋所达到的激烈程度是任何其他欲望都无法相比的，因此会使人不惜做出任何牺牲。假使这种欲望始终无法获得满足，那会导致疯狂或者自杀。这种异乎寻常的激情的根源，除了上述的种种考虑以外，肯定还有其他无意识的理由——而这些我们是无法看见的。所以，我们只能假设：在此，不仅男女双方的肉体，而且男方的意欲和女方的智力都特别地彼此匹配，所以，某一具体、特定的个体就只能经由这一对男女产生；这一个体的存在是种属守护神的旨意，但这其中的理由我们却不得而知，因为这些理由藏于自在之物的内在本质之中。或者，更准确地说吧，生存意欲要求在这一具体、特定的个人身上客体化，而这一特定的个体只能经由这一父亲和这一母亲才能产生。自在之意欲的这一形而上的渴求，其首要的作用范围，在一系列的生物那里除了那未来双亲的心以外，别无他处。这些未来双亲的心被这一强烈的欲望攫住了。他（它）们就误以为是为了自己而渴求那现在仍只是纯粹形而上的目标，亦即在系列真实存在的事物之外的目标。也就是说，那将来的个体要闯进生存的渴望，那发自所有生物本源的渴望——这一渴望在此也只有经过双亲的结合才能成为可能——表现在现象里，就是这一个体将来双亲之间的强烈的、别的一切都不能与之相提并论的激情，就是一个绝无仅有的错觉——由于这一错觉，一个热恋中的人才会为了和这一女人同床共寝，不惜献出这世上的一切好处。但与这一女人同眠事实上并不比和其他别的女人同眠给他带来更多东西。可是不管怎么样，他就只是想要与这女人同眠——这一点由此表现得很清楚：甚至这样强烈的情欲，也像其他所有情欲一样，就在享受个中欢娱的当下消退了。对此。当事人感到无比的惊讶。这种情欲也会由于，例如，这女子不育（根据胡夫兰[14]所言，不育可以由 19 种偶然的身体构造缺陷所引致）而消退，因为这种不育使那真正的、形而上的目标无法实现，就正如每天都有无数百万计的种子被糟蹋。但通过这些种子，那同样的形而上的生命原则也在争取进入生存，而唯一的安慰就是：无穷无尽的空间、时间、物质和因此无可穷尽的时机为生存意欲的重回敞开着大门。

柏拉色斯并没有讨论过本章的话题，我的这整个思路对他来说也是陌生的，但我在这陈述的观点肯定在某时某刻曾经浮现过在他的脑海里，哪怕那只是匆匆地掠过，因为他在完全是另一种的上下文里，以一种随意的方式，写下了下面这些值得注意的看法：

这些人是上帝结合在一起的，例如，乌利亚斯的妻子和大卫王；虽然这种关系（至少人们相信是这样）与正当和合法的婚姻关系正好相悖。但为了所罗门的缘故——他只能经由巴芙丝芭和大卫的精子所产生，除此别无他法，虽然那只是通奸——上帝把他们结合在一起了。

——《论长寿》，I，5

　　爱情所带来的渴望和思慕，是各个时代的文学家运用难以胜数的方式没完没了地抒发、但又永难穷尽的主题；他们甚至做得还不够呢。这种渴望和思慕把得到某一特定的女子与享受无尽快乐的想法紧紧地联结了起来；一旦想到不可能得到这个女子就会感受到无以名状的痛楚。这种爱情的渴望和痛苦，其素材不可能是出于一个匆匆即逝的个体的需求，这其实是种属精灵发出的叹息，因为这一种属精灵在此看到了能够达致其目的的无可替代的手段：要么是得偿所愿，要么就是眼巴巴看着机会失之交臂。所以，种属精灵发出了沉重的呻吟声。唯独种属才会有无尽的生命，并因此能够有无尽的渴望、无尽的满足和无尽的痛苦。但这些东西现在都被囚困在一个凡夫的狭窄胸膛之内，这也就难怪他的心胸似乎都要爆裂了；并且尽管胸中充满了无尽的酸、甜、苦、辣，但却又无法找到言语直抒胸臆。因此，这些也就成了所有伟大情爱诗篇的素材。这些诗篇相应斗胆采用了超验的、翱翔于一切尘世事物之上的形象比喻。这就是彼特拉克写作的主题，塑造圣·倍夫、少年维特和雅可布·奥蒂斯的素材。除非以我这里所说的原因解释，否则，这些人物就是不可思议的。这是因为对所爱的人那种无以复加的赞赏不可能是建立在她所具有的精神素质或者泛泛的客观、实在优点之上，因为坠入情网者经常还没有对他的恋人了解到这个份上，例如，彼特拉克就属于这样的情形。唯独种属的精灵才会一眼就看出这女子对于种属及其目的所具有的价值。一般来说，巨大的激情都是在看到对方的第一眼燃起：

> 深爱的恋人，有谁不是一见就钟情的呢？
>
> ——《皆大欢喜》，第 3 幕，第 5 场

在马迪奥·阿勒曼[15]所写的、在这 250 年间颇负盛名的浪漫爱情小说《阿尔法拉契的古兹曼》(第二部分，第 3 篇，第 5 章) 里，有这样一段在描写爱情方面值得注意的言论：

> 人们真要相爱的话，是不需要花费很长时间煞费思量和做出选择，而是只在初次的唯一的一眼里，男女双方之间就已经有了某种的投契和一致，或者，就像我们在日常生活中所习惯说的：他们本身是气味相投，而星宿的某种特殊影响促成了这一件事情。
> ····

据此，失去了所爱的人，无论是因为情敌或者死亡的原因，其痛苦对热恋中的人来说，更甚于任何其他的痛苦，恰恰就是因为这种痛苦具有超验的性质：这不仅涉及个人，而且还涉及个人所具有的长久、永恒的本性和种属的生命；这一个人现在受到种属意欲的召唤而承担起种属委派的任务。因此，出于爱情的嫉妒是那样的狂怒和折磨人，而放弃我们的恋人则是最大的牺牲。一个英雄以恸哭、悲鸣为耻，但发自爱情的除外。因为在这里，痛哭流涕的不是他这个人，而是他的整个种属。在卡尔德隆的《伟大的齐诺比亚》一剧中，在第 3

幕里，齐诺比亚和德西斯进行一段对话；后者说：

> 天啊！你是爱我的吗？
> 那我宁愿放弃
> 千万场胜仗，
> 我马上回来……

在这里，此前一直压倒了各种利害得失的荣誉和尊严，一旦在性爱，亦即种属的利益加入战团，并看到了更大的利益所在以后，就马上夹着尾巴溃败了。这是因为这种属的利益相对只是个体的利益占据着绝对的优势，不管后者有多重要。因此，荣誉、责任、忠诚能够抵挡住其他的诱惑，甚至死亡的威胁，却唯独在性爱面前退缩。同样，在私人生活里，没有哪些方面比性爱方面更欠缺认真、稳重的了。那些在其他方面相当忠诚、老实和公正的人，一旦强烈的性爱，亦即种属的利益俘虏了他们，有时也会丢掉那稳重，无所顾忌地做出通奸行为。似乎他们相信自己意识到了这样做是有着某一比个人的利益还要高的合理性，恰恰就是因为他们是为着种属的利益行事。尚福尔在这方面的议论值得注意：

> 当一个男人和一个女人相互之间产生了强烈的激情，我始终是这样认为的：不管妨碍他们结合的障碍是什么，诸如丈夫、父母等，根据大自然，也根据神圣的权利，这两个恋人就是属于各自对方的，不管人类的法律和规章是什么。
>
> ——《格言录》，第 6 章

谁要是对这种说法感到愤愤不平，那他就看看《圣经》的《福音书》好了：救世主对待被逮住的通奸妇人表现出了与众不同的宽容，因为救世主同样假定了每一个在场的人都犯了这同一样的罪行。从这一观点看来，《十日谈》的绝大部分似乎纯粹就是种属守护神对个体的权利和利益的嘲笑和讽刺，后者都遭到了前者的践踏。当社会地位的差异和类似情形妨碍狂热恋人的结合时，种属守护神同样轻而易举地无视这些东西，随手把它们推到一边去。种属守护神在追求关乎无尽后世的目标时，会把人为的规章、法令和顾虑像糟糠一样地吹掉。出于这同样深藏不露的原因，一旦涉及爱恋激情的目标，人们就会不惜冒险，甚至一向胆小、怯懦的人在此时都会变得勇气十足。在戏剧和小说里，年轻的主人公维护自己的爱情，亦即种属的利益，终于战胜了那些只关注着个体幸福的老一辈人——每当看到这些，我们就感同身受地为他们高兴。这是因为这些恋人的努力和争取在我们眼里比所有妨碍、阻挠他们爱情的东西都更重要、更崇高和更公正合理，正如种属比个体有分量得多一样。据此，几乎所有喜剧的基本主题都是种属守护神及其目的登场亮相，但这些与剧中个人的自身利益背道而驰，并因此对剧中人的个人幸福构成威胁。一般来说，种属守护神最终会达到目的——这样的安排与诗意的合理性相符合，让观众们得到了满足；因为观众感觉到种属的目的是远远优先于个人目的的。因此，在结尾时，作者会放心地让有情人赢得胜利，终成眷属，因为作者和这些有情人一道错觉地以为：这些有情人终于奠定了自己的幸福；但实质上，他们只是为了种属的利益，罔顾深谋远虑的长辈的意愿，甘愿奉献了自己的安乐。在个别、反常的滑稽剧中，作者则试图把这种情形颠倒过来：主人公以种属的目的为代价换取了个人的幸福。但观众感觉到了种属守护神所受到的苦痛，他们不会因个人为此得到了好处而感到有所安慰。在我的记忆中，属于这一类的知名玩笑剧有《十六岁的女王》和《理智的婚姻》。在爱情题材的悲剧里，因为种属的目的遭受挫折，所以，恋人作为种属的工具，通常也就同时沉沦了，例如，《罗密欧与朱丽叶》、《旦克里德》、《唐·卡洛斯》、《华伦斯坦》、《梅西纳的新娘》等。

　　一个处于热恋状态的人常常会有滑稽性的、时而又是悲剧性的表现。之所以出现这两种情形，就是因为一旦被种属精灵所占据，个人也就听任其摆布，再也不是属于自己；这样，他的行为与他的个人就不相一致了。处于强烈的爱恋状态时，一个人的思想会沾上某种诗意的、崇高的色彩，甚至会带有某种超验的和超自然的倾向；因此缘故，他的眼睛似乎再也完全看不到自己真正的、相当自然的目的。造成这一切的根本原因就在于此时此刻的他正受到种属精灵的鼓动，要去完成种属精灵分派的特殊任务，要确立后代的存在，而种属的事务比起所有那些只是涉及个体的事情不知要重要多多少倍；这一后代必须具备这特定的、具体的个人本质特性，并将延绵不绝；但这一本质特性只能从作为父亲的他和作为母亲的他的心上人那里获得，否则，如此这般的后代是不可能进入生存的；现在，生存意欲的客体化就坚决、明确地要求这一存在。正是有感于自己所处理的事务具如此超验的重要性，所以，才让恋人们远远超越了一切尘世、凡俗的事情，甚至超越了他们自己，并让他们的那些肉体欲望裹上了如此超越自然、肉体的一层外衣，以致一个最干巴、乏味的人，他的爱情仍然构成了他生命中的一段诗意的时光。在这种情形里，事情有时候就会带上了某种滑稽的色彩。那要在种属里客体化的意欲，其分配给个体的任务，在恋人的意识里呈现出来时，戴着的是这样一副面具：如果与这一女性个体结合，那他就会得到无尽的极乐。在最强烈的爱恋状态时，这一幻象会照射出如此熠熠的光彩，假如无法达到爱欲的目的，那甚至生命本身也会失去其所有魅力，从此就会显得平淡、乏味、了无生趣，以致对生活的厌恶甚至压倒了对死亡的恐惧。所以，轻生的事情就时有发生了。这一个人的意欲已经陷入了种属意欲的漩涡里，或者说，种属意欲已经远远压倒了个体意欲，以致这个人如果无法为种属意欲发挥作用的话，那他也就不屑于仅仅继续发挥其个体意欲的作用了。在此，个体是太弱小的容器，无法承载种属意欲集中在一个确定对象上面的无限渴望。所以，在这种情况下，自杀就是出路，有时则是两个有情人的双双殉情——除非大自然为了挽救生命的缘故让疯癫介入——这样，疯癫就以一层纱幕使头脑无法意识到那种无望的处境。每年都不乏好几个这类情形的实例证明这所陈述的现实。

但是，不仅无法获得满足的爱恋激情有时候会导致悲剧性的结局，就算这激情得到了满足，也经常更多的是导致不幸，而不是幸福。这是因为这种激情所提出的要求经常与当事男子或者女子的个人利益大为抵触，以致损害了后者：这些要求与他或她其他方面的情况无法调和，扰乱了以这些为基础的生活计划。确实，爱情不仅经常与人的外在处境相抵触，甚至与人的自身个性也不相协调，因为爱情所涉及的个人，除了在性关系方面以外，在对那恋人来说，有可能是可憎、可鄙，甚至是可怕的。但种属意欲却比个体意欲强劲得多，在情网中的人会对种种他感到讨厌的素质闭上眼睛、无视所有的一切，对一切都错误判断，把自己和激情的对象永远地联结在了一起。他是那样完全彻底地陶醉在自己的错觉之中，一旦种属意欲得到了满足，这一错觉也就烟消云散了，留下来的只是让人厌恶的终身伴侣。也只能由此解释为何我们经常看到一些相当具理性，甚至是优秀、杰出的人物竟然与悍妇、泼妇共偕连理；这也解释了我们为何无法理解他们会做出这样的选择。正是因为这一原因，古人把爱情表现为盲目的。事实上，一个热恋中的男人在其新娘的身上甚至可以清楚看出和痛感其性格、脾性方面令人难以忍受的缺点，这些也必将让他一辈子受苦，但却仍然没能把他吓倒：

> 我不会问，也无所谓，
> 如果你心有罪疚；
> 我知道我爱你，
> 不管你是什么样的人。

——托玛士·莫尔[16]:《爱尔兰歌谣》

这是因为他追求的归根到底不是他自己的利益，而是将要进入生存的第三者的利益，虽然在他错觉的意识里，他以为寻求的是自己的利益。不过，正是因为没有追求自己的利益——而这无论在哪里都是伟大的标志——所以，这甚至让狂热的爱情也带上了某种崇高的色彩，让其成为文学名正言顺的题材。最后，性爱甚至与对性爱对象至为强烈的憎恨情绪匹配起来；因此，柏拉图早就把性爱比作狼对羊的爱。也就是说，当一个狂热的恋人无论做出何种努力和请求都得不到一个满意的回应时，这种情形就出现了：

> 我爱她，但我又恨她。

——莎士比亚:《辛白林》，第3幕，第5场

接下来，对恋人所燃起的憎恨有时候会达到这样的地步，他甚至动手把她谋杀了，然后自杀。每年通常都有好几个这一类的例子，登在英

文和法文的报纸。歌德的诗句是相当正确的：

爱情遭到了拒绝！地狱腾起了烈焰！
愿我知道更糟糕的东西，好让我咒骂千遍万遍。

——歌德:《浮士德》，2805

热恋中人在形容被爱者的冷淡和对方从自己的痛苦中获得的虚荣心快感为残忍时，可的确一点也没有夸张。这是因为他现正处于一种冲动之中；这冲动类似于昆虫的本能，迫使他无条件地追随自己的目标，不顾理智的分析、根据，把其他一切都置之度外。他无法摆脱这一冲动的控制。不止一个彼特拉克带着未曾满足的爱欲——那就像拴在脚上郎当作响的铁镣——从此艰难吃力、壮志难酬地走完一生，在孤独的林子里叹息；但同时又兼备诗才的则只有彼特拉克而已。所以，歌德的优美诗句适用于他：

在痛苦中沉寂无语时，
神灵给我本领，好让我诉说痛苦。

——《塔索》，第 5 幕，5

事实上，种属的守护神与每个人自己的守护神都是势同水火，前者是后者的追捕者和敌人，总是随时准备着为达到自己的目的而丝毫不带怜悯地破坏个人的幸福；有时候，甚至整个国家的福祉也会因为种属守护神一时的心血来潮而成为其牺牲品。莎士比亚在《亨利四世》第三部分第 3 幕第 2 场和第 3 场就给了我们这方面的例子。所有这一切都是因为种属——我们的本质植根于此——与个体相比，对我们有着更密切和更优先的权利，因此，种属的事务优先进行。古人正是有感于此，才把种属守护神拟人化为丘比特的形象：丘比特虽然长着一副小孩的外貌，但却是一个敌意、残忍、声名狼藉的神祇；一个任性、专横的魔鬼。但不管怎么样，他是掌管神祇和人类的主人：

> 你，厄洛斯爱神，是控制着神、人的暴君
>
> ——尤利庇德斯[17]:《安德洛梅达》

可怕的利箭、盲目和翅膀就是丘比特的标志和特性。翅膀表明了反复无常，而反复无常一般只是伴随着失望一道出现；失望则是获得满足以后的结果。

也就是说，因为情欲建立在一种错觉之上——这种错觉把只是对于种属才有价值的东西误以为对于个体也有价值——所以，在达到了种属的目的以后，这一幻象就消失无踪了。原先占据了个体的种属精灵现在放过了这一个体。被种属精灵放弃以后，个体重又回复到原来的狭窄和匮乏中去，并惊讶地看到：在自己做出了如此高尚、英勇和不懈的努力争取以后，他的快乐除了性欲满足所给予的以外，再没有别的东西；他发现自己并不像原先期待的那样比以前幸福了。他发现自己被种属意欲蒙骗了。因此，一般来说，一个得到了快乐的第修斯就会抛弃他的阿里阿娜。假如彼特拉克的情欲得到了满足，那从那一刻起，他的歌唱就会沉寂下来，就像下完了蛋的鸟儿一样。

在此顺便提一下，尽管我的这些性爱的形而上学会招致深陷在这一情欲中的人的反感，但如果理性的思考大概能够消除一些反感，那么，我所揭示的基本真理就会比任何其他东西都更能帮助人们制服这种情欲。但是，那古老的喜剧作家所说的话就肯定是真的，

谁要是既缺乏理性也缺乏节制，那他就不可能受到理性的引导。

——泰伦斯

出自爱情的婚姻，其缔结是为着种属而不是个体的利益。虽然当事人误以为在谋求自己的幸福，但他们真正的目的却不为他们所了解，因为这目的只是生产一个只有经由他们才可能生产的个体。为着这一目的而走到了一起的他们，本应从此以后尽量彼此和谐共处。但是，经由本能的错觉——这就是狂热爱情的本质——而走到了一起的男女双方，在其他方面的差异通常却是很大的。这些差异在错觉消失以后——这是必然发生的事情——就会充分暴露出来。据此，出自爱情的婚姻一般来说都会有不幸福的结局，因为这样的婚姻就是为了将来的后代而付出了现在的代价。

为爱而结婚的人将不得不生活在痛苦之中。

一句西班牙谚语如是说。而出自舒适生活考虑而缔结的婚姻——这经常是听从父母的选择——则是相反的情形。在此主要的考虑，不管这些考虑是什么，起码是现实的，并不会自动地消失。这种婚姻着眼于现在一代人的幸福，而这当然就会给后代带来不利；并且，是否真能确保现在一代人的幸福仍是未知之数。在婚姻方面只看在金钱的份上，而非考虑满足自己喜好的男人，更多的是活在个体而非种属之中。这种做法直接与真理相悖，因此，看上去就是违反自然的，并且会引来人们某种程度的鄙夷。如果一个女孩不听其父母的建议，拒绝了一个有钱、年纪又不老的男人的求婚，把所有舒适生活的考虑搁置一边，只根据自己的本能喜爱而做出选择，那她的做法就是为了种属而牺牲了自己个体的安乐。不过，也正因为这样，我们才无法拒绝对她的某种赞许：因为她优先选择了更重要的东西，并且以大自然（更准确地说是种属）的感觉行事；而她的父母则本着个体自我的感觉给她出谋划策。根据以上所述，情况看上去就是：在缔结婚姻时，要么是我们的个体、要么是种属的利益会受到损害。通常都是这样的情况，因为生活舒适和狂热爱情结合一道是至为罕有的好运。大多数人的身体、道德，或者智力素质都相当的糟糕和可怜——其部分原因或许就是人们的婚姻一般都不是出自于纯粹的选择和喜好，而是各种各样外在的考虑和根据偶然情形的结果。但如果人们在考虑舒适生活的同时，也在某种程度上考虑自己个人的喜爱，那就好比是和种属的精灵达成了妥协。众所周知，幸福的婚姻是稀有的，这恰恰是因为婚姻的本质就在于其主要目标不是这一代人，而是将来的一代。不过，请让我加上这一句，以安慰那些温柔和有爱意的人：有时候，狂热的性爱与一种出自完全不同源头的感情结合在了一起，亦即与一种建立在和谐一致的思想意识基础上的真正的友谊结合了，但这种友谊通常只在真正的性爱因获得满足而熄灭以后才会出现。这种友谊通常是这样产生的：当初那着眼于将来孩子的性爱，产生于两个个体的身体、道德和智力素质的互相对应、互补；但这些方面的对应和互补在这两个个体的关系本身，作为相映成趣的脾性气质和思想优点，也同样发挥了互补的作用，并由此构成了情感、气质和谐的基础。

在此讨论的整个关于爱情的形而上学与我的总体的形而上学精确地联系在一起，而前者能够帮助我们认识后者的地方则可以总结为下面几点。

我已经表明：人们为了满足性欲而小心翼翼地做出选择——这

里包括性爱的无数强烈等级，最高一级则为狂热的激情——完全是因为人们至为严肃、认真地关注其后代的个人特性。这种异常奇特的兴趣和关注证实了我在《作为意欲和表象的世界》中已经阐明的两个真理：（1）人的自在本质是不可消灭的，因为这继续生存于后世之中。这是因为那种如此强烈、不知疲倦的兴趣和关注，那种并非出自人为的思考和意图，而是出自我们本质的内在冲动和本能的兴趣和关注，是不可能像现在这样顽固存在、难以根除，并对人们发挥着如此强大的影响——假如人类是绝对倏忽、短暂的，在时间上尾随着我们的人种也确实是完全有别于我们。（2）人的自在本质更多地存在于种属，而非个人之中。这是因为那种对种属的特殊构成的兴趣——而这是所有情事的根源，从只是一时的喜欢一直到最投入、最认真的激情——对于每一个人来说的确就是最重要的事情；也就是说，这些事情的成、败会至为深刻地触及每一个人。因此，这事情也就被特别称为心的事情。更有甚者，当这种关兴趣强烈和明确地表露出来时，所有只是涉及自己个人的事情则一概让路，并在必要的时候成为牺牲品。所以，人就以这样的方式证明了：种属比起个体与人更加密切；两者相比较，人是更直接地活在种属之中。那么，为何恋爱着的人把全副身心交付出去，诚惶诚恐地看着对方的眼色，随时准备着为她做出种种牺牲？因为渴求她的是他身上的不朽部分；渴求其他任何别的都永远只是他身上的可朽部分而已。所以，那种目标指向某一特定女子的迫切、甚或炽热的渴望，就是证实我们那不可消灭的本质内核及其在种属延续着生存的直接凭据。但把这种延续的生存视为不重要和不足够则是错误的，这错误出自于我们把种属延续的生存理解为只是一些与我们相似的生物在以后将来的存在，而这些生物在任何一个方面都并非与我们为同一；另外，由于我们的认知是从内投向外，就只考虑到种属的外在形态，就像我们所直观看到的这些生物，而不是它的内在本质。但正是这种内在本质构成了我们的意识的基础，是我们的意识的内核，所以，是甚至比这意识本身还要直接的东西；并且作为自在之物，这内在本质并没有受到个体化原理的限制，是存在于所有个体当中的同一样东西，不管这些个体是相互并存抑或分先后依次存在。这就是生存意欲，也恰恰就是这如此迫切要求生命和延续的东西。据此，它不会受到死亡的影响。但是，这生存意欲也不可以达到比目前更好的状况和处境了。所以，对于它来说，连带着那生命，个体永恒不断的痛苦和死亡是肯定的。要摆脱这些痛苦和死亡的话，那还保留着否定生存意欲，因为通过否定生存意欲，个体意欲就挣脱种属的根基，放弃在种属中的存在。至于到了那个时候意欲成为了什么，我们缺乏明确的认识，我们甚至缺乏为我们带来这方面认识的素材。我们只能把它形容为有自由地成为或者不成为生存意欲的东西；如果后一种情形，佛教就把它称为涅槃。涅槃的词源，我在《作为意欲和表象的世界》第二卷第四十一章注释中给出了。涅槃这一境界始终是人类的任何认识能力都无法探究的。

如果我们现在从这最后思考的角度审视熙攘混乱的人生，我们就看到每个人都在忙于应付生活中的困苦和折磨，竭尽全力去满足没完没了的需求和躲避花样繁多的苦难；人们所能希望的不外乎就是维持这一充满烦恼的个体生存一段短暂的时间。但在此期间，在那一片喧嚣、骚动之中，我们却看到了两个恋人互相投向对方充满渴望的一眼——但又为何这样秘密、胆怯、躲躲闪闪？因为这些恋人是叛变者：他（她）们在秘密争取延续那要不是这样做很快就会终结的全部困苦和烦恼；他们打算阻止这一结局的到来，就像其他像他们那样的人在这之前所成功做了的一样。

注释

[1] 戈特弗里德·比格尔（1747—1794）：德国诗人、法学家。——译者注

[2] 弗·拉罗什福科（1613—1680）：法国作家，著有《道德箴言录》。——译者注

[3] 尼古拉·波瓦洛（1636—1711）：法国诗人。——译者注

[4] 意大利文学家乌戈·福斯柯罗（1778—1827）的小说《雅可布·奥蒂斯的最后信件》的主人公。——译者注

[5] 恩斯特·柏拉特纳（1744—1818）：德国医学家、哲学家。——译者注

[6] 汉斯和格蕾特分别是德国最常见的男子名和女子名。——译者注

[7] 这里指的是古希腊、古罗马悲剧演员所穿的高跷鞋，比喻在戏剧舞台上演的爱情故事。——译者注

[8] 彼德罗·卡尔德隆（1600—1681）：西班牙剧作家，《空气的女儿》是他的作品之一。——译者注

[9] 原意为"想象对方"的意思，也可以引申为"喜欢对方"的意思。——译者注

[10] 在此，叔本华用了 generelle（普遍）一词，而不是惯常的 allgemein（普遍）；前者的词根 gene 是种属、基因的意思。——译者注

[11] 对此现象的讨论见本篇的"附录"。——译者注

[12] 耶稣·西拉克（约前 130 年）：整理《旧约》希腊文部分的作者。——译者注

[13] 根据色诺芬的描述，苏格拉底的这位妻子个性刚烈，让人无法忍受。——译者注

[14] 克里斯朵夫·胡夫兰（1762—1836）：德国医生、教授。——译者注

[15] 马迪奥·阿勒曼（1547—1615）：西班牙小说家。——译者注

[16] 托玛士·莫尔（1779—1852）：爱尔兰诗人，拜伦的朋友。——译者注

[17] 尤利庇德斯（前 480—前 407）：希腊悲剧作家。——译者注

《论性爱》附录

你竟敢这样不知羞耻，说出这样的话；

你认为这样做能逃脱得了惩罚吗？

我逃脱了；事实可以为我作证。

——索福克勒斯：《俄狄浦斯王》，354

在《论性爱》一篇里，我附带提到了鸡奸行为，并把它形容为本能被误导所致。这种解释当时在我看来是足够的了——那时我正撰写和整理《作为意欲和表象的世界》第二版。在那之后，我对这种性欲错乱做了更进一步的思考，这让我发现了一个不同寻常、值得注意的问题，同时也让我找到了对这一问题的解答。这篇附录以《论性爱》为前提，但也帮助理解和阐释《论性爱》的内容。因此，这篇附录是《论性爱》的补充，为在《论性爱》中提出的基本观点提供了例证。

也就是说，就考察这事情本身的话，鸡奸行为看上去不仅是违犯自然，而且也极度令人反感和厌恶的怪异事情；也似乎只有人性彻底反常、乖僻和退化的人才会在某一时候做出这种行为，并且顶多只是在极个别的例子中才会重复这种行为。但是，如果我们观察一下实际情况，那我们就会发现情形与我们的想法恰恰相反。也就是说，尽管这一恶习是那样的让人恶心，但在世界各地和各个时期，这一恶习却是广为流行、屡见不鲜。我们都知道这种事情在希腊人和罗马人中相当普遍；人们公开、不带半点难为情地承认和做这些事情。古老的作家都给了我们这方面充足有余的证据，尤其是文学家——他们的作品无一例外地充斥这些东西。就算是贞洁、禁欲的维吉尔（《田园诗》，2）也不例外。甚至远古时代的诗人、奥尔甫斯[1]、塔米利斯[2]，还有神灵本身，据传都有这种行为，奥尔甫斯为此还被酒神狄俄尼索斯的女祭司撕碎了呢。同样，哲学家谈论这种爱情更甚于谈论对女人的爱情，尤其是柏拉图——他似乎不知道除了这种爱情以外还有另外别的爱情；斯多葛派也同样认为这种事情与智者相匹配。在《会饮篇》里，柏拉图甚至把苏格拉底高傲地拒绝了自动献身的阿基比亚德斯，看作是一种没有先例的英雄行为而加以赞赏。在色诺芬的《回忆录》里，苏格拉底谈论鸡奸行为时，那可是一件无可指责、甚至是值得赞扬的事情（斯托拜阿斯，《选集》，第1卷，第57页）。同样在《回忆录》里，当苏格拉底警告爱情所引致的危险时，他谈论的也纯粹就是对少年的爱，就好像在这世上没有女人似的。甚至亚里士多德（《政治学》2，9）谈论鸡奸就像是谈论一件平常事情一样，对此行为丝毫没有加以指责。他说这种行为受凯尔特人的公开尊重，而克里特岛人和他们的法律把这种行为当作是对付人口过剩的一种手段而加以庇护；他还提到立法官菲洛劳斯的断袖之癖，等等。甚至西塞罗也说过：

希腊少年把没有同性情人引以为耻。

——《论共和国》，IV，3，3

博学多闻的读者则不需要这方面的证据，他们可以回忆起上百件同样的事例，因为古人留下来的东西充斥这一类的事情。就算是在没有开化的民族，尤其是高卢人，这一恶习也相当盛行。当我们转而审视亚洲，我们可看到在这一大洲的所有国家，甚至是从最古老的时期一直到今天，同样的行为数不胜数，人们也同样没有特意掩饰这种事情，这包括印度人和中国人，还有信奉伊斯兰教的民族——他们的诗人、文学家更着意花费笔墨描绘对少年的爱，而不是对女性的爱。例如，在波斯诗人萨迪的《蔷薇园》的"论爱情"一篇里，萨迪抒发的纯粹就是前者。甚至对于希伯来人来说，这一恶习也不是闻所未闻的，因为《新约》和《旧约》提到：这一恶习是要受到惩罚的。最后，在基督教时期的欧洲，宗教、法律和公众言论不得不尽全力对抗这一恶习。在中世纪，这种行为无论在哪里都是一桩要遭受死刑的罪行。在法国，犯有这一罪行的人，甚至要被处以火刑。而在英国，甚至在这世纪的前三分之一时间里，这种行为仍然招致毫不留情的极刑处罚。现在，对这一罪行的处罚是终生流放。为遏止这一恶习，人们不得不采用强硬的措施。虽然这些措施在很大程度上取得了成功，但却一点也不曾把这一恶习连根铲除。相反，这一恶习蹑手蹑脚地披着极其秘密的面纱，无论何时何地，都混迹于各个国家和各个民族当中，并经常在人们最意想不到的地方突然暴露其行踪。甚至在这之前的世纪，尽管有那极刑处罚，情况仍然没有两样。出自那些时候的作品对这种行为的提及和暗示就是这方面的明证。如果我们想到所有这些，并认真地考虑一番，我们就会发现在各个时期各个国家都有这样的鸡奸行为，其出现的方式与我们在开始时所认为的有很大的不同——在刚开始时，我们就只是考察这事情本身，也就是先验地看待这种行为。也就是说，这种行为是那样的普遍、根深蒂固和难以消除，证明了这种行为就是以某种方式发自人的本性自身，也只有这样的原因才会导致这种行为时时处处不可避免地出现。这也证明了

天性被叉子赶跑，

但它仍然会折回头。

——贺拉斯

所以，这一结论是我们绝对无法回避得了的，如果我们正直、诚实地探讨这一问题的话。对这些事实情况视而不见，对这种行为鞭挞一番，然后就把它打发了事——这种做法固然容易，但却不是我处理难题的方式。我会忠于自己与生俱来的天职，处处探索真理，对每样事情都穷究到底；在这一问题上也不例外。首先，我承认这出现的和有待解释的现象，以及从这一现象中不可避免地得出的结论。[3] 这样一种从根本上违反大自然、并的确与大自然最重要和最关注的目的背道而驰的行为，竟然出于大自然本身——这样的怪论是如此闻所未闻，要对此做出解释就是一个相当棘手的难题。尽管如此，现在我就把藏于这一现象根源的大自然秘密揭开以解答这一难题。

我首先要利用亚里士多德的《政治学》(Ⅶ，16）中的一段话作为解答这一难题的出发点。在那段话里，亚里士多德首先向我们这样解释：年纪太轻的人会生下劣质、衰弱、矮小、带缺陷的孩子；此外，年纪太老的人生下的孩子也是同样的情况。

因为年纪太大或者太小的父母所生下的孩子无论在身体方面还是在精神思想方面都欠缺完美，而老年人生下的都是多病、懦弱的人。

斯托拜阿斯在表述逍遥学派哲学（《牧歌·伦理学》）的结尾处认为：亚里士多德在此陈述的、个别少数人应遵守的规则应被制定为社会的法律：

　　为了得到身体强壮、完美的人，那些年纪太轻或者太老的人不宜结婚，因为这两个年龄段的人只会生下的有欠完美的后代，到最后，生下的都只是衰弱的人。

所以，亚里士多德规定：一个到了54岁年纪的男人，虽然由于健康或者其他的缘故，仍能继续与女子同床，但却不应该再有小孩子了。至于这件事情如何实施、完成，亚里士多德没有细说，但他的意思明显就是：这两种年纪的父母怀上的小孩应该采用堕胎的方式处理掉，因为亚里士多德只在这之前用了短短几行文字推荐了这一方式。大自然既无法否认构成亚里士多德这一原则基础的事实，也无法把它们消除。这是因为大自然遵循自己的这一原则："大自然不会跳跃发展"，不会让一个男人突然停止分泌精子，而是在此也一如在其他方面的衰退、死亡，首先必须有一逐渐的衰败过程。但在这一衰败过程中的生殖会把衰弱、呆滞、多病和短命的人带到这一世上。事实上，这种事情发生得也太多了，高龄父母生下的孩子通常年纪轻轻就夭折了。起码不会活到高龄。他们或多或少都是体质孱弱多病，而由这些人生下的后代也是相似的体质。在还没有成熟的年龄生下的小孩也遭遇同样的情形。对于大自然，没有什么比维持和保存种属及其真正的典型更加重要的事情了。体质强壮、精力旺盛的个体是实现这一目的的手段；大自然唯独钟情于这些个体。确实，大自然归根到底只把个体视为一种手段而已，只有种属才是她的目的（这点我在《作为意欲和表象的世界》第41章已经表明）。据此，我们在此看到大自然由于其自身的法则和目的的缘故而处于确实的困境和尴尬之中。根据大自然的本质，她不可能依靠某一强行的解决办法和听命于他人主观随意的意愿，就像亚里士多德所暗示的那种；大自然同样不可以寄望于人们从经验中获得教训，认识到年纪太轻或者太老进行生殖会带来多种不利，经过一番冷静和理性的思考以后相应地控制住自己的欲望。所以在如此重大的问题上，大自然不会冒险使用这两种方法。现在，除了两害相权取其轻以外，大自然别无其他选择了。要达到这一目的，大自然就只有为了自己的利益采用她最喜爱的手段——本能。就正如我已经在《论性爱》中说明了的，本能在各个方面指引着生殖这样一件重要的事情；在这过程中，炮制了如此奇特的幻想、假象。但在此刻讨论的这种行为，大自然就只能采用误导本能的方式。也就是说，大自然就只知道物质、身体方面而不是道德方面的事情。事实上，大自然是和道德明确相互矛盾的。大自然的唯一目标就是最完美地保存个体，尤其是种属。虽然鸡奸行为对于那些受到诱惑进行这些活动的年轻人构成身体上的损害，但这种损害还不至于不是两害之中的更轻者。大自然因而选择了这种祸害，目的就是避免种属退化、变质这一大得多的祸害；这样，那持久的和不断恶化的不幸也就早早得以避免。

由于大自然行事小心谨慎的原因，鸡奸的倾向一般和大约在亚里士多德所说的年龄慢慢地和悄无声息地出现了。这一倾向随着生产强壮小孩能力的下降而变得越来越明显和坚决。这就是大自然的安排。不过，值得注意的是：从最初出现这一倾向到最后演变成恶习，中间却是一段相当长的距离。当然，如果这一倾向不加制止的话——就像古希腊和罗马，或者各个时期的亚洲那样——它会经由榜样的鼓励作用轻易变成恶习，结果就是这一恶习得以广泛流行。在欧洲，这种行为却受到宗教、道德、法律、荣誉等如此极其强大动机的抗衡，几乎每一个人都会止步于这种行为的念头；我们可以相应假定在 300 个感觉到这一倾向的人当中，至多只有一人会软弱和疯狂至屈服于这一倾向，尤其如果这一倾向只在人的老年才出现——到了这个时候，人的血液已经冷却了下来，性欲一般来说也已消退了。在另一方面，这一倾向碰上了众多对手的阻击，包括成熟了的理性、从人生经验中获得的审慎态度、经多方锻炼了的坚定、顽强等。这样，也只有本性本来就不健全的人才会最终屈服于这一倾向。

与此同时，因为这一倾向意味着对女人不感兴趣，所以，大自然通过人们的这一倾向而达成了她的目的；而这种对女性的无动于衷越发有增无减，然后发展成为对女性的不喜欢，到最后则变成了某种的反感和厌恶。男人的生殖能力越衰退，这种非自然的倾向越明确，那大自然就越稳当地达到其真正的目的。与此相吻合的就是，我们发现鸡奸行为一般都是上年纪男人的恶习。但被人们发现的只是那些把事情弄成了公开丑闻的人。对正当中年的人来说，这种行为是陌生的、奇怪的，甚至是不可理解的。如果出现例外的情形，那我想这是人身上的生殖能力偶然和过早地退化和变质所致，而这种退化和变质了的生殖能力只能产生糟糕的后代。为避免产生糟糕的后代，大自然就把这种性欲引向别的方向。所以，年轻的同性恋者——不幸的是，他们在大城市并不特别少见——总是向老者做出暗示和挑逗，而不会向身强力壮的人或者年轻人下手。在希腊，或许由于风俗和榜样的作用，时而会出现这一规律之外的情形，但我们仍然可以看到作家特别是哲学家，尤其是柏拉图和亚里士多德，把嗜好此道的人明确表现为上了年纪的人。在这一方面，摘自普卢塔克著作的一段话特别值得我们注意：

对少年之爱不合时宜地出现在生命的黄金期过去以后，那显现为一种不真的和阴暗的爱意，驱走了人的真正的和原初的爱情。

甚至在神灵当中，我们也发现拥有男性情人的只是老一辈的神灵，像宙斯、大力神海格立斯，而不是战神玛尔斯、太阳神阿波罗、酒神巴克斯，或者商业神墨丘利。同时，在东方，由于多妻制的原因，女性比较缺乏，这有时也会强行引致上述规律之外的情形。这些例外情形也出现在新建立起来的、因此没有女人的殖民地，例如，加利福尼亚等。与此相吻合的还有：不成熟的精子和由于上了年纪而衰败的精子一样，只能产生衰弱、劣质和不幸的子女，所以，像上了年纪的人那样，少年人当中也有这种色情性质的喜好，但这种喜好很少真的发展为生活当中的恶习，因为这种倾向，除了上文已讲过的动机以外，青少年的清白、纯洁、认真和腼腆也都会制约这一倾向的发展。

上述讨论的结果就是，这里所考察的恶习表面上看似乎阻碍着大自然的目的，甚至在大自然至为关心、事关重大的问题上与大自然的旨意背道而驰，但事实上，这恶习恰恰是为大自然的目的服务，虽然那只是采用间接的手段以避免更大的祸害。也就是说，这是衰退了的和还没成熟的生殖力的一种不寻常现象，这样的生殖力对种属构成了危险。虽然从道德的理由出发，这两种生殖能力理应停止发挥作用，但道德理由是不可以依赖的，因为大自然在其活动中，一般都不会考虑到真正道德的东西。所以，由于自身法则所使然，迫于无奈的大自然也就把误导本能作为权宜之计，其目的就是，正如上文所解释的，避免两祸之中的更大者。也就是说，大自然盯着更重要的目标，那就是防止糟糕、不幸的后代，以免其逐渐让整个种属堕落和变质；而在这方面，正如我们已经看到的，大自然可是不择手段的。在这里，一如在黄蜂受本能驱使叮死自己幼虫的例子[4]，大自然秉承着同一样的精神。因为在这两种情形里，大自然选择了糟糕的办法，目的就是避免出现更加糟糕的情形；她误导了性欲，目的就是避免这种性欲所带来的后果。

我这些阐述的目的首先是解答上面所提出的异乎寻常的难题；然后是证实我在《论性爱》里所阐明的这一学说：在所有的性爱里，本能引导着我们和制造出幻象，因为对大自然来说，种属的利益是先于任何其他利益的。这一点也适用于我们现在讨论的这种令人厌恶的性欲倒错和越轨行为，因为在此，作为最终的根据，种属的目的就是所得出的结果——虽然在这种情形里，这些目的只是否定性质的，因为大自然在这里进行的是预防性的运作。所以，这些的考察有助于揭示我关于性爱的总体形而上学。总的来说，通过这些阐述，一个在此之前被掩藏了的真相也就暴露出来了：不管其多种的奇特之处，这真相仍把新的光亮投向大自然的内在本质、精神和行事。所以，在此并不是要对这一恶习发出道德警告，而是要更好地理解这种事情的本质。此外，抵制这种行为的真正、最终和深层形而上的理由，就是虽然生存意欲在这种行为中肯定自己，而生存意欲肯定自己的结果本来是为人的解救、为生命的更新和恢复扫清了道路；但现在在这肯定自己的结果却是完全被割裂了。最后，通过阐述这些貌似悖论的思想，我想为哲学教授们做点善事。他们看到我那被他们小心翼翼掩藏起来的哲学越来越为人所知而方寸大乱，所以，我现在就授他们以话柄中伤我为鸡奸行为辩护，并推荐这种行为。

注释

[1] 奥尔甫斯：古希腊传说中的英雄，有超人的音乐天赋。——译者注

〔2〕 塔米利斯：据希腊神话，他是爱上了美少年辛托斯的一位色雷斯诗人、歌唱家。——译者注

〔3〕 叔本华所说的结论是这一现象发自人的本性。——译者注

〔4〕 此例子见《作为意欲和表象的世界》第 2 卷第 27 章。当黄蜂在夏季为养育幼虫耗尽粮食贮存，它们最后生下的子女即将面临饥饿的冬季时，黄蜂就把这些幼虫叮死。——译者注

论意欲在自我意识中的主导地位

意欲作为自在之物，构成了人的内在、真正和不可消灭的本质；但就其本质而言，意欲却是没有意识的。这是因为意识是以智力为条件，而智力则纯粹是我们存在的一个附属品：因为智力是脑髓的一种功能，而脑髓及其相连的神经和脊髓，不过就是人的机体的果实，产物；事实上，只要脑髓并不直接插手机体的内在运作，而只是通过调节机体与外在世界的联系以服务于自我保存的目的，那它就是这机体的寄生者。相比之下，我们的机体本身就是个体意欲的客体和显现，是其图像，就呈现在脑髓里面（在《作为意欲和表象的世界》第一篇里我们已经知道：脑髓根本上就是这一客体世界的条件），所以也恰恰是经出脑髓的认知形式、即空间、时间和因果律而产生；因此，呈现出来的就是某种广延的、相继发挥作用的和物质性的、亦即发挥出作用的某样东西。机体的部分既能被直接感觉得到，也能通过感官只在脑髓中察看。据此，我们可以这样说：智力是第二现象，而机体则是意欲的第一、亦即直接的现象；意欲是形而上的，智力则是物质的和有形的；智力一如智力的对象，就只是现象而已，唯独意欲才是自在之物。在越来越形象、比喻的意义上而言：意欲是人的实体，智力则是附属的；意欲是物质，智力则是形式；意欲是热，而智力则是光。

为证实和阐释这一论点，我们首先列举下面这些涉及人的内在的事实。透过这次机会，就有关人的内在方面所获得的知识，或许将超过许多系统性的心理学里面所包含的。

1

不仅对其他事物的意识，亦即对外在世界的感觉、领悟，包含了认知者和被认知之物，自我意识也同样如此，正如上面已经提到过的。否则，意识也就不成其为意识了。这是因为意识在于认知，但认知却需要某一认知者和某一被认知者。所以，假如在自我意识里没有一个与认知者相对应的、有别于认知者的被认知者，那自我意识就无从谈起。也就是说，正如没有主体就不可能有客体一样，同样，没有客体也就不可能有主体，亦即没有某样有别于认知者的被认知者，就不可能有认知者。所以，某种完全就是纯粹智力的意识是不可能的。智力就像是太阳：除非有某一样物体反射太阳的光线，否则，太阳是不会照亮空间的。认知者本身，正因为他是认知者，是不会被认知的，否则，他就成为被认知者，为另一个认知者所认知。我们发现在自我意识里的被认知者，唯独就是意欲。这是因为不仅在最狭窄意义上的意愿和决定关乎我们的意欲，甚至一切的追求、愿望、逃避、希望、害怕、喜爱、憎恨——一句话，一切直接构成我们的喜、怒、哀、乐的东西，都显而易见是意欲受到的刺激，是愿意或者不愿意的激动和更改；当意欲向外作用时，它就表现为真正的意欲行为。[1] 在一切认知里面，被认知者而不是认知者，才是首要关键的东西——只要前者是原型，后者是前者的复制品而已。所以，在自我意识里，被认知者，因而也就是意欲，也必然是首要的和原初的，而认知者则只是次要的、附带的，是一面镜子而已。这两者之间的关系就好比自行发光的物体与只是折射外来光线的物体一样；或者，就像颤动的琴弦与共鸣板之间的关系，而由此产生的音声就是意识。我们也可以把一株植物视为意识的象征。正如我们所知道的，这一株植物有根、冠两个端点，前者深入黑暗、潮湿和寒冷之处，后者则向光明、干燥和温暖的地方伸展；植物的茎就是连接这两端的中间处，两端在靠近地面之处分道扬镳。根是关键的、原初的和维持长久的，它的死亡也就导致叶冠随后的死亡。因此，根部是首要的。而叶冠只是我们可以看见的部分，但它是生发出来的，根部不死它也会消失，因而是次要的。植物的根部展示了意欲，叶冠则展示了智力，而两者的中介点，茎部，就是"我"——它同时是两者的终端，所以属于两者。"我"是认知和意欲暂时的同一主体，在我的第一篇论文（《论充足理由律的四重根》）和我的初次哲学诧异中我把这种同一性称为一个"不折不扣"的奇迹。它是全部现象、亦即意欲的客体化，在时间上的始发点和连接点：虽然"我"是现象的条件，但现象也同样是"我"的条件。我这里所用的比喻甚至适用于解释人的个体本质构成。也就是说，正如繁茂的叶顶一般只能出自巨大的根部，同样，最伟大的精神思想也只出现在那些具激烈、狂热的意欲的人身上。一个有着麻木、冷漠性格和微弱激情的思想天才就犹如根部细小但却枝繁叶茂的多汁植物一样，都是不会有的东西。强烈的意欲和狂热的性格是提升了的智力的条件。在生理上，这表现为：脑髓活动的条件就是那直达脑髓底部的大动脉伴随着脉搏向脑髓传送运动。因此，强劲的脉搏，甚至短小的脖子——根据毕夏的说法——都是脑髓的大量和复杂活动所需要的。与上述相反的情形当然是有的，亦即强烈的欲望、狂热和猛烈的性格，配上微弱的智力，亦即在厚厚的头颅骨里面却是一小副结构低劣的脑子。这种现象既普遍又令人恶心。这种情形或许可以比之于根大叶小的甜菜根。

2

不过，为了不仅仅以形象、比喻的方式描绘意识，而是要对其彻底认识，那我们就要首先了解在每个人的意识里面以同样方式存在的是些什么东西，并且，作为共同的、恒久的和根本性的东西又将会是什么。然后我们将考察造成某一意识有别于另一意识的东西，而这些也就是意识中次要和附加的成分。

意识完全只是作为动物性生命的特性为我们所了解，所以，我们不应该、也不能够把它视为动物性意识以外的别的什么。这样，"动物性意识"的说法本身就已经是词义重复了。在每一动物意识里面，哪怕是最微弱和最不完美的意识，都总有对某一要求以及对这一要求交替获得满足和没有获得满足的直接感觉，而这种感觉有着相当不同的程度，并且的确就是意识的基础。我们是在某种程度上先验地知道这一点。这是因为虽然动物种类数不胜数，各自的差异又令人惊讶，某一新的、我们以前不曾见过的动物形态虽然显得如此陌生和奇怪，但我们却可以有确切把握地预设这些动物的内在本性是我们所了解的，甚至是相当熟悉的。也就是说，我们知道这些动物有自己的意欲，我们甚至清楚这些动物意欲的是什么，亦即意欲生存、舒适和繁殖。因为我们在此可以十足确信地假设这些动物与我们有着同一性，所以，我们也就毫不犹豫地认为：我们在自己身上所知晓的所有意欲的作用和刺激，在动物身上也同样地存在。我们用不着踌躇一番就可以谈论起动物的欲望、厌恶、憎恨、恐惧、愤怒、悲哀、高兴、渴望、喜爱，等等。但一旦论及动物纯粹认知的现象，我们就变得不确定了。动物是否可以理解、思考、判断和认识，我们是不敢断言的，我们只能有把握地认为动物的头脑也有泛泛的表象，因为没有这些表象，它们的意欲也就不会有上述的活动了。至于动物认知的具体方式，以及某一种类动物认知方面的明确局限，我们只有并不确切的概念，只能做出大概的猜测。我们与动物之间经常难以互相理解，只有依靠经验和实践才可以巧妙地做到这一点。在这里，我们可以看到意识之间的差别。相比之下，要求、渴望、意愿或者厌恶、逃避、抗拒等都是每一意识所特有的：不管是人类还是珊瑚虫都共有这些东西。据此，这些是每一意识的根本和基础。这些东西在不同的动物种类身上的不同显现，取决于这些动物种类各自不同的认知延伸范围，因为引起这些东西显现的动因就在这些动物的认知范围之内。动物所有表达意欲活动的行为、动作，我们从自己的本性出发就可以直接理解；我们也就根据理解的程度以多种不同的方式与它们感同身受。而我们与这些动物之间的鸿沟，唯独只因智力上的差别而起。一个智力相当不足的人和一只非常聪明的动物之间在智力上的差别或许并不比一个天才和一个蠢人之间的差别大得了多少。这里作比较的两者，在另一方面的那些出于相同愿望和感情、并把他们同化了的相似之处，有时就会令人吃惊地凸显出来，引起我们的诧异。这些考察清晰地表明了：在所有动物性生命中，意欲是首要的和实质性的东西，而智力却是第二性和附加之物，并的确只是为意欲服务的一个工具而已，其复杂和完美程度根据这种服务的需要而定。正如某一种类动物根据其意欲的目标被配备了蹄、爪、手、翼、角、牙，它们也同样被装备了发达程度不一的脑髓，而脑髓的功能就是这一种类动物赖以生存的智力。也就是说，在逐级向上的动物系列里，动物的机体结构越复杂，它们的需要就越多样，能够满足这些需要的物品也就越繁杂和特别，要获得这些物品所需要了解和发现的途径也就越迂回曲折和遥远；同样相应地，动物头脑中的表象也就必须更加全面、精确和连贯，动物的注意力也必须更加紧张、持久和容易被刺激起来，它们的智力因而必须更加的发达和完美。据此，我们看到智力的器官，亦即大脑系统，与感觉工具一道，是与需求的增加和机体的复杂同步的；意识中的表象部分（相对于意欲部分）的增加在身体上就表现为脑髓相对于其余的神经系统在比例上不断增加，然后是大脑相对于小脑在比例上不断增加，因为（根据弗洛伦斯）前者是表象的工场，后者则是身体动作的指挥者和协调者。大自然在这方面迈出的最后一步，是超乎比例的巨大一步。这是因为在人的身上，那在这之前还只是单独存在的直观表象能力，不仅达到了最高度的完美，同时，人还有了抽象的表象，有了思想，亦即有了理性及附带的思考。由于智力，即意识中的次要部分，获得了这显著的提升，所以，只要智力的活动从此以后成为主导，那现在智力也就取得了相对于首要部分的优势。也就是说，对于动物，对欲望已经获得满足或者仍未获得满足的直接感觉构成了它们意识中最主要的内容；它们所处的级别越低，就越是这种情形，以致最低等的动物与植物的分别只在于前者多了某些呆滞、朦胧的表象。对于人来说，情形却是恰恰相反。虽然人的欲望很强烈，甚至比任何动物的欲望都强，并且达到了狂热、激情的程度，但人的意识却仍然主要地和持续地忙于表象和思想，并被这些所占据。这一点无疑给哲学家们提供了机会犯下一个根本性的错误：他们把思维视为所谓的灵魂，亦即人的内在或者精神生活的基本和首要要素，始终把思维放在第一位，而意欲则只是思维的产物，仅仅是次要的、附加的和随后而至的东西。但如果意欲只是出自于认知，那为何动物——甚至是最低等的动物——在认知极为有限的情况下，会表现出一种经常是激烈的、无法制服的意欲？因为哲学家的根本性错误就好比是把附加性的东西视为实体性的东西，所以，这错误就把他们引入了一旦陷入其中、就再也找不到出口的迷途。在人的头脑里，认知意识相对于欲望意识的优势，因而也就是意识中的次要部分相对于首要部分的优势，在某些得天独厚之人的身上能够发展至这样的程度：在认知意识得到最大提升的时刻，意识中的次要成分或说认知部分，就完全摆脱了意欲部分，从而自主地投入到自主自由的、亦即并不是由意欲刺激起来的、因而不再是为意欲服务的活动中去。这样，意识中的认知部分就变得纯粹客观，成为反映这一世界的一面清晰镜子，由此就产生了天才的观念和想法——对这些的论述，则见之于《作为意欲和表象的世界》第三篇[2]。

3

如果我们循着动物的等级逐级往下考察，就可看到智力越来越微弱和欠缺完美，但却丝毫不曾发现意欲也在相应地减弱。其实，意欲无论在哪里都维持着自己的同一本质，其表现出来就是对生命的强烈执着、对个体和种属的关心照料、利己主义、对其他的一切都不加考虑和顾及、以及由此所生发的种种情感。即使在最小的昆虫那里，意欲仍然完整地存在：它意欲着它要意欲的东西，其坚决和彻底一如我们人类。这当中的差别只在于所意欲的东西，亦即只在于动因，但这些却是智力的事情。当然，智力作为次要的成分和与身体器官紧密相连，在完美方面有着无数的等级；总起来看，智力本质上是有局限的和不完美的。相比之下，意欲，作为原初和自在之物，却永远不会不完美；每一意欲的行为都是完全、彻底的。由于意欲作为自在之物、作为现象界中形而上的东西所具有的简朴性，意欲的本质是没有等级之分的，而是永远就是意欲本身。只有意欲的兴奋、激动才有程度之分：从最微弱的偏好一直到狂热的激情；还有就是意欲的可刺激性，亦即其激烈，从麻木不仁的脾性一直到暴躁易怒。相比之下，智力不仅有兴奋的程度之分，从浑浑噩噩一直到快速变化的念头和突发灵感，而且还有本质上的、其完美程度上的差别。据此，智力从最低等的、只是模糊地察觉事物的动物开始，逐级往上递增一直到达人的级别；到了人的级别以后，又从愚蠢之人一直达到天才。唯独意欲无论在哪里都完全是意欲自身。这是因为它的功能至为简单：它不外乎就是处于意欲着或者没有意欲着的状态，它的运作至为容易、不费吹灰之力，也毋需经过一番练习。而认知却有着许多复杂多样的功能，并且，认知活动是从来不会完全不费力气的，因为集中注意力、清晰辨别客体事物都是需要一番努力的，而更高一级的思考活动则更是如此。因此，智力可以通过练习和训练得到很大的改进。如果智力向意欲映照出某些简单的直观之物，意欲马上就可以表示可以接受抑或不可以接受。甚至当智力耗费精神地苦思冥想，从众多素材中几经艰难的组合终于得到了一个似乎最符合意欲利益的结果，意欲还是可以马上做出反应。在智力工作期间，意欲却无所事事地休息着。直到智力把所要求的结果拿出来以后，意欲才像在接待大厅里坐下来的苏丹[3]一样，说出它那单调的接受或者不接受。当然，就其程度而言，那接受或者不接受会有所差别，但在本质上，就总是接受或者不接受而已。

如果我们观察一下意欲和智力在我们自己的内在如何奇特地相互影响和作用，并且在具体个别事例中，那在智力中出现的图像和思想是如何把意欲活动起来，这两者的角色又是如何截然分开、泾渭分明，那么，意欲和智力根本不同的本质就会变得更加清楚了：前者本质上是朴素和原初的，后者则具有复杂和从属的性质。在强烈刺激起意欲的真实事件中，我们就已经可以观察到这一点，而这些本身首先就只是智力的对象而已。不过，一来由于在这种情况下，就这样的真实事情首先只存在于智力之中这一点，并不是那么的明显；二来事情的变化通常都没有那么快速，以致可以让我们对整个过程轻易地一目了然，并以此方式明白其中的真相。如果我们听任其作用于意欲的都只是念头和想法而已，那上述两者就都可以弄清楚了。例如，在我们单独一人思考自己的个人事情的时候，当我们逼真、生动地想象着例如某一在现实中真实存在的威胁以及可能会有的不幸结果，那恐惧就会马上紧紧揪住我们的心，血管里的血液也停滞不畅了。但现在如果智力想到出现与此相反的结果的可能，并且任由想象力描画出由此就可获得的、期盼已久的幸福，那所有的脉搏马上就会高兴地跳动起来，心也会感觉像羽毛般的轻盈——直到智力从其梦中醒来。如果这时由于某一原因，我们回忆起在很久以前自己曾遭受过的侮辱或者伤害，那愤怒和怨恨就会马上在本来是平静的胸中奔腾。然后，又由于受到偶然的刺激，我们的脑子里出现了那失去已久的恋人的图像，以及与此相关的整段爱情和个别温馨的情景，那原先的愤怒就马上让位给深深的渴望和忧伤。最后，当我们突然想起了以前发生的某件令人羞愧的事情，我们就会面红耳赤，整个人都瘪了，恨不得钻进地底里，并且还经常会通过大声地喊叫，以强行分散和引开自己的注意力，就好像是要吓走那幽灵、恶鬼似的。我们看到智力奏响了乐曲，意欲就得跟着跳起舞步。的确，智力使意欲扮演了小孩的角色：小孩的保姆随心所欲地变换着胡扯一些让人高兴的或者让人伤心的事情，小孩也就被引进了极为不同的心境。这是因为意欲就其自身是没有认识力的，而与其结伴的理解力却又不带意欲。所以，意欲就像是能够被驱动起来的物体，而理解力就像是驱动这一物体活动起来的原因，因为理解力是动因的媒介。尽管所有这些，即虽然当意欲允许智力支配它的时候，是会受到智力的随意玩弄，正如我已经表明了的，但在意欲一旦明确让人感觉到是意欲最终说了算时，那意欲所占据的主导地位则又是相当清楚的事情：这就是当意欲禁止智力显现某些表象，不让某些联想、思路在头脑中出现的时候；因为意欲知道，亦即透过那同一智力体验到这某些的表象会引起上述的意欲活动，所以，意欲现在就管束智力，强迫智力转移到别的事情上去。尽管这经常很难做到，但一旦意欲对此是认真的，那事情就肯定成功，因为在这方面的阻力不是来自智力——智力始终是抱着一副无所谓的态度——而是出自意欲本身：意欲一方面厌恶一个表象，另一方面却又喜欢它。也就是说，某一表象就其自身相当有趣，因为这表象能使意欲兴奋起来，但与此同时，抽象的认识却又告诉意欲：这一表象会使意欲承受无谓的痛苦，或者经受无价值的动荡不安。意欲现在也就根据这认识而做出决定，并强迫智力服从。人们把这种情形称为"成为自己的主人"[4]——在此，很明显，主人就是意欲，仆人就是智力，因为意欲最终总是掌握着发号施令权，因此构成了人的真正内核和自在本质。在这一方面，"主导性的本原"[5]这一名称可以恰如其分地形容意欲；这名称却又似乎适宜形容智力——只要智力是指引方向的向导，就像走在客人前面引路的下人。但事实上，描述意欲与智力相互间关系的一个至为形象的比喻就是：一个瞎眼的壮汉，背着一个眼睛能见但却是跛足的人。

在此所描述的意欲与智力的关系还可以从这一点看得出来：智力对于意欲的决定在开始的时候是完全不知道的。智力为意欲提供了动因，但这些动因是如何发挥作用，却只是在后来、是全然后验地为智力所了解；这就好比做化学实验的人把试剂混合了以后，就静待着结果。事实上，对自身意欲的真正决心和在秘密决定，智力是置身局外的，以致有时候只能像要了解一个陌生人的事情那样，采用偷窥和出其不意的方式才可以了解意欲的决心和决定；并且，必须是在意欲正在表达自己的当下被抓住，才可以发现意欲的真正目的和打算。例如，我已经拟定了一套计划，但对这一计划仍存有某些的顾虑；在另一方面，能否实施这一计划完全是个未知数，因为一切都得取决于现在仍然是不确定的外在情势。因此，无论怎么样，现在还没有必要就此计划做出最终决定。所以，我就暂时把这整件事情搁置了起来。通常，我并不知道自己私下里其实已经无法放弃这一计划，并且，自己正期望实施这一计划，不管它什么道德不道德；也就是说，我的智力对此真相并不知情。但一旦传来有利于实施这一计划的消息，我的内心马上就感到阵阵按捺不住的喜悦——它传遍全身，并持续地挥之不去。这一切都让我感到惊奇不已。这是因为直到现在，我的智力才知悉我的意欲其实早已牢牢地抓住了这一计划，因为这一计划完全合乎它的心意；但在此之前，我的智力仍以为自己是否愿意实施这一计划完全是悬而未决的，自己也很难克服那些道德顾虑。或者，在另一个例子里，我相当热心地向他人应承了一个我认为相当合乎自己愿望的双方义务。随着事情的发展，我感到了种种的不利和困难，我怀疑自己甚至是后悔当初那么热心应承了这件事情。不过，我向自己拍胸口打消这种怀疑：就算我没有受到承诺的约束，我仍会继续履行这一义务。但在这时候，对方出人意料地解除了我的义务。我诧异地发现自己顿时感到如释重负和万分高兴。我们经常不知道自己渴望什么或者害怕什么。我们可以积年抱着某种愿望，却又不肯向自己承认，甚至让其进入清晰的意识里面，因为不要智力知道这些事情，否则，我们对自己的良好看法就会因此不可避免地受到损害。但一旦愿望达成，我们就从自己所感受到的快乐了解到——并且不无羞愧地——这些原来就是我们一直以来所愿望的，例如，我们的一个近亲死了，而我们是他的财产的继承人。对于自己真正害怕的东西，我们有时候是不清楚的，因为我们欠缺勇气把这样的事情引入清晰的意识之中。更有甚者，我们对于驱使自己做出这样的事情和不做那样的事情的真实动因的判断也经常是完全错误的，直至最终某一偶然的机会让我们发现了秘密，我们才知道真实的动因并不是如我们所认为的那一个，而是另外别的——我们一直不愿向自己承认这一真实动因，因为它与我们对自己的良好看法一点都不相匹配。例如，我们想象自己没有做出某件事情是出于纯粹道德上的理由，但事后我们才了解到其实是恐惧制止了我们，因为一旦解除了任何危险，我们就马上做出这样的事情了。在某些个别的例子里，一个人甚至可以是无法猜出自己行为的动因，甚至认为自己不会受到某一动因的驱动——但这的确就是他那行为的真实动因。顺便说上一句，所有这些都证实和说明了拉罗什福科发现的这一规律：

　　自尊心比世界上最为聪明的人还要聪明

并的确就是对刻在狄菲的阿波罗神庙上的"认识你自己"及其困难的注脚。但如果，就像所有哲学家所错误以为的那样，智力构成了我们的真正内在的本质，意欲的决定就只是认识力的结果，那么，那个被我们误以为驱动我们行为的动因，才必然决定了我们的道德价值；这类似于是我们的目的，而不是结果，决定了我们的道德价值一样。不过，这样一来，臆想中的动机与真实的动机就不可能有差别了。所以，在这里描述的所有例子，以及每一个细心留意的人都可以在自身观察到的类似情况，都让我们看到智力对于意欲的所做所为并不知情，以致智力有时候被意欲愚弄了。这是因为虽然智力为意欲提供了动因，但智力却无法深入意欲做出决定的秘密作坊。智力虽然是意欲的贴心密友，但这一贴心密友可不是对什么事情都知道得一清二楚。这里有一个事实可以证实这一说法，几乎每一个人都可以在某个时候有机会在自己身上观察到这样的情形：有时候，智力并不太相信意欲。也就是说，当我们做出了某一重要和大胆的决定时，那只是意欲对智力做出了一个承诺而已。我们的内心仍经常保留着一丝不肯坦率承认出来的疑问：这样的决定是否当真，在执行这一决定时，我们是否会犹豫、退缩，抑或能够坚定不渝、贯彻始终？因此，只有在做出具体的行为以后，我们才可以确信自己做出的这一决定是出于真心实意的。

所有这些事实都证明了意欲是完全有别于智力的，意欲占据着主导的地位，智力则处于从属的位置。

4

智力会疲倦，意欲却是不会疲倦的。在持续的脑力劳动以后，我们的头脑会感到疲惫，正如从事不间断的体力活动以后，我们的手臂会感觉疲惫一样。一切认知活动都与努力、消耗相关联。相比之下，意欲活动却是我们自身的本质，其外现是完全自发、自动的，不费吹灰之力。因此，如果我们的意欲受到强烈的刺激，亦即处于愤怒、恐惧、欲望、悲哀等情感之中，而此时被要求进行认知活动的话——这或许是为了校正引发这些情感的动因——那我们就不得不极力克制自己。这就证明了：我们现在是从一种原初的、自然的和自身固有的活动过渡到一种派生的、间接的和强迫性的活动。这是因为只有意欲才是"自我发动"并因此是"不会疲倦和永远不老"。只有意欲才不需召唤就能活动起来，因此经常会是太早和太过，也从来不知疲倦。婴儿还不曾显现出智力的最初点滴痕迹，但他们已经是充满着自我意欲：透过那些无法控制的、毫无目的的哭喊、号叫，婴儿展现了满溢的意欲冲动，而在这时候，婴儿的意欲活动还没有找到目标呢，亦即他们在意欲着，但却又不知道他们意欲的是什么。加班尼[6]所说的正好表达了这里所说的意思：

> 婴儿的激情快速转换变化，并且不加掩饰地展现在婴儿活动的脸上。这时，他们手臂、小腿的弱小肌肉还不大能够进行一些不确切的运动，但他们脸上的肌肉已经可以通过明确的活动表达出人性所固有的一系列普遍感情。细心的观察者可以在这幅脸部图轻而易举地看出这个人将来的基本性格特征。
>
> ——《身体与精神的关系》，第 1 卷，第 123 页

相比之下，智力则发育缓慢，尾随着脑髓的发育完成和人的整个机体的成熟之后，因为这些是智力的条件，也恰恰是因为智力只是身体的一种功能而已。正因为在 7 岁的时候，小孩的脑髓已经达到其最大体积，所以，过了这个年龄的孩子变得特别聪明、好奇和理性。但在这之后就到了青春期：这在某种程度上给予脑髓某种支持，或者说，一个乐器的共鸣板，并一下子就把智力提高了一大级，就好比是提高了八度音；而与此相应地，人的声音这时则下降了同样的八度音。但与

此同时，现在出现的动物性欲望和激情就开始对抗那到目前为止占据着优势的明智和理性，并且前者仍在不断地增加。说明意欲永不疲倦的另一证据就是这一或多或少为人的本性所固有的缺点：鲁莽。这一缺点也只有经过训练才可以克服。鲁莽其实就是意欲没到时候就已匆忙行事。也就是说，这些纯粹的行动与实施，应该是在检查、思考，亦即在认知部分彻底完成其份内工作的时候才可以开始。不过，人们很少真能等到这个时候。当认识力还只是粗略地把握和匆忙地收集一些关于我们面临的处境、刚刚发生的事件，或者传到我们耳朵的某人的看法等素材的时候，那迫不及待、永不疲倦的意欲就已经从我们的内在深处抢出前台，现身为恐惧、害怕、希望、高兴、欲望、嫉妒、悲哀、热情、气愤、狂怒等，并导致失言和盲动。后悔通常就会接踵而至，因为时间随后会告诉我们：定夺这桩事情的责任人，即我们的智力，还没来得及完成一半的任务，即了解当时的情况、理清事情的关联和决定什么才是适宜做的事情，因为意欲已经等不及了：时机远没成熟它就一边嚷着："该轮到我了!"一边跳跃而出；智力还没来得及反对，意欲就已经投入了行动。智力只是意欲的奴仆，它不像意欲那样以一己之力和冲动就能活动起来。因此，智力被意欲轻易地撺到了一边，一个眼神就让智力闭上了嘴巴。而在智力方面，尽管智力费尽全力，也无法让意欲哪怕是短暂停顿一会儿，以便及时进献一言。这解释了为何只有极少数人——而且几乎就只是西班牙人、土耳其人，或许还有英国人——才能够在极有挑衅性的情境下，仍保持头脑清醒，继续了解和检查事情的原委；在其他人已经失去理智的时候，仍然"con mucho sosiego"[7]，继续提出问题。这一点与许多法国人和荷兰人的那种基于麻木不仁的泰然自若和心安理得是完全不一样的。伊夫兰曾经把这一为人称道的素质表演得淋漓尽致。他扮演了一个哥萨克首领；当叛乱者引诱他进入了他们的营帐时，叛乱者把长枪对准了这一首领的脑壳，并暗示如果他喊叫，他们马上就会开枪。伊夫兰对着枪孔向里面吹了一口气，以察看枪支是否装上了子弹。所有烦扰我们的事情，只要我们彻底明白这些事情发生的原因，并因此认清其发生的必然性和这些事情的真实性质——那么，这些事情十占其九就再也不会烦扰我们了。能够更常做到这一点，我们就必须先要把这些事情当作思索、玩味的对象，而不是带给我们烦躁、不安的东西。这是因为缰绳、嚼子之于野性难驯的高头大马就等于人的智力之于意欲。意欲必须透过这一缰绳、通过教育、劝告、训练等方式受到引导，因为就其自身而言，意欲是一种狂野、激烈的冲动，一如在飞流直下的瀑布那里所展现的力；的确，正如我们所知道的，我们自身的意欲与瀑布所展现的力归根到底是同一的。到了盛怒、狂喜、绝望等时刻，意欲紧紧地咬住嚼子，撒腿狂奔，放纵任随自己原初的本性。而在咆哮、发狂但又神智尚存的时候，意欲则完全挣脱了嚼子和缰绳，把原初的性子暴露无遗，并显示出智力与这种意欲根本不是同一码事，就犹如缰绳、嚼子不可以等同于烈马一样。我们也可以把处于这种状态的意欲比作一个松了某一螺钉的钟——它现在不得不一直不停地走至发条松弛下来为止。

所以，我们的这一番考察也向我们显示：意欲是原初的和因此是形而上的，而智力则是从属的和有形的。这是因为智力作为有形的东西也就和所有的有形事物一样，受制于惯性，因此也就是只有在受到别样的东西、受到意欲的驱动以后才会活动起来；而意欲则控制着智力，指引它并刺激它做出更大的努力——一句话，意欲给予了智力某种智力本来并不具备的活动。因此，只要获得允许，智力就宁愿休息，经常是懒散和不想活动的。在持续用功以后，智力就会变得全然麻木、迟钝，就会像经过反复电击的伏打电堆一样被耗尽。所以，每一次连续不间断的精神活动都需要得到休息和放松，否则，智力就会迟钝、无法工作。当然，这些在开始时只是暂时的，但如果智力持续得不到休息，过度地和不间断地紧张、劳累，那后果就是智力持久性的迟钝，并且到了老年，这一智力迟钝就会演变成完全丧失思维能力、孩子气、痴呆和疯癫。在生命中最后的年月出现这些毛病，是不能归因于老年本身的，而是因为长时间不间断地过度强迫和消耗智力或者脑子所致。由此可以解释为何斯威夫特发疯、康德变得孩子气、华尔特·司各特爵士，还有华兹华斯、修特和其他许多没有那么著名的诗人最终变得呆滞和丧失思维能力。歌德到最后仍保持着清晰、活跃和敏捷的头脑，因为他始终是一位老于世故的人和宫廷大臣，从来没有强迫自己从事脑力劳作。魏兰和享年 91 岁的涅布尔，还有伏尔泰，也是同样的情形。所有这些都表明了智力是从属的和物质性的，它不过就是一个工具罢了。为此原因，它需要在其一生中几乎三分之一的时间里完全中断工作，进入睡眠，即脑髓休息，而智力不过就是脑髓的功能而已，脑髓因此是先于这一功能的，就好比胃部是先于消化功能，或者物体先于物体的碰撞一样。到了老年，智力会随着脑髓一道衰竭。相比之下，意欲作为自在之物却永远不会迟钝、懒散，是绝对地不知疲倦，其活动就是其本质；意欲从来不会停止欲求，就算是在熟睡的时候，意欲被智力抛弃了，因而无法根据动因向外活动，意欲作为生命力也在活动，在更少被打扰的情况下照料着机体的内在状况，并且作为"大自然的治愈力"，把机体内出现了的紊乱重新整理有序。因为意欲并不像智力那样，是身体的某一功能，相反，这个身体是意欲的功能，所以，根据事物的次序，意欲是先于这一身体，是这一身体形而上的基础，是身体这一现象的自在部分。在生命持续存在期间，意欲把永不疲倦的特性传送给了心脏——这是机体中的原动力——而心脏因此成为了意欲的象征和同义词。此外，意欲不会到了老年就消失，而是继续着它一直以来的欲求。事实上，到了老年，它比起年轻的时候变得更加难以妥协、固执任性和难以驾驭，因为智力已经不灵敏、不容易受到影响了。这样，我们也就只能利用他智力的弱点来对付他。

假如智力不是某一从属的、附加的、偶然的和只是工具性的东西，而是像所有哲学家所假设的那样，是所谓灵魂——或者内在的人——的直接和原初的本质，那智力普遍的弱点和不足，亦即在大多数人那里所暴露出来的缺乏判断力、头脑狭隘、思想虚妄和反常，就会完全无法解释了。这是因为原初的本质在发挥其直接的和固有的功能时为何如此频繁地出现差错和力不胜任？那在人的意识中真正原初的东西，那意欲活动，却总是充分、彻底地进行：每一生物都在不间歇地、有力地和断然地欲求着。把意欲里面的不道德成分视为意欲有所不足是一个根本性的错误观点。其实，道德的源头本来就是超出了大自然的范围，因此，道德是与大自然的证词是互相矛盾的。也正因为这样，道德是与大自然的意欲直接对立的，后者就其自身而言是绝对自我的；确实，遵循道德之路就会导致对意欲的取消。关于这一问题，读者可参阅《作为意欲和表象的世界》第4篇和我的论文《论道德的基础》。

5

意欲是构成人的真正和基本的部分，而智力只是从属的、有条件的和派生的——这一点也可由此看得出来：只要意欲安静、暂停下来，智力才可以纯粹和正确地发挥功能；而意欲每次明显的兴奋都会扰乱智力的功能，智力获得的成果就会由于意欲的干扰而歪曲。与此相反的说法，即智力以相似的方式妨碍了意欲的活动，则是不成立的。当太阳在天空照耀时，月亮无法产生出效果；但月亮在天空时，却无碍太阳的光辉。

严重的惊吓经常会使我们失去知觉、意识，我们甚至会呆若木鸡，或者做出最颠倒、最反常的事情。例如，当火灾发生时，我们竟然径直跑进大火中去。愤怒使我们不清楚自己做了些什么事情，更加不知道说了些什么话。狂热让我们无法认真斟酌别人的推论，甚至无法整理和筛选自己的思想；狂热也就因此被称为盲目的。欢乐使我们忘乎所以和冒失放肆，欲望也发挥了几乎同样的作用。恐惧妨碍我们看到和采取可行的、并且通常近在咫尺的解救手段。因此，沉着冷静、保持理智就成了应付突如其来的危险，和战胜对手、敌人的最关键的能力保证。沉着冷静意味着意欲安静下来，这样，智力才可以发挥作用；保持理智就是在意欲受到事件的作用压力下，智力仍然能够不受打扰地工作。因此，沉着冷静是保持理智的条件，两者是密切相关的，是很少有的，有也只是相对而言的。但这两者却是难以估量的优势，因为这就使我们恰恰在最需要智力的时候得以运用智力。这样，我们也就获得了决定性的优势。谁要是缺乏这两种能力，那就只有在机会走了以后才知道当初应该做些什么和说些什么。对于那些陷入情绪之中，亦即意欲受到了强烈的刺激、智力因而无法纯粹发挥其功能的人，把他们形容为"entrusten"[8] 是非常准确的，因为正确认识当时处境、情势是在我们与人、事作斗争中的盾和矛。巴尔塔扎尔·格拉西安的话就表达了这一层意思："激情是精明的大敌"。假如智力不是完全有别于意欲，而是认知与意欲活动从根本上就是同一样的东西，就像人们此前所认为的那样，都同样是某一绝对简单的生物的原初的功能，那随着意欲的兴奋和加强——激情、冲动就在于此——智力就会必然得到了加强。不过，正如我们已经看到的，智力反倒是因此而受到了抑制和阻碍。也正因为这样，古人把情感称为"起干扰作用的东西"。的确，智力就好比镜子一般的水面，而水本身就是意欲，其动荡马上就会破坏纯粹的水镜及其映照出来的清晰影像。机体就是意欲本身，是现形为肉（物）体、亦即在脑子里面客观察看到的意欲。所以，机体的许多功能，诸如呼吸、血液循环、胆汁分泌及肌肉力量等都通过欢乐和总体健壮的激情而加快和增加。而智力却是脑髓的一种功能，而脑髓又是寄生物一样地依靠机体的滋养和维持。因此，意欲的每一不安和紊乱，以及连带着的机体的不安和紊乱，必然会扰乱或者瘫痪脑髓的功能，因为脑髓的功能自为地存在，除了获得休息和营养以外，别无其他需求。

　　但意欲活动对于智力的这种干扰影响不仅见之于激情所带来的扰乱，而且也反映在我们的思想因为我们的倾向的缘故所遭受的许多其他的、逐渐的、因此是维持更持久的歪曲和篡改上面。希望把我们渴望的东西、恐惧则把我们担忧的东西都同样视为很有可能发生，并且很快就会发生；这两者都把其对象放大了。柏拉图（根据艾利安的《各种历史》，13，28）相当美妙地把希望称为醒着的人所做的梦。希望的实质就是：当意欲的仆人，智力，无法向意欲提供意欲所想要的东西时，意欲就强迫智力充当安慰者的角色，起码把这想要的东西向意欲映照出来，以童话故事逗哄主人，就像保姆对待小孩子那样；智力必须把这些童话故事精心修饰，务求惟妙惟肖。在这过程中，智力肯定要做出有违自己探索真理的本性的事情，不得不违犯自己的法则，把一些既不真实又不大可能发生、经常是不可能的事情视为真实，目的只是安慰、平息和暂时打发这不安、难驯的意欲小憩一会儿。在此，我们可以看得清清楚楚到底谁是主人，谁是仆人了。的确，很多人或许已经留意过：假如一件对他们来说相当重要的事情会有多种的结局，现在人们要全盘考虑这些，然后做出一个自己认为是完整、充分的选言判断，那事情最终的结局却往往完全有别于人们的判断，并完全出乎人们的意料。不过，人们可能不会注意到：这件事情的最终结局几乎总是对他们至为不利的。对此现象的解释就是：当人们的智力误以为在全面审视各种可能性的时候，那最糟糕的、有可能出现的结局却被视而不见，因为意欲就好比用手把它捂住了，亦即控制住智力，使智力无法目睹最坏结局的面目——尽管出现这一结局是最有可能的事情，因为这一结局的确出现了。不过，对于那些情绪明显忧郁的，或者有过类似经历并因而变聪明了的人，情形就确实刚好相反，因为现在忧虑接替了在这之前的情形希望所扮演的角色。乍一看到危险存在的假象，他们就会陷入毫无来由的焦虑不安之中。如果智力开始探究事情的真相，他们会对其加以拒绝，认为智力根本就没有这样的能力，智力只是花言巧语的诡辩论者而已，因为唯一相信的只是我们的心，其胆怯、犹豫现在就直接成了危险存在以及危险程度的理由。我们根本不允许智力去寻找充足的反驳理由；但如果智力可以自主的话，很快就会找到它们。意欲勒令智力马上向我们勾画出至为不幸的结局，甚至在智力无法把这一结局想象为可能的时候：

> 我们认为是假的东西，是我们真正害怕的；
> 因为最坏的事情总是最接近真实。
>
> ——拜伦：《拉莱》，第 1 节

爱和恨完全歪曲了我们的判断：在我们敌人的身上，我们看见的除了缺点以外别无其他；在我们喜爱的人的身上，我们看到的则只是优点和长处，甚至他们的缺陷在我们的眼里也是可爱的。我们拥有的优势，不管这优势是什么，也会对我们的判断产生类似的秘密影响：与这些优势相一致的东西马上就变得公平、正义和合乎理智；与此相抵触的一切，无论我们如何严肃、认真地审视它们，都仍然显得有违公正、令人讨厌，或者不明智和荒唐。正因为这样，才出现了这许许多多由社会阶层、职业、民族、宗教、政治派别所带来的偏见。一个认定了的假设会给予我们猞猁一样的眼睛，去抓住一切能够证实这一假设的东西，却让我们视而不见一切与这一假设互相矛盾的东西。凡是与我们的政党、我们的计划、我们的愿望、我们的希望相对立的东西，我们经常都根本不能理解和明白，而这些对于所有其他人来说都是最清楚不过的事情；但对我们的上述有利的一切，从老远就会跳进我们的眼睛。有违于心的事情不会获得脑的允许。在我们的一生中，我们死死抓住许多的错误不放，提防着从来不让自己检查其理据，完全就是因为某种我们自己并不曾意识到的害怕：害怕发现自己长期以来一直相信和断言的东西其实是错误的。因此，我们的智力每天都被我们的倾向所耍弄的把戏愚弄和收买。培根的这些话很美妙地表达了这意思：

　　智力并不是不需燃油的灯，而是从意愿和激情那里得到燃料；而这产生了符合我们愿望的认识，因为我们最喜欢相信自己所愿意的情形。激情影响和左右着智力，其方式层出不穷，有时是难以察觉的。

——《新工具》，1，14

很明显，正是这一道理促使人们反对科学中出现的一切新的基本观点和针对任何获得了认可的谬误的批驳，因为没有人会愿意看到这样观点和批驳是正确的：那会证明自己欠缺思想到了令人难以置信的地步。只能由此解释为何歌德的颜色学说——它是那样的清晰、简明——仍然被物理学家们所矢口否认。因此，甚至歌德也得亲身体验这一点：允诺给人以教益的人比保证提供消遣、娱乐的人，处境不知要艰难多少倍；所以，生来要成为文学家的人比天生要成为哲学家的人幸运得多。在另一方面，越是顽固地坚持错误，那随后证明这错误的证据就会越加让人羞愧。面对一个被推翻了的体系，就如同面对兵败如山倒的部队一样，最先逃离的人就是最精明的人。

说明意欲对智力的那种神秘和直接控制的，是这样一个微小和可笑、但却相当鲜明的例子：在算账时，我们出现的差错更多是对自己有利，而非不利，并且这里面确实没有丁点不诚实的企图，这只是我们出于无意识的减少欠钱、增加结存的倾向所使然。

最后，这一事实也与我们讨论的事情有关：当给予别人建议的时候，给建议的人的一点点目的和打算通常都会占得上风——哪怕这个人对这事情极具认识。所以，当我们怀疑他的目的牵涉在里面时，我们就不可以认定他说的话是从其认识出发。在希望贿赂我们，或者恐惧愚弄我们，猜疑折磨我们，虚荣心恭维我们，或者，某一假设蒙蔽和迷惑了我们，又或者，近在眼前的小目标损害了那更大、但却距离较远的目标——在所有这些时候，我们经常都欺骗自己。考虑到这一点，那么，一旦一个人的利益牵涉其中，我们还能够期望这一个人，能够给予我们多少百分百的真诚——尽管他平时是多么的诚实、正直——这我们就可以得出自己的判断了，因为在这些例子里，我们看到了意欲对认知施加的直接的和无意识的不利影响。据此，在征求别人的意见时，如果别人的意欲直接就口授了答复——甚至这一问题还未经其判断思考力——那我们不应对此感到惊讶。

在此我想简单表明这一点——这一问题将在另一篇[9]详细讨论：最完美的认识，因而也就是对这个世界的纯粹客观、亦即天才的理解，就是以意欲的深度沉默为条件；只要意欲能够保持沉默，那个体性甚至也会从意识中消失，剩下的就是纯粹的认识主体，那就是理念的对应物。

由以上现象证明了的意欲对智力所产生的干扰影响，以及相比之下智力的势单力弱——因为这一原因，一旦意欲以某种方式活动起来，智力就无法正确地运作——为我们提供了多一重的证据：意欲是构成我们本质的根本部分，是以原初之力发挥作用；而智力则作为外加的、并且是有不少前提条件的东西只能发挥其从属和有条件的作用。

与我所阐述的意欲对认识力的干扰和蒙蔽相对应的认识力对意欲的直接干扰却是不存在的；我们确实无法对这种事情有一概念。没有人会搬出被错误理解了的动因误导了意欲这一点，因为这只是智力在发挥功能时出了差错，这一差错纯粹是在智力的地盘犯下的，并且这一差错对意欲的影响也完全是间接的。如果把犹豫不决归之于智力的影响，那还可信一些，因为在犹豫不决的情形里，由于智力把矛盾的动因呈现给了意欲，所以，意欲举棋不定，亦即受到了阻碍。不过，只需仔细考察一下，就可相当清楚地看出：阻碍意欲活动的原因并不在于诸如此类的智力活动，而完全只在于通过智力活动所找到的外在对象物。这些对象物与在此产生了兴趣的意欲刚好处于这样的一种关系：它们以相同的力度把意欲引向不同的方向。这一真正的原因只是经由智力——这一动因的媒介——发挥了作用；当然，前提是智力足够敏锐以精确把握这些对象物极其复杂的关系。欠缺果断作为一种性格特征既以意欲素质，也以智力素质为条件。而那些思维相当狭窄的人当然就不会有这一性格特征，因为这些人微弱的理解力一来无法让他们在事物中发现如此复杂的内涵和关系，二来他们也无力琢磨和思考这些事情，并因此考虑接下来每走一步都将带来的后果。所以，这种人宁愿根据自己的第一印象，或者遵照一些简单的行为准则马上做出决定。但对于具有相当理解力的人来说，情形则刚好相反。如果这种人还为自己的安乐预先考虑周详，亦即有着相当敏感的自我，绝对不想吃亏，时时处处都能安全无恙，那么，这种人每走一步都会战兢不安，并由此导致欠缺果断。所以，这一特质完全没有表明这个人缺乏理解力，而只是表明这个人欠缺勇气而已。但具有非常出色头脑的人却能快捷和确切地综观事情的关系及其可能的演变；如果这种人还能有一定的勇气作其后盾，那他们就能达到果断、坚毅。这样，他们就有能力在处理世事中发挥一个重要的角色，只要时、势能给他们提供机会。

意欲会遭受来自智力的唯一明显的和直接的阻碍，确实就是某种例外，是由于智力得到了异乎寻常的优势发展的结果，因而也就是获得了被称为天才的高度禀赋的结果。也就是说，这样的智力禀赋明显妨碍了性格能量和行动力。因此，历史性的人物并不是真正伟大的思想者，因为有能力驾驭人类大众的历史性人物是与世事作斗争的。思想能力逊色许多、但却非常坚毅、果断、具不屈不挠的意志的人，反而更加适合处理世俗事务；而这些素质却根本不会出现在具极高智力的人身上。由此，具备了高度的智力就确实会出现智力直接阻碍了意欲的情形。

6

　　与上述意欲阻碍了智力恰成对照，我现在想透过几个例子表明：智力的功能有时会是反过来，会因为意欲的推动和督促而得到加强。这样，也可从这些例子让我们认清意欲是首要的，而智力则是次要的；同样清楚的，就是智力是意欲的工具。

　　某一强有力的动因，诸如深切的渴望或者迫切的需要，有时会把智力提升至某一程度，是我们在这之前不会相信的。艰难的处境迫使我们不得不有所做为，会在我们身上发展出全新的才能，而这些才能的种子一直潜藏在我们的身上，我们也不敢相信自己能够展现出这些才能。哪怕是一个最蠢的人，只要涉及了他的意欲所密切关心的东西，那他的理解力也会敏锐起来：现在，他就会相当细腻地察觉、注意和区分那些与他的欲望或者恐惧搭上关系的、哪怕是至为微小琐碎的情形。人们经常在一些半弱智的人身上发现一些令人吃惊的狡黠的地方，很大的原因就在这里。也正因为这样，《旧约·以赛亚书》说得很正确："困境出才智"——这一句话因此成了俗语。与这说法近似的还有这一句德国俗语，"困境是技艺[10]之母"，但优美艺术除外，因为艺术的作品，其内核，亦即思想，必须是出自于完全不带意欲的、只能由此方式获得的对事物纯客观的直观认识——假如这些是货真价实的艺术品的话。甚至动物的理解力也会由于困境而明显提升，以致在困难的情形里能够做出一些让我们诧异的事情。例如，几乎所有的动物在相信自己还没被敌人发现的时候，都算计到不撒腿逃跑更为安全。因此，野兔会纹丝不动地躺在垄沟里，让猎人紧靠着自己走了过去；如果昆虫无法逃脱的话，它们就会装死，等等。我们可以阅读法国动物学家勒罗伊的出色著作《关于动物智力及其提高之道的书信》。书里的第二封书信有专门的故事讲述野狼在处于欧洲的文明环境下，如何受困难所迫而进行自我训练。紧接着的第三封信描述了狐狸所具有的高超技能。在相同的困难处境下，狐狸比野狼的体力逊色许多，但它更高的理解力却弥补了体力的不足。不过，也只有通过长期与匮乏和危险作斗争，因而是处于意欲的刺激、鼓舞下，狐狸的理解力才能够达致狡猾的程度。年老的狐狸尤其显示出其狡猾。在智力得到加强的所有这些例子中，意欲扮演了策马超水平飞奔的骑士角色。

同样，我们的记忆在意欲的压力下，也会得到加强。哪怕这记忆力在平时比较薄弱，但对主要情欲有价值的一切东西，记忆力都会完美地保留下来。热恋中的情人不会忘掉任何有利的时机，雄心勃勃之人永远不会忘记利用对他的计划有利的情势，吝啬鬼对于曾经遭受的损失始终耿耿于怀，骄傲的人无法忘却对他名誉的损害，虚荣的人念念不忘人们赞扬自己的只言片语，以及获得的点滴嘉奖。记忆的这一特性同样表现在动物的身上：马会在很久以前曾经得到喂饲的客店停下脚步；狗会记得非常清楚获得美味骨头的时机、时间和地点；而狐狸则不会忘记它们储存赃物的各个隐秘地方。

只要检查一下自己，我们就有机会对这方面的情形作更仔细的观察。有时候，由于受到打扰或者中断的缘故，我们会把正在思考的事情、甚至是刚刚听到的消息忘记得一干二净。但如果这些事情与我们的切身利益有着某种哪怕是很遥远的关联，那些事情给意欲所造成的影响就总会留下回响和余音。也就是说，我会清楚意识到这件事情在多大程度上让我高兴或者不悦，以及以何种特别的方式发生，亦即这件事情是否让我受到委屈、使我不安、烦恼、悲哀，抑或引起了与这些相反的情绪——哪怕只是程度轻微。因此，在这事情本身对我来说消失了以后，它与我的意欲的关联仍然保留在我的记忆里，并经常再度成为让我回想起这一事件的引线。有时候，某个人的模样会以以此类似的方式留给我们印象，因为我们只是泛泛地记得与这个人打过交道，但具体何时、何处、所为何事，或者这个人到底是谁，我们就不大清楚了。不过这个人的模样仍然让我们相当精确地回想起我们当初跟这个人打交道时所引致的心情，不管这种心情让人高兴抑或使人不快，程度如何，具体的方式、过程是怎么样。也就是说，记忆只是保留了意欲的赞许或者不满而已，而不是它所召唤出来的东西。或许我们可以把这些记忆的根基部分称为心的记忆；这种记忆比脑的记忆与我们更为密切。但从根本上，心的记忆和脑的记忆之间的关联是如此深远，如果我们深思这一问题，那我们就会得出这样的结论：记忆需要意欲基础作为联系点，或者更准确说线索，而记忆就由这一线索贯穿起来和牢固地黏附在一起；或者，意欲好比是一块基石：个别、零散的记忆就黏附在那上面，缺少了这一基石，那些记忆就无以为凭了；因此，我们无法想象一种只存在于纯粹的智力，亦即只存在于是认识着的和全然不带意欲的生物之中的记忆。据此，上述记忆经由刺激我们身上的主要情欲而得到加强的情形和所有一般记忆的运作是一样的，只不过前者的程度更高而已，因为记忆的基础和条件始终都是意欲。从所有这些讨论，我们可以清楚地看到：意欲和智力相比，前者和我们的关联更加内在和密切。下面这些事实也可以证实这一点。

智力经常会服从意欲，例如，如果我们想回忆起某样东西，稍作努力就能如愿；同样，当我们想认真、仔细地思考一些事情，我们都可以做得到。有时候，智力却拒绝服从意欲的命令，例如，我们费力地去回想某件事情，或向记忆索取我们曾交付给它保管的东西，但却毫无结果。在这些时候，意欲向智力发怒就把这两者间的关系，以及这两者的差别表现得相当的清楚。受到意欲怒气烦扰的智力会卖力地工作；有时候是在数小时以后，或者甚至是在第二天的早晨才出乎意料地、并且是在错误的时间，把所要的东西交出来。相比之下，意欲却是从来不会服从智力的，智力只是意欲这一皇帝的大臣顾问。它把各种各样的方案、意见呈献给意欲，而意欲则从中挑选出符合自己本性的方案——虽然意欲在这过程中也是被一种必然性所决定了的，因为意欲的本性是牢固、不可改变的，现在只不过出现了动因而已。这就是为什么不可能有一套伦理学可以改变和改进意欲本身。这是因为所有的教诲都只能对认知产生作用，而认知却永远不可以决定意欲本身，即意欲活动的根本特征；认知只能决定意欲在当前情形下的发挥而已。某一校正了的认识，只能在更加精确地向意欲显示和让意欲更加正确地判断其选择的、在其能及范围内的对象物的情况下，才可以修正意欲的行为。在认知的帮助下，意欲更加准确地量度自己与事物的关系，更加清楚地看到自己意欲的是什么，因而在选择时更少地受制于错误。对于意欲活动本身，对于意欲活动的主要倾向或者基本准则，智力却是无能为力的。相信认知真的和从根本上决定了意欲，就等于相信一个人晚上提着的灯笼就是这个人步子的原动力。一个人透过经验或者别人的告诫而得到了教诲，会看出自己性格的某一根本缺陷，并为之痛惜；他真心实意地打定主意去改进自己，消除这一性格弱点。但尽管如此，这一性格弱点仍然一有机会就充分展示出来。接下来就是重新的悔疚，重新的痛下决心洗心革面，和再一次的重蹈覆辙。如是三番五次以后，他就会意识到改变不了自己；这一弱点深藏于自己的本性和人格之中，并且的确是与这些浑然一体的。现在他反感并谴责自己的本性，他有一种痛苦的感觉——这种感觉或许会演变成良心的痛苦。但要改变这些他却又无能为力。在此我们清楚地看到谴责者与被谴责者明显有别。我们看到智力只是一种理论性的能力：它勾画和罗列出为人称道的、因而是值得追求的人生道路；意欲则是某样既成现实的、不可更改的东西，不顾智力勾画出的蓝图而仍然走上一条截然不同的道路。然后，我们又看到智力在意欲后面跟着，嘴里在毫无用处地抱怨着意欲的本性。正是通过这些忧郁、苦恼，智力又和意欲合为一体了。在此，意欲和智力的差别可谓泾渭分明。意欲显现为力量更强、无法制服、不可改变，是原始的成分，与此同时也是基本的成分，是一切的依凭和基础；而智力只能为意欲的缺陷而叹息，正确的认识——这是智力自己的功能——也不会带来安慰。所以，智力显现出了完全是从属的性质。也就是说，智力时而是意欲行为的旁观者，对于这些给予一些无关痛痒的赞语或责备；时而又受着外在的左右，因为获得经验教训以后，它又制定和改变行为的准则。读者在《附录和补遗》（第 2 卷，118）可找到对此论题的专门讲解。与此相应，我们比较一下人生不同阶段的思维方式，那所呈现出来的就是某些持久不变的部分加上某些不断改变的部分而组成的奇特混合体。在一方面，一个中年人或者老年人的道德倾向与其孩提时是一样的；但在另一方面，很多事情却已经变得面目全非——他简直无法认出自己；他会觉得奇怪自己曾经做出这样的事，或者说过那样的话。在生命的前半部分通常是今天取笑、甚至鄙视昨天；到了生命的后半部分，今天却越来越带着羡慕回眸昨天。仔细检查一下，我们就会发现那可改变的部分就是智力及其认知功能。这些每天都从外在世界吸收新鲜材料，呈现给我们的是一个不断变化着的思想系统；而且，这智力功能本身是随着机体的成长和衰退而一同提高和下降。相比之下，这机体的基础，意欲，却证明了就是意识中的不变成分，亦即喜好、激情、情感、性格。不过，我们却必须考虑到随着身体的享受能力、因此也就是随着年龄而做出的相应修正。例如，对感官乐趣的强烈愿望在少年时表现为对美食的喜好，到了青、中年期则呈现为倾向于放纵肉欲，而到了老年它又再度表现为对美食的讲究。

7

如果像人们所普遍认为的那样，意欲是出自于认知，是认知的结果或产物，那如果意欲强盛旺，理解力、见解、知识也就必然强盛。但情况可完全不是这样。相反，我们发现许多人具有强烈的，亦即果断的、坚定的、激烈的和不屈不挠、顽固执拗的意欲，与此意欲相联的却是微弱、低级的理解力。谁要是跟这种人打上交道，都会陷入绝望之中，因为他们的意欲对任何道理和表象都无动于衷，根本就拿他们没办法。这种意欲就好比是藏在一个袋子里面；它从里面盲目地向外挣扎、欲求。动物的理解力就更低了，虽然它们的意欲经常是激烈的和执拗的。最后，植物则只有意欲，没有任何的认识力。

如果意欲活动只是发自于认识力，那么，我们每次的愤怒就必然是与动怒的诱因相对称，或者至少能与我们对这些诱因的理解精确挂钩，因为愤怒不过就是我们当时对事情的了解的结果而已。但实际发生的情形却极少是这个样子。相反，我们愤怒的程度通常都大大超出了引起这一愤怒的理由。我们的"勃然大怒"（贺拉斯语），经常都是由轻微的事情引起，并且也不是因为判断这些事情方面出错。那就像一只恶魔发出的咆哮——它被囚禁了起来，正在苦候机会挣脱，现在为终于等到了机会而欢呼。假如我们本质的深处是某一认知者，而意欲的活动只是认知的结果，那情形就不可能是这个样子，因为结果里面怎么可能会有在基本成分里不存在的东西？结论不可能包含比前提更多的东西。因此，这里所表现出来的意欲是完全有别于认知的一种本质，意欲只是利用认知以便与外在世界联系。但意欲遵循自己本性的法则，从认知那里除了获得动因以外，别无其他。

智力只是意欲的工具，智力与意欲的差别，就犹如铁锤与铁匠的差别一样。在谈话中，只要智力是唯一活动着的，那这一谈话就是冷静的。情形几乎就好像谈话的人不在现场一样。而且，他也不会真的有损面子，至多就是出点洋相而已。只有当意欲参与其中，这个人才算是实实在在地出场了：此时他变得温热了，所谈论的事情的确经常变得火爆、灼人。我们总是把生命中的温暖归之于意欲；相比之下，我们会说冷静的理解力，或者说，冷静地调查一件事情，亦即在不受意欲的影响下思考。假如试图把这关系颠倒过来，把意欲视为智力的工具，那就等于把铁匠视为铁锤的工具一样了。

没有什么比这种情形更让人恼火的了：我们以探讨、分析原因的方式与一个人展开辩论，不厌其烦地向其论证，以为我们纯粹在跟他的理解力打交道，但到最后才终于发现：这个人其实就是不愿意[11]理解我们的论辩；因此，我们面对的是他的意欲——它无视真相，故意误解我们所说的话，运用诡辩和刁难的言词，但却以理解力作其挡箭牌负隅顽抗。这样，别人当然就拿他毫无办法了，因为向意欲运用理据和论证，就好比把凹面镜里影像发出的攻击施于一个实体一样。因此也就有了这一经常被人重复的说法：

这取决于我的意愿，而不是理由。

——尤维纳利斯，《讽刺诗》，6，223

日常生活提供了足够大量的证据证实了我这所说的情形。但不幸的是，在科学的路途上也可发现这类的证据。如果一些最重要和最非凡的成就不获承认，某些人就能获得个人利益，那要他们承认这些真理和成就就是徒劳的。这可以是因为这些真理与他们每天教给别人的东西互相矛盾；也可以是因为他们不敢利用和在以后教导这些真理；再者，就算没有出现这些情形，他们也不会承认这些真理，因为平庸之辈的口号始终是"如果有人要出类拔萃的话，那就请到别处出类拔萃好了"——这是爱尔维修[12]对西塞罗在《图斯库兰讨论集》第5卷中埃伏色的名言所做的美妙复述；或者，就像波斯诗人阿拉里所说的：

　　　　在石英当中的钻石会被禁止和流放。

谁要是期望这始终是人多势众的庸俗群体对自己的成就做出公正评价，那他的期望肯定会落空；或许在一段时间里，他无法理解这些人的行为，直到他终于发现：在他诉诸这些人的认知时，他其实是在与他们的意欲打交道，亦即完全是处于上文所描述的情形。事实上，这就像一个人在法庭上陈情，但他面对的评判员都早已被别人收买。在个别的情况下，当那些人中的某一位打定了主意剽窃他的思想时，他就可以获得确凿的证据，证明与他作对的是那些人的意欲，而不是见识：因为他会吃惊地看到那些人其实相当识货，能够准确看出别人的过人之处和知道什么才是最好的，就像麻雀从不会错过任何熟透的樱桃。

　　在此讨论的意欲成功对抗认识力，其反面情形就是当我们摆事实、讲道理的时候，我们对话一方的意欲是在我们这一边：到了这个时候，所有人对我们的话语都一致信服，所有的辩论都充分有力，整个道理马上就变得一清二楚。那些鼓动大众的演说家就深谙此道。在以上两个例子里面，意欲都显示为原初的自然力量，智力对此是无能为力的。

8

现在我们要对个人的素质，亦即意欲、性格的优缺点，和智力的优缺点作一番考察，以便通过了解意欲素质和智力素质之间的关系，以及这些素质相对的价值，把这两种基本功能的差别清楚表现出来。历史和经验告诉我们：这两者是互不相干的。至于卓越的头脑智力难得与同样出色的性格素质结合在一起，我们可以从这两者都极为罕有而得到充分解释，而与这者相反的情形却极为普遍，所以让我们每天都可以看到这两种相反情形结合在一起。同时，我们永远不可以从一副良好的智力推断出良好（善良）的意欲，也不可以从后者推断出前者，或从低劣的智力推断出卑劣的意欲等。每个不带偏见的人都应该把这两类素质彼此完全分开，而识别其各自的存在则只能在生活实践中进行。至为狭窄的头脑可以与伟大善良的心共存；同时，我不相信巴尔塔札尔·格拉西安这一句话是对的："没有不带恶毒的愚人"，虽然这一句西班牙俗语支持格拉西安的意思：

愚蠢从来不会与恶毒分开。

不过，许多愚人之所以变得心地恶毒，其原因可能与驼背人变得心肠歹毒是一样的，亦即出于对大自然的歧视和薄待感到怨恨；愚人误以为透过不时玩弄一些卑劣的小伎俩就可以弥补自己理解力方面的缺陷，博得短暂的胜利。附带说上一句，由此可以轻易明白为何在一个头脑比自己优越得多的人面前，几乎每一个人都会随时变得恶毒起来。在另一方面，愚人却经常会获得心肠特别好的美名，可是这一点却又极少得到证实。我不由得纳闷这种人何以得到这一美誉，直到我终于可以夸口找到了下面这一答案。由于受到某种秘密特性的驱动，每一个人都最喜欢挑选一个在智力上比自己稍为逊色的人作为亲近的交往伙伴，因为只有和这样的人在一起自己才会感到舒服自在。根据霍布斯[13]所言，

我们心情愉快就在于有可供与我们比较并使我们可以看重自己的人。

出于同样的理由，每个人都会躲避一个比自己优越的人。所以，利希腾贝格的话完全正确，

对某些人来说，有思想头脑的人比一个不折不扣的无赖都更令人讨厌。

——《杂作》，新版，2，177

爱尔维修的话与此不谋而合，

平庸之辈有着某种准确和敏捷的直觉，以识别和逃离有思想头脑的人。

——《论精神》，第2讲，第3章

约翰逊博士[14]也向我们保证：

> 没有什么比在谈话中显示出横溢的思想才华更容易激怒多数人的了。人们在当时会显得高兴，但妒忌会促使他们发自内心地诅咒他。
>
> ——博斯威尔：《约翰逊的一生》

为把这一被小心掩藏起来的普遍真理更加无情地大白于天下，我想引用歌德青年时代的著名朋友梅克对此的看法——他在故事《林多尔》中写道：

> 他拥有大自然赋予的和他经由知识获致的才能；这些才能使他在众多聚会中让在场的尊敬的先生们失色不少。公众在看到一个非凡的人物时，在赏心悦目的瞬间，人们会囫囵吞枣般地接受了这个人的优点，而不是马上对这些优点做出恶意的解释；但不管怎么样，这件事情仍会留下某种印象。假如这一印象经常重复，那么，以后在关键的时刻，它就会给这闯祸的人带来不良后果。不是每一个人都会在意识中特别记住自己在上述情况下所受到的侮辱。不过，在私下里，人们并不会不乐意挡在这个人的晋升路上。

因此原因，拥有巨大的思想优势比起任何一切都更有效地使自己孤立起来，并招致别人的憎恨——起码是在私下里。而与此相反的情形却使愚人普遍得到人们的喜爱，尤其是许多人也只有在这些愚蠢之辈的身上才能发现人们依据上述人性原则必然在他人身上寻找的东西。但这种喜好背后的真实原因，没有人会向自己坦白、更不会向别人承认。所以，为了给这喜好找出一个说得过去的借口，他就会把心地特别好这一杜撰之词加在被他选中的人的身上，而这心地特别好，就像我已经说过的，实际上是相当少有的，也只是偶然地伴随着智力不足而真正存在。据此，缺乏理解力一点都不会有助于或者近似于这好心肠。但在另一方面，我们也不可以说伟大的理解力就可以这样，其实，缺乏理解力的无赖还真的不曾有过。确实，就算是最出色的智力也可以与极度的道德败坏结合起来。培根就提供了这样的例子：毫无感恩之心、阴险狡诈、卑鄙下流、满脑子都是争权夺利。他在担任英国上议院议长和王国最高法官时，竟至于习以为常地在民事诉讼中收取贿赂。遭到指控以后，他向贵族陪审团认罪，然后被逐出上议院、罚款四万英镑和囚禁在伦敦塔（参见 1837 年 8 月《爱丁堡周报》登载的关于新版培根著作的评论）。为此，蒲伯[15]称他为"人类中最聪明、最智慧，但却又最卑劣、最恶毒的人"（《人论》，4）。类似的例子还有历史学家古齐亚迪尼[16]、罗思尼[17]在历史小说《路易莎·斯朵洛兹》的附录——它取自可靠的同时代人的消息——里面写道：

　　在那些把思想与学问放在所有人类素质之前的人看来，这个人应被视为他所在的世纪中最杰出者之一；但对于那些认为德行才是最重要的人而言，这个人应该永世遭到唾骂。他在迫害、流放和屠杀人民方面，是手段至为毒辣的一个。

如果我们说一个人"心地很好，但头脑不行"，而另一个人则"头脑非常了得，但心肠不好"，那所有人都会感觉到在第一种情况，称赞远远压倒了责备；而在第二种情况，则刚好相反。与此相应，我们看到当某人做出了一件坏事的时候，他的朋友和他自己都会试图把罪责从他的意欲转到他的智力上面，把心的缺点说成是脑的缺点；把卑劣的恶作剧称为做错事，会说这纯粹只是不懂事，做事不加思考、轻率、鲁莽和愚蠢；确实，在万不得已的时候，他们会以犯有阵发性的精神错乱为自己辩解，而如果事情涉及一桩严重的罪行，甚至会假托犯有精神病，目的不过就是为意欲开脱罪责。同样，当我们自己一手酿成大祸或者造成损失，我们就会巴不得在他人和自己面前谴责自己的愚蠢，目的就是避免被指责为"恶毒"。据此，在法官做出了同样不公平判决的例子里，这个法官出了差错抑或收受了别人的贿赂——两者可有着天渊之别。所有这些都足以证明意欲才是唯一真实和本质的部分，是人的内核；而智力则只是意欲的工具而已，并且，假如意欲不牵涉其中，这智力就会有欠完善。在道德判决庭上，欠缺理解力的根本就是一道罪责，相反，它甚至还能给予我们某些特权呢。同样，在世俗的法庭里，为使罪犯免受惩罚，把罪犯的罪责从意欲转移至智力方面就足够可以了，即证明这人无法避免地产生了误会，或者这人精神失常了，因为这样，应付的罪责就不会多于假如那是非我所愿的失手或者失足。我在《论意欲的自由》一文的补充部分《论智力的自由》里面，对此有详尽的讨论。读者可参阅那一部分，我就不再赘述了。无论是在哪里，那些促成某一桩事情的人，一旦结果难以令人满意，就会搬出自己那不会欠缺的良好意愿。采用这样的方式，他们就相信可以保住那关键的、他们其实应该负责任的部分和他们的真正的自我；而能力不足则被他们视为欠缺适当的工具而已。

如果一个人是愚笨的，那我们可以原谅他，说他对此是无能为力的；但如果我们试图用同样的说法原谅一个卑劣的人，那我们就会受到别人的嘲笑。其实这两种素质都同样是与生俱来的。这证明了意欲是这个人本身，智力只是它的工具而已。

因此，只有意欲活动，才永远被人们视为取决于我们自己的事情，亦即被视为我们真实本性的表现，我们因而必须为此负责。正因此，如果有人试图因为我们的信仰，亦即我们的理解力和见识而责备我们，那就是荒谬和不公正的，因为我们不得不把认识上的问题，尽管其在支配着我们，都视为不在我们控制的范围之内，一如外在世界的事情。在这里我们同样清楚地看到：唯独意欲才是我们的内在本质；而智力及其一如外在世界那样的有规律性的运作，对于意欲来说就只是某种外在的东西，纯粹一件工具而已。

高级的精神思想能力总是被人们视为大自然或者神灵的馈赠。正因为这样，人们才称其为"天赋"、"禀赋"、"得天独厚"；德语、意大利语和英语都把它们名为礼物（gaben，ingenii dotes，gifts）。这些礼物被视为有别于受惠者本身、是透过好运才获得的东西。但对于道德上的优点，虽然这些也是与生俱来的，人们却是另眼看待。人们始终视这些为某样发自这个人本身的、从根本上是属于这个人的、并的确构成了这个人的自我的东西。由此又得出这样的结论：意欲是人的真正本质，而智力则只是从属的、一个工具、一种配置而已。

与此相应，所有的宗教都许诺给予意欲的优点，或说仁慈的心地，以此生之外的永生作为奖励；但对头脑优点，亦即理解力的优点却没有这一奖赏。美德期待在另一世界得到奖赏；精明则希望在此世界获得酬劳；天才则既不在此世界，也不在彼世界博取赏赐：那天才本身就是他所获得的奖赏。因此，意欲是永远的，智力则是暂时的。

人们的联系、交往、聚会一般来说都是建立在与意欲有关的关系上面，甚少以智力方面的关系为基础。第一种的联系我们可以称之为物质性的，第二种则是形式性的。属于前者的有家庭和亲戚的纽带，再就是所有以某一共同利益或者目标为基础的联系，诸如以职业、地位、公司、政党、派别等共同的利益或目标为基础的联系。也就是说，在这一类联系中，关键的只是人们的意向、目的，在此可以存在巨大的在智力及其修养方面的差异。所以，人们不仅可以和睦共处，步调一致，而且能够为着共同的利益相互合作、相互团结。婚姻也是一种心的联系，而不是脑的结合。但对于那些只是着眼于思想交流的纯粹形式性的联系，情况可就不一样了。这种联系需要人们具备在某种程度上相同的智力及其修养。在这方面的巨大差异会在人与人之间设置一道无法逾越的鸿沟，例如，一个伟大的思想者与一个笨人、学者与农夫、大臣与水手之间就会出现类似的情况。只要是涉及传达见解、观念、思想，那类似这些彼此差异很大的人就要花费相当的功夫去理解、把握对方的意思。但是，他们之间却可以有密切的物质性友谊；他们可以成为彼此忠实的盟友、同谋，共同进退。这是因为在所有只涉及意欲的方面——这些包括患难交情、诚实可靠、虚假作伪、背信弃义等——他们就都时同一类的，是由同样的面团揉成，不管是精神思想还是文化教养都不会在此造成什么差别。事实上，在此，粗人经常会让有学问者出丑，贩夫走卒让大臣高官自愧弗如。这是因为尽管在文化素养上有着各级差别，但那美德和劣性、情绪和激情是一样的；虽然在其表现出来时会变换某种花样，但就算是差异很大的不同人，也很快就认出这些东西。据此，志趣相投者就会走到一起，而道不同则互相敌视对方。

闪亮的思想素质只能获得别人的赞叹，而不是爱戴，爱戴是留给道德品质和性格素质的。每个人都宁愿找一个老实、善良的人，甚至只是一个乐于助人、容易附和他人和迁就别人的人作朋友，而不会挑只是机智、聪明的一类人。与后者相比，许多人只具有某些微不足道的、偶然的和外在的素质，但这些素质与别人的喜好相符，那甚至他们也更能获得别人的喜爱。只有自身具备伟大智力的人才愿意和一个聪明人交往；但是，能否与这个聪明人结下友谊却取决于这个人的道德品质，因为他对一个人真正良好的评价全在于这个人的道德品质。某一无与伦比的良好品性可以盖过并抹去智力上的严重不足。了解到一个人具有某种优秀品质以后，我们会耐心迁就这个人智力上的不足，及岁数大了以后所表现出来的愚钝和孩子气。一副明显高贵的品性，哪怕完全缺乏智力的优点及修养，仍然呈现出无所欠缺的样子。相比之下，就算是至为伟大的思想头脑，一旦蒙上了严重道德缺陷的污点，看上去就始终配受责备。这是因为正如火炬和火堆在太阳底下显得苍白和不起眼，同样，优秀的智力，甚至思想的天才，还有漂亮的外貌，都会在与善良心灵的比较中黯然失色。如果这善良心灵显现得异常突出，那就能够完全弥补智力素质的欠缺，以致假如我们为其欠缺智力素质而惋惜的话，我们会感到羞愧。甚至最狭窄的智力，还有出奇丑陋的相貌，只要是与非同一般的善良心灵为伴，那这些就仿佛得到了美化，就像围了一圈属于更高一级美丽的光环，因为现在一种发自他们内在的智慧说话了，在其面前，所有其他的智慧都得闭嘴、沉默。这是因为心的善良是一种超验的素质，它属于某种扩展至此生之外的事物秩序，其他方面的完美是不可以和它相提并论的。当这心的善良达至很高的程度，那它就把心扩大了，以致包含了整个世界，那所有的一切也就尽在他的心中，而不再是在这之外，因为善良的心灵视所有的生命与自己为一体。这样，它就会把常人一般只用在自己身上的无尽的宽容推及到别人身上。这样的一个人是不会生气动怒的，甚至当他自身智力上或者身体上的缺陷招致了别人恶意的讥讽和嘲笑时，他们也只在心里责备自己引起别人这样的表现。因此，他们用不着勉强自己就能以最友善的方式待人，充满信心地希望别人会改变对他们的错误看法和态度，同时也在他们的身上认出自身。与这样的素质相比，机智、天才又算得了什么？培根又算得了什么？

考察一下我们如何评估自己，我们也会得到和上述通过考察自己如何评估他人而得出的同样的结果。我们从自己道德方面获得的自我满足比起在智力方面的自我满足从根本上是多么的不一样啊！我们感觉到前者是因为当我们回顾自己的所做所为时，看到自己能够诚实、正直待人，并为此付出了惨重代价；我们帮助过许多人，原谅过许多人，善待别人更甚于别人善待自己，以致我们也可以说出李尔王所说过的话：

我并没有怎么恶待别人，但却受到了别人很多恶待。

——《李尔王》，第 3 幕，第 2 场

甚至，当自己或许曾经做过的某一高尚的行为在回忆中闪烁生辉时，这种自我满足就几近完美了。伴随这种通过自我检查获得的宁静喜悦，是一种相当严肃的心情：在看到别人在这方面做得不如自己时，我们并不会感到高兴，而是为此感到难过，并真诚地宁愿别人都能像自己一样。相比之下，认识到我们的智力优势会给我们带来多么不一样的感觉啊！这种感觉的基本低音完全就是上文引用过的霍布斯的话语：

我们心情愉快就在于有可供与我们比较并使我们可以看重自己的人。

傲慢、自负、虚荣、轻视他人，对自己能有明显的、巨大的智力优势而得意洋洋，就类似于为身体上的优势而骄傲——这些就是这种比较的结果。这两种自我满足的对照显示出：一种满足涉及我们真正的、内在的和永恒的本质，另一种则涉及某种更加外在的、只是暂时的、的确几乎就只是与身体上的优势差不多的东西。而事实上，智力就只是脑髓的功能，但意欲的功能则是整个的人——就其存在和本质而言。

现在我们把目光投向外在，考虑到

生命是短暂的，艺术则是长久的。

——希波克利特斯：《格言》，1，1

并且考虑到：世上那些最伟大和优越的头脑，经常还没达到创造力的顶峰，还有那些伟大的学者，也才刚刚对所研究的学科获得某一透彻的认识，就都被死神带走了——那这些也向我们证实了：生命的意义和目的并不是智力方面的，而是道德方面的。

最后，思想素质和道德素质的根本不同也由此看得出来：智力随着时间会经受至为显著的变化，但意欲和性格却不受时间的影响。新生儿还没能够运用他的理解力；但在出生后的两个月内，就获得足够的理解力以直观领悟外在世界的事物——这一过程我在《论视觉与颜色》（第2版第10页）中已经详细解释过了。在迈出这最重要的一步以后，接下来的一步却缓慢得多：也就是说，我们一般要等到小孩3岁的时候，理性的发育才能达到运用语言、并以此进行思维的程度。尽管如此，童年期仍然无法挽回地付诸幼稚和蒙昧。这首先是因为脑髓在身体上仍然欠缺完整，而脑髓在体积、结构方面的发育完整则只是 7 岁以后的事情。其次，脑髓要展开其强有力的活动需要生殖系统的对抗作用才行。因此，这种脑髓活动只有到青春期才得以开始。经过这一过程以后，智力也只不过具备了可供发展和提高其精神活动的潜力。但要发展和提高这种潜力则只有通过练习、实践和传授。因此，一旦人们的精神思想挣脱了童年期的幼稚、蒙昧状态，就陷入无数的谬误、偏见、幻象之中，有时甚至是极为荒唐和极端的一类。人们的头脑执拗地紧抱这些东西，直至阅历和经验逐渐把我们的思想从这些东西解救出来；许许多多的头脑也不为人知地毁掉了。所有这些需时多年才行，以致虽然刚过 20 岁以后，我们就可以认为思想已经成年，但思想的完全成熟，却只有等到 40 岁，也就是施瓦本人开始聪明、懂事的年龄。[18]不过，正当这种依赖外在帮助的精神发展仍在持续时，脑髓内在的物质能量已经开始衰减了。也就是说，正因为这种物质能量依赖血压和脉搏对脑髓的作用效果，因此也就是依赖于动脉系统相对静脉系统的优势、以及鲜嫩柔软和细腻的脑纤维以及生殖系统的能量，所以，脑髓这种内在的物质能量在 30 岁时达到了它真正的高峰。过了 35 岁以后，就可以察觉到这种物质能量开始轻微衰减了。由于静脉系统逐渐取得了相对动脉系统的优势，再加上脑纤维持续变得坚硬和干燥，这种能量的衰减就会越加频繁和显著——假如不是在另一方面，精神思想通过实践经验、知识累积和掌握了的运用知识的能力等完善起来，因而抵消了脑能量衰减的话。幸运的是，这种抵消、抗衡一直维持至高龄，而在此期间，脑髓就越来越可以与一件用旧了的乐器相比。完全依据机体条件的智力原始能量虽然是在缓慢地衰减，但这一衰减却是持续的和不可抗拒的：产生原初观念的功能、想象力、思想的可塑性、记忆力都变得明显衰弱了；这样，智力就一步一步地走在下坡的路上，直至整个人变得喋喋不休、记忆模糊、失去过半的意识；到最后，人就完全回到了儿童期。

相比之下，意欲并没有同时受到发育、成长、变化的影响，而是从开始到结束都始终保持不变。意欲活动并不像认知活动那样需要学习，而是马上就能完美进行。新生婴儿猛烈地做出动作、大声哭叫；他强烈地意欲着，虽然他仍未知道它意欲的是什么。这是因为动因的媒介还没完全发育起来。意欲对处于外在世界的对象无从知晓，现在就像一个囚徒似地向着牢房的四壁和铁栏呐喊、咆哮。但光明慢慢到来了。这样，人类普遍意欲活动的基本特征，以及它们在个人身上的稍稍修改，也就马上亮相了。当然，已经开始显现的性格还只是模糊、隐约地露出其轮廓，这是因为那为意欲提供动因的智力服务不佳的缘故。但对于留意观察者来说，性格很快就在小孩的身上充分宣示其存在；用不了多长时间就变得确凿无疑。性格特征显露出来了，并维持终生：意欲的主要倾向、轻易就可以刺激起来的情绪、主导性的情欲，都一一表露出来。因此，在学校里发生的事情与未来生活中的事情，两者之间通常就犹如《哈姆雷特》第三幕中要在宫廷中上演的戏中戏前面那无声前戏与这戏中戏的关系一样——该无声前戏预告了那戏中戏的内容。但从小孩的智力表现我们可无法预测这小孩将来的智力水平。相反，早熟的神童一般都在以后变成了笨伯。相比之下，思想天才在幼年时通常都在理解事情时比较缓慢，也比较吃力，这正是因为他们理解得深刻的缘故。与此相应，每个人都会毫无保留地笑谈自己小时候的幼稚、可笑和愚蠢，例如，歌德就在《诗与真》（第1卷，第7页）讲述了他把厨房用具抛出窗外的往事，因为人们知道：所有这些只涉及变化的部分。而一个精明人却不会绘声绘色讲述他在青春年少时的不良品性，曾经玩弄过的阴毒、狡诈招数，因为他觉得这些东西仍然在指证他现在的性格。有人曾告诉我，人的研究者、颅骨相学家戈尔在要与自己仍不熟悉的人交往时，会引导对方说起年少的岁月和嬉戏打闹的往事，以尽可能地从中得出对方的性格特征，因为这些性格特征到现在也必然还是一样的。这就是为什么我们会无所谓地，甚至还很得意地笑谈自己在年轻时候的蠢事和愚钝，但在那同样的时候表现出来的恶劣性格特征、做过的卑劣行为，甚至到了年逾古稀也在发出指责，使我们良心不安。所以，正如性格在此时完整出现，这性格也会维持不变，直至高龄。年老体衰会逐渐销蚀掉我们的智力，但却不会影响我们的道德素质。善良的心仍然使一个老者备受爱戴，哪怕他现在头脑已经出现衰退，开始重又接近童年期。一个人的温和、耐心、诚实、真诚、无私、博爱等特性会维持整个一生，并不会随着年老衰弱而消失。在这一衰老之人的每一清醒时刻，这些素质都会丝毫不减地凸显出来，犹如阳光穿透了冬云。而在另一方面，奸诈、刻薄、恶毒、贪婪、冷酷、虚伪、自我和各种各样的卑劣特性则直到一个人的垂暮之年也不曾减弱分毫。如果一个人向我们说，"我以前是一个无恶不作的坏蛋，但现在是个诚实、正直、具有高贵心灵的人"，那我们只会发笑而已。所以，华尔特·司各特在《奈杰尔的财产》一书中通过一个老迈的高利贷者，向我们很好地展现了：一个人到了老年以后，甚至当他的智力已变得小孩一般了，但这个人身上极度的贪婪、自私和奸诈仍然威力不减当年，仍然激烈地表现出来，与秋天里仍在绽放的有毒植物不遑多让。在我们的偏好、倾向方面表现出来的唯一变化，是我们体力衰减和享受能力随之减弱的直接结果。所以，肉欲会让位于暴饮暴食，喜好排场被吝啬所取代，自负虚荣变成了沽名钓誉，这就好像一个人在长出胡子前黏上了假的胡子，后来就把变花白了的胡子染上了棕色。所以，在所有的机体力量、肌肉力气、感觉、记忆、机敏、理解力、天才的思想等都因损耗而在老年变衰竭和麻木的时候，意欲却唯独完好无损、保持不变；意欲活动的追求和方向依然故我。的确，意欲在老年期在许多的方面展现得更加坚决，例如，正如我们所知道的，对生命的执着变得更加强烈；然后就是对一旦被它抓住的东西所表现出来的那种毫不放松、不依不饶的劲儿和十足的执拗顽固，而对此的解释就是老人接收印象的智力已不那么敏锐；这样，那由于不断出现的动因而兴奋和活动起来的意欲就不像以前那样兴奋和活跃了。因此，老年人的愤怒和憎恨情绪很难缓和与平息：

> 年轻小伙的怒气犹如燃烧的干草，
> 老人家的恨意却是烧得通红的钢条。

——旧歌谣

经过所有这些考察，能看深一层的人就不难发现：智力的提高和发展必须历经逐级较长的过程，然后，就像任何物质的东西一样开始衰退；但意欲却不会经历这些发展变化，除了在开始时必须将就其欠缺完美的工具，智力，到最后又再一次屈就这耗损和破烂的工具。意欲本身是作为既成之物出现，并保持不变，并不受制于时间的法则和在时间当中的生、灭定律。意欲以此方式显示出它是属于形而上的东西，并不隶属于这一现象世界。

9

人们普遍使用和一般都能很好理解的带有心和脑字眼的词语，源自人们对在此所说的根本差别的正确感觉。所以，这类词语准确、一语中的，在所有语言中都可以找到这些词语。塞涅卡是这样描述克劳德乌苏皇帝的：

> 他是个既没心又没脑的人。

——讽刺诗剧，《克劳德乌苏之死》，第 8 章

人们非常恰当地选取了心，这动物生命的原动力，作为意欲的象征，甚至是同义词，而意欲则是我们的现象的最核心。"心"表示意欲与"脑"表示智力恰成对照。所有在最广泛意义上属于意欲的事情，诸如愿望、激情、高兴、痛苦、善良、卑劣，以及一般人对"情绪"一词所理解的内容，还有荷马借"可爱的心"所表达的东西，都归于心的名下。据此，我们说：他的心很坏；他下定决心做这事情；这是发自内心的话；这很伤他的心；这使他的心都碎了；他的心在流血；他高兴得心怦怦直跳；谁又能看透人的内心；让人伤心、让人心碎、振奋人心、触动人心；他是个好心人，铁石心肠，心狠手辣，勇敢的心，心惊胆战等等。尤其爱情更被形容为"心的事情"（"affaires de coeur"），因为性的冲动是意欲的焦点，而在这方面做出选择也就成了人的自然意欲活动中首要的事情。而性爱的原因我在《论性爱》的文章详细讨论。在《唐璜》（第 11 段，第 34 行）里面，拜伦嘲笑爱情对女士们来说已不是心的事情，而成了脑的事情。相比之下，脑标示着所有关于认知的东西。因此，就有了：有头脑的人，一个良好的头脑，一个聪明的脑袋，精细的头脑，糟糕的头脑，丧失了头脑，不要垂头丧气等。心和脑表示了整个的人。但脑始终是排在次位的，是派生的部分，因为脑并不是身体的中心，而是身体的最高精华。一个英雄去世以后，他的心而不是脑会被涂上防腐香油。但我们会保存文

学家、艺术家和哲学家的头骨。因此，拉斐尔的头骨被存放在罗马上圣卢加学院里面，虽然最近有迹象表明这并不是真正的拉斐尔头骨。在1820年，笛卡尔的头盖骨在斯德哥尔摩被拍卖掉了。[19]

在拉丁语里，也表达了对意欲、智力和生命之间的真实关系的某种感觉。智力是"mens"；意欲则为"animus"，来自"anima"一词，而"anima"本身是源自希腊语的"风"一词。"Anima"是生命本身，是呼吸；但"animus"却是孕育生命的本原，同时也是意欲，是喜好、目的、激情的主体；因此，"我喜欢，我愿意"用拉丁语是这样表达的："est mihi animus，fert animus"；这也就是情绪、心，而不是脑。拉丁语的"Animi perturbation"是感情激动；"mentis perturbation"则是"精神错乱"的意思。形容词"不朽"（immortalis）只用于"animus"（意欲），而非"mens"（智力）。所有这些都是根据大多数的拉丁文段落而得出的规律用法，虽然由于概念接近的原因，某些字词也就不可避免地混淆了。

10

一个人的本体或个性的基础是什么？不是身体的物质：这些在数年以后就会改变。不是身体的形状：这无论作为整体抑或作为整体中的各个部分，都会改变，除了一个人的眼神——以此我们甚至在许多年以后仍会把这一个人认出来。而这证明了：尽管时间在一个人的身上造成了许多变化，但某些东西却是时间全然无法触及的。正是这些东西让我们就算是经过了长时间以后，仍能重又认出是他，也让我们发现这以前认识的人并没有改变。对于我们自己，也是同一样的情形：因为无论一个人多老了，但在内心深处他仍感觉自己与年轻的时候，甚至是与孩提的时候完完全全的一个样。这一维持不变、始终如一、并不会随着我们一起老去的东西，恰恰就是我们内在本质的核心，而这并不存在于时间。人们认为一个人的本体或个性是建基于他意识中的本体或个性。如果我们把这理解为只是对生活历程的统一、连贯的记忆，那这是不足够的。我们对自己人生历程的了解或许比对以前读过的一本小说的了解要多，但多出的也确实只是一点点而已。生活中主要的事件、有趣的场景留下了印象，但除此以外的其他事情，我们记住了这一件的同时也就忘记了另外的一千件。我们年纪越大，一切就越发不留痕迹地一掠而过。高龄、疾病、脑髓遭受的创伤、精神错乱都会完全夺去一个人的记忆。但这个人却并不会就此失去其本体或个性。这本体是以其同一的意欲和不可改变的性格为基础。这也就是那让我们的眼神始终不变的东西。人是藏于心，而不是藏于脑。虽然我们由于与外在世界的关系，习惯于把认知的主体、那认识着的我，视为我们真正的本身，而这认识着的我到了晚上就会疲倦，就会在睡眠中消失不见，到了早晨就以更新了力量照射出光芒。但这却毕竟只是脑子的功能，并不就是我们真正的本身。我们的真我，我们本质的核心，匿藏在这一切的背后，就只知道意欲活动或者没有意欲活动，满足或者不满足，以及这些的各种改头换面、被我们称为感情、情绪、激情的东西。这就是那产生了头脑智力、但不会在智力睡眠时与之一道睡眠、也同样不会随着智力的死亡而有所损害的东西。相比之下，一切属于认知的东西都有可能失之于遗忘；甚至有道德意义的行为，在多年以后，我们也有时候无法完全回忆起来，我们不再准确地和具体地知道我们在某一关键时刻是如何作为。但性格本身——做出的行为不过就是为这一性格作证而已——却不会为我们所忘记。这性格现在仍然一如既往。也只有自为的意欲本身能够坚持不变，因为意欲是唯独不可改变和无法消灭的，不会变衰老，不是物质和自然的，而是形而上的，并不隶属于现象，而只属于呈现出自身的自在之物。至于意识的本体或个性是如何取决于意欲，我已经在《作为意欲和表象的世界》第二卷第十五章表明了；所以，我就不在此赘言了。

11

顺便提一下，亚里士多德在比较哪样东西才是值得追求的一本书里（《论题篇》，3，2）说过，

生活得好要优于只是生活着。

运用二次换质位法可以推断：

不生活比生活得糟糕要好。

这对于智力是显而易见的事情，但绝大多数的人宁愿生活得很糟糕，也不愿不活。所以，这种对生活的执著，其理据不可能出自生活的客体，因为生活其实就是持续的痛苦——这我在《作为意欲和表象的世界》第2卷第4章已经表明；或者就像我将在第28章里向大家表明的那样，生活起码就是一桩得不偿失的买卖。因此，这样的执着于生活，其理据就只能出自主体。但这理据不会是基于智力，不会是反复思考得出的结果，这总的来说也不是做出某种选择的问题。相反，这种生命的意愿是某种理所当然的事情，是先于智力本身而存

在。我们本身就是生存意欲，因此，我们必然想生活下去，不管生活得好还是生活得糟糕。每一生物都有的对死亡的极度恐惧只能由此加以解释：对那本身并没有多少价值的生活的执著完全是先验的，而不是后验的。拉罗什福科在他的最后随想中以少有的坦率和单纯表达了这种恐惧。也正是最终基于对死亡的恐惧，悲剧和英勇行为才有其震撼力，因为如果我们只是根据生命的客观价值而评估生命，那这些的震撼效果就不复存在了。正是基于这种对死亡无以言说的恐惧，才有了这受所有平常人欢迎的说法："谁要是自己结束自己的生命，那他肯定就是精神错乱的"；这样的行为也才甚至让有思想的人感到震惊（夹杂着某些的钦佩），因为这样的行为与所有生物的天性是如此的格格不入，以致在某种意义上，我们不得不佩服能够做出这样事情的人，甚至还对此感到了某种的安慰：到了至为糟糕的情形，这确实就是可行的后路，因为如果这不曾在经历中得到证实，那我们还会对此产生怀疑呢。这是因为自杀是出自智力的一个决定，但我们的生活意愿却是某一先于智力的东西。所以，这里所做的考察——更详细的讨论见于《作为意欲和表象的世界》第2卷第28章——也证实了意欲在自我意识中的主导地位。

12

在另一方面，没有什么比智力周期性的停止工作，更能清楚地显示了智力从属的、依赖性的和有条件的本质。在熟睡时，所有的认知和形成表象的活动都完全停止。唯独我们真正存在的内核、那属于形而上的部分、那机体功能的必然条件和机体功能的原动力，是永远不会停下来的——假如生命仍未停止的话；并且，作为形而上的、因而是非肉体之物，它是不需要休息的。因此，那些提出灵魂、亦即某一原初的和本质上认知着的生物就是这形而上的内核的哲学家，就不得不宣称：这一灵魂在认知和表象方面是完全不会疲倦的，因而就算是在最深沉的睡眠中仍然继续着这些工作；我们醒来以后只是没有留下这些事情的记忆罢了。不过，一旦我们领会了康德的学说以后，把这所谓的灵魂推到一边去，那这一宣称的谬误是不难看出来的。这是因为睡眠和醒来以最清楚的方式向任何不带偏见的人表明：认知是一个次要的、以机体为条件的功能，与机体的其他功能一般无异。唯独心脏才是不会疲倦的，因为心脏的跳动和血液循环并不直接以神经为条件，而恰恰就是意欲的原初的表现。其他所有的、只是由神经节——神经节与脑髓只有着间接的和疏远的联系——控制的生理功能在睡眠中也继续着工作，虽然身体的分泌已经减慢了下来；甚至心脏的跳动也随着脑髓系统（脊髓）稍微放缓了，因为心跳有赖于呼吸，而呼吸又以大脑系统为条件。胃部或许是在睡眠中至为活跃的，这可归于它与此刻正在休息的大脑所特有的、诱发互相干扰的交叉感应。只有脑髓和连带着的认知才在熟睡中完全停顿了下来。这是因为脑髓不过就是一个外事部门而已，正如神经节系统是身体的内务部门一样。脑髓连带其认知功能，只是由意欲所设置的哨兵，以了解处于外在的目标。这哨兵从高处的瞭望台透过感官的窗户向外张望，留意着哪里有危险，哪里又可以取得利益。意欲根据这哨兵提供的观察报告做出决定。这个哨兵就像所有的勤勉工作者一样，是处于紧张、劳累的状态。所以，在履行放哨、侦察职责以后，很高兴能下岗休息，就像每一个换岗哨兵一样。这一下岗就是睡眠，所以我们才会觉得睡眠是那样香甜和舒服，我们也不得不顺应它的要求；而从睡梦中被弄醒则让人不舒服，因为哨兵被突然召回去值班了。这时候，在有益的心房收缩以后，我们一般都会再度感觉到艰难的心的舒张、劳累，智力与意欲再度分离。而所谓的灵魂，那原初和本来的认知生灵，被唤醒以后，感觉本应是相反、应像如鱼归水才对。在只是植物生命仍在继续的睡眠中，唯独意欲还在根据自己原初的和基本的本性，在不受到来自外界的打扰的情况下运作；它的力量这时不会受削弱，因为这时没有大脑的活动和认知的劳动，而这些是至为繁重的机体功能，但对机体而言，这些就只是手段，而不是目的。所以，在睡眠时，意欲的全部力量都投入到维持和在需要时修复机体组织中去。因此，一切的治疗、康复，一切有益的的关键时刻都是随着睡眠而发生，因为"大自然的治愈力"只有在摆脱了认知活动的负担以后，才能自由地发挥。因此，尚待成形的胎儿持续不间断地睡眠，而新生儿也在绝大部分的时间里沉睡。在这一意义上，伯尔达哈[20]（《生理学》第3卷）把睡眠称作原初的状态是非常正确的。至于脑髓本身，我想通过这一假设以更仔细地解释睡眠的必要性——这一假设似乎首先是在诺伊曼[21]的《人类疾病》（第3卷，216，1834）一书提出来的。这一假设就是：在我们醒着的时候，脑髓是无法吸取营养的，亦即从血液中恢复、更新其物质，因为认知和思维这一至为卓越的机体功能会被吸取营养这样的低级和物质性功能所扰乱或者取消。由此可以解释：睡眠不仅仅是纯粹否定的状态，不仅只是脑髓停止了活动，而是在同时显示出了某种肯定的特性。这一点由此已可看出：睡眠和清醒之间并不只是程度上的差别，而是泾渭分明的：一旦入睡，梦中的图像与就在入睡前清醒时候的思想是完全不同的。另一个证明例子就是：当我们做噩梦的时候，不管我们怎样试图喊叫，或者在梦中打退敌人的进攻、或者想从睡梦中醒来，我们都是徒劳无功的，以致就好像连接脑髓和运动神经、或者连接大脑和小脑（作为运动的调节器）的链节被消除了一样：因为脑髓正处于孤独、分离的状态，睡眠就像是紧紧地把我们抓在其手心里。最后，睡眠的肯定特性也由此看得出来：要有某种程度的体力才可睡眠；所以，太过疲倦，还有天生的衰弱都会妨碍我们获得睡眠。对此的解释就是：吸收营养的程序必须开始以后——就好比说，脑髓开始吸收营养了——睡眠才可以开始。至于在睡眠时更多的血液流入脑部，也可以用吸收营养的程序作解释；还有就是睡觉时本能地把手臂合置于头上，因为这种姿势有助于这一程序。同样，这解释了为什么只要小孩的脑髓仍在发育、成长，那他们就需要大量的睡眠。但到了老年期，当脑髓与身体的其他部位一样有了某种程度的萎缩以后，睡眠就减少许多了。最后，这甚至也是过度的睡眠会引起感觉意识某种呆滞的原因，这也就是脑髓某种暂时的膨胀、肥大的结果，而这在习惯性过量睡眠的情况下会变成脑髓持久的肥大，就会造成低能、痴呆。

甚至过量的睡眠也成了一种负担。

——《奥德赛》，15，394

因此，对睡眠的需求是直接与脑生命的强度，因而是与意识的清晰度成正比。那些脑髓生活微弱、呆滞的动物，例如鱼和爬虫之类，睡眠就少得多和轻微得多。在此我提醒读者注意：所谓的冬眠几乎就只是名义上的睡眠，因为那不仅仅只是脑子停止活动，整个机体也停止了活动，所以，这是某种的假死。具相当智力的动物睡得沉也睡得长。甚至在人类当中，脑髓越发达——这根据其数量和质量而言——和脑髓越活跃，那所需要的睡眠就越多。蒙田[22]说他自己一直是一个睡很长时间的人，睡掉了他自己相当的一部分生命。到了晚年以后，他仍然每天连续睡上八到九个小时（《随笔集》第 3 部，第 13 章）。笛卡尔据说也睡得很多（巴叶著，《笛卡尔的一生》，第 288 页，1693）。康德让自己每天有七个小时睡眠，但这些时间很难凑合，以致康德吩咐仆人在规定的时间里，务必强行地把他拉起床，不管他的意愿也不听他的请求（雅哈曼著，《伊曼努埃尔·康德》，第 162 页）。这是因为一个人越是清醒，亦即这个人的意识越清晰，越是聪明和反应敏捷，那睡眠的必要性就越大，他因而就睡得越沉和越长。因此，经常性的思考和累人的头脑工作会增加对睡眠的需求。持续运用肌肉的力气活同样会让我们产生睡意，对此的解释是：在进行体力劳作时，大脑通过脊髓和运动神经持续地给肌肉以刺激、以作用于肌肉的兴奋和收缩能力，脑髓的能量也就这样消耗掉了。所以，我们臂膀和大、小腿感觉到的疲乏，一如在这些部位所感受到的痛楚，其真正位置是在脑髓，因为脑髓是与运动神经相连，一如它与感官神经相连。那些并不由脑髓驱使的肌肉，例如心脏肌肉，因此就不会感到疲劳。同样的原因解释了为何在从事巨大肌肉力量劳作的过程中或者在这之后，我们的思维不够锐利。我们在夏天比在冬天更缺少精神力，部分的原因就在于夏天获得的睡眠较少；因为我们睡得越沉，那之后我们就越清醒。但我们可不要把这一道理错误理解为应该过分延长睡眠时间，因为如果这样做，那这种睡眠在时间长度上所获得的也就在强度亦即睡眠的深度上失去了；这也就成了浪费时间而已。歌德在《浮士德》第二部分对早晨的轻睡的描述，"睡眠只是个空壳，把它扔掉吧"，就包含了这方面的意思。所以，总的来说，睡眠这一现象首先和主要地证实了：意识、感觉、认知和思维并不是我们身上原初的东西，而是带条件的、从属的部分。这些是造化的奢侈、挥霍，更确切地说，是造化最大的奢侈和挥霍；因此，这种挥霍越达到更高一级，大自然就越难不间歇地维持这种挥霍。它是大脑神经系统的产品、精华，而大脑神经系统本身就像是寄生物，依靠整个机体的供养。这一道理也与《作为意欲和表象的世界》第 2 卷第 3 章里所论述的有关，即认知越是摆脱了意欲活动的控制，那它就变得越纯粹和完美；纯粹、客观的审美认识就由此产生。这正好跟一样提取物是同样的道理：提取物越是与被提取之物相分离，那这种提取物就过滤得越纯粹、越不含沉积物。

注释

［1］ 值得注意的是，奥古斯丁对此已经有所认识。在《上帝之城》第十四篇里，他谈起在前一篇被他分为四类的情绪：渴望、恐惧、高兴、悲哀，他说："在所有这些情绪里面，都可以发现意欲的存在；事实上，这些情绪不过就是意欲受到刺激所致：因为渴望和高兴难道不就是意欲同意我们想要的东西，恐惧和悲哀难道不就是意欲不同意我们所不想要的东西吗？"

［2］ 参阅本书"论天才"和"论美"两篇。——译者注

［3］ 某些伊斯兰国家的最高统治者。——译者注

［4］ 亦即"控制自己"。——译者注

［5］ 斯多葛派的一个名词。——译者注

［6］ 让·比尔·加班尼（1757—1808）：法国医学家和哲学家。——译者注

［7］ 西班牙语，"镇定自若"的意思。——译者注

［8］ 同时兼有"怒不可遏"和"被解除了装备"的意思。——译者注

［9］ 即本书"论天才"、"论美"两篇中。——译者注

［10］ 在这里，"技艺"（Kunst）一词也有"艺术"的含义。——译者注

［11］ 在此，"愿意"与"意欲"为同一词，下同。——译者注

［12］ 爱尔维修（1715—1771）：法国启蒙思想家、哲学家。——译者注

［13］ 霍布斯（1588—1679）：英国哲学家。——译者注

［14］ 约翰逊博士（1709—1784）：英国诗人、散文家和辞典编纂者。——译者注

［15］ 亚历山大·蒲伯（1688—1744）：英国诗人。——译者注

［16］ 弗朗西斯科·古齐亚迪尼（1483—1540）：意大利历史学家，独创了新的政治历史记载法。——译者注

［17］ 吉尔瓦尼·罗思尼（1776—1855）：意大利历史作家、文学家。——译

者注

[18] 施瓦本人居住在德国南部，人们戏谑施瓦本人到 40 岁才懂事。——译者注

[19] 1845 年 10 月 18 日《泰晤士报》。

[20] 卡尔·弗·伯尔达哈（1776—1847）：德国生理学家。——译者注

[21] 卡尔·诺伊曼（1774—1850）：德国医学家，主要著作为 1829 年出版的《人类疾病》。——译者注

[22] 米歇尔·蒙田（1533—1592）：法国道德哲学家、随笔作家。——译者注

论哲学和智力

1

我们所有知识和科学的支撑基础是不可解释之物。所以，每一种解释经过或多或少的中间环节，最终都会回到那不可解释之物，正如测量大海深度的铅锤，无论投放在大海何处，都必然抵达或深或浅的海底。这不可解释之物属于形而上学探究的内容。

2

几乎所有人都总是认为自己是一个这样或者那样的人，具有由此推论出来的这样或者那样的素质，但却很少想到他们根本上就是一个普遍意义上的人，有着由此引出的普遍人性。是否认识到这一点是至为重要的。坚持第二种更甚于第一种主张的极少数人是哲学家。其他人倾向于第一种看法，原因就是他们总的来说在事物当中总只是看到个别、零星的个体，而不是事物普遍性的东西。只有智力天赋更高的人，根据其思想的卓越程度而相应在单个事物中越来越多地看到事物的普遍性。这一重要的差别完全渗透于人的认知功能，以致我们对最平凡、普通事物的直观也因此呈现出差别。所以，头脑卓越的人和智力平庸之辈各自对普通事物的观察和看法已经是大不一样。这种从每一单个呈现的事物中把握其普遍性，也对应和吻合我名为不带意欲的纯粹认识主体和定义为事物柏拉图式理念的主体对应物，因为只有当认知瞄准了事物的普遍性，认知才可以是处于不带意欲的状态。相比之下，意欲打算的对象物则是单一、个别的事物。所以，动物的认知严格局限于这些单个事物，动物的智力因而完全是为动物的意欲服务。而思想智力瞄准着事物的普遍原理，则是要在哲学、诗歌和总的来说艺术、科学真正有所建树的必不可少的前提条件。

对为意欲服务的智力而言，亦即在智力的实际事务应用中，就只有个别、单一的事物；对于追求艺术或者科学的智力，亦即自为活动起来的智力，就只有事物的普遍性、事物整个的类别、种属和理念，因为甚至造型艺术家也只是旨在个体当中表现出理念，亦即种类。这是因为意欲只是直接瞄准着个体事物——这些才是意欲的真正对象，因为也只有这些个别事物才具有经验的现实性。而概念、类别、种属则只能非常间接地成为意欲的目标。所以，粗人不会感知普遍的真理，但思想天才却忽略和无视个体的事物。如果被迫纠缠于构成了实际生活素材的单一、个别的东西，那对于天才就是令人难受的苦役。

3

探索哲学的两个首要条件是：（1）具备勇气不把疑问留在心里；（2）把一切所谓理所当然的事情引入清晰的意识之中，以发现问题。最后，要真心探究哲学，我们的精神思想必须是真正空闲的：不能带有任何目的，亦即不能受到意欲的指挥，而是全神贯注接收直观世界和自己的意识所给予的教诲。相比之下，哲学教授却是惦记着自己个人的利益和好处，以及能带来这些利益和好处的东西——这些才是他们所关切的。这就是为什么他们根本看不到如此之多清楚不过的东西，甚至哲学的问题也从来不曾进入过他们的知觉意识。

4

文学家把生活、人的性格和人的处境之画面展现给我们的想象力，把所有这些图像活动起来，然后让每一个人透过这些画面尽其思想力的所能去思考。所以，文学家可以同时满足思想能力参差不一的人，不管他们是傻瓜还是智者。但哲学家并不以此方式展现生活，而是对生活抽丝剥茧，概括出成熟、完善的思想。现在，哲学家就要求他的读者以他本人同样的方式、同等的程度去思考。所以，哲学家只有很小的读者群。据此，我们可以把文学家比作带来鲜花的人，而哲学家带来的则是鲜花的精华。

文学作品相对哲学著作还拥有这一巨大的优势：文学的众多作品可以同时并存而又不会互相干扰和妨碍。而且，那些彼此差异极大的作品也可以同时为同一个思想的人所欣赏和珍视。相比之下，某一哲学体系在这世上甫一露面，就已经睥睨着它的兄弟姐妹，处心积虑要毁灭它们，就像上台登基的亚洲国家的君主一样。这是因为正如一山只容一虎，同样，只有一种哲学可以君临天下。也就是说，哲学体系就其本质而言就是孤独、不喜交际的，一如那些孤独坐守其丝网的每一只蜘蛛；它们现在就看着苍蝇自投罗网。而一旦一只蜘蛛向另一只蜘蛛靠近，那只是想要一场你死我活的搏斗。因此，文学作品和平共处，就像安静吃草的绵羊，但哲学著作就是天生的猛兽；那种破坏和毁灭一切的欲望使它们甚至成为尤其是要吞噬自己同类的蝎子、蜘蛛、昆虫幼体一类。它们来到这一世上，就像从杰森的龙牙种子冒出来的全副披挂的武士[1]，在此之前同样是经历了一番自相残杀。这场争斗已经持续了两千多年，这场争斗会有最终的赢家，天下从此可以归于太平吗？

　　由于哲学体系具有这一争辩好斗的本性、这一"群雄并起、互相厮杀"的特质，所以，哲学家要获得认可和名气，难度比文学家要大无数倍。文学作品只要求读者进入为其提供娱乐消遣或者鼓舞升华的系列文字之中，为此花上几个小时的时间。但哲学家的著作却试图使读者的整个思想模式来个翻天覆地的变化。它们要求读者宣布自己在此之前在这一门学科里所学过的、相信过的东西都是错的，所花的时间、精力全都白费了，现在必须从头开始。他们至多只能保留某一位前任哲学家的部分思想，以便在此之上重建基础。此外，现存哲学体系的每一个教授者也都因职位所致而成了与新的哲学体系较劲的强力对手。而且，有时候甚至国家政府也会把其偏爱的哲学体系纳入其保护伞下，并且通过其强有力的物质手段，防范和阻挠其他学说的传播和流行。再者，如果我们考虑到哲学著作的读者群与欣赏文学作品的人数之比，恰如愿意聆听教诲的读者与想要寻求消遣、娱乐的人数之比，那么，一个哲学家的出场究竟会是怎样的"凶多吉少"——这我们自己就可以下判断了。但当然，哲学家能够得到的酬劳是思想家及经过很长时间才会出现的、不分国籍的、为数不多的出类拔萃者所给予的鼓掌和喝彩。而大众则是逐渐地、基于权威地学会敬重这位哲学家的名字。据此，同时也因为哲学的进展对整个人类发挥着虽然缓慢、但却深远的影响，哲学家的历史与帝王的历史一道，自千百年来并肩排列；哲学家的名字，却比帝王的数目要少百倍之多。因此，一个哲学家能为自己在哲学家的青史中留下名字，就是相当伟大的事情。

5

哲学作者是向导，他的读者则是旅游者。如果他们要想一齐抵达目的地，就首先必须一起出发；换句话说，作者必须把读者置于一个肯定是共同的立足点和审视角度——而这不是别的，正是我们每一个人所共有的经验意识。在此，作者紧牵着读者的手一步一步地引领他，沿着山间小道，尽力登上云外的高处。康德就是这样做了：他从对事物和对自身的完全普通的意识出发。相比之下，试图把下面这些作为出发点却是多么颠倒和荒谬：据称是对超自然、超物理的关系或者事件，甚至是对超感觉的知觉理性，再不就是对某一绝对的、自为思考的理性的智力直观！因为这就意味着从无法直接言说的认识立场出发——这样，读者从出发起，就已经不知道自己是和作者站在一起，抑或离他有千里之遥。

6

我们自己认真静思和琢磨一样事情与跟别人交谈这事情，这两者的关系就犹如一个活的机体与一台机器的比较。这是因为只有在第一种情形里，所有的东西才好像来自某一整体，或者在一个调子发出音声，因此，这可以达至完美的清晰度和真正的连贯性；但在第二种情形里，不同出处并且各自差异悬殊的部件被凑合在一起，以强行产生某种统一协调的运动，但往往会出其不意地停止下来。也就是说，我们只能完全透彻地明白我们自己，对其他的事物我们都只能是一知半解，因为我们顶多只能把概念集合起来，而不能把这些概念的基础——直观了解——统一起来。因此，采用对话中的共同思考的方式，永远不可能发掘出深刻的哲学真理。但这样的对话却有助于我们先期演习一番，找到和厘清需要解决的问题以及对随后提出的解答加以检验、核实和评判。柏拉图的对话录就是在这一意义上撰写的，也因此，柏拉图学派分流出第二和第三个学院派别，其怀疑的态度有增无减。对话文字作为传达哲学观点的一种形式只有在被讨论的话题可以有两个或者两个以上完全不同、甚至是彼此相反的观点时，才是恰当适宜的。对于这些不同观点，要么交由读者自己判断，要么就把这些不同的观点集合起来，以补足完整对这话题的正确理解。如果是前者，那就应对反对意见的反驳。为此目的而选取对话形式的话，那观点的差异就必须从根本上突出、明显地表达出来，以达到真正的戏剧性：两种声音确实是在对话。如果没有这样的目的，那种对话就只是耍贫嘴闲聊而已——就像绝大多数的对话那样。

7

讨论和比较别人所说过的东西不会特别增加我们的真知和灼见，因为这样做始终就只是像把水从一个容器注入另一个容器而已。只有通过自己对事物的观察和思考才可以真正充实我们的真知和灼见，因为事物才是永远近在眼前、随时准备好的活的源泉。所以，看到那些一心一意要做哲学家的人总是在第一条道上走到黑，而对第二条途径则似乎一无所知；总是纠缠于某某人说过这样或者那样的话，某某人的意思到底是这样还是那样，以致就好比一次次重复把旧瓶子倒转过来，以防遗漏了瓶里存留的一两滴水，而对自己脚下潺潺流过的活水却视而不见——这样的情景，让人百思不得其解。没有什么比这更清楚地暴露出这种人的无能和更有力地指控他们那貌似深刻、独创和煞有其事的表情就是欺骗。

8

那些希望通过熟读哲学史而成为哲学家的人，更应该从其阅读的哲学史中了解到：哲学家就像文学家一样，只能是天生的，并且前者比后者更加稀有。

9

对哲学的一个奇怪和不当的定义就是：哲学是一门由纯粹的概念组成的学科。甚至康德也做出了这一定义。其实，我们所拥有的概念不是别的，而是概念中所贮存的从直观认识那里借来、乞来的东西，而直观认识是我们一切真知的真实在和永不枯竭的源泉。所以，真正的哲学并非只是用抽象的概念编织而成，而只能建基于观察和经验，不管是对外在的还是对内在的东西。要在哲学上做出点扎实成绩，也不是通过试图组合概念就可以的，而我们当代的诡辩主义者，如费希特[2]、谢林[3]之流，就尤其习以为常地玩弄这一手法，而黑格尔则在这方面发挥得让人至为厌恶。施莱尔马赫[4]则是在道德理论上运用这一手法的佼佼者。哲学一如艺术和文学，其源泉就是对这一世界的直观把握。再者，人们无论怎样保持高抬着头，但世事也不至于如此冷血，以致不会最终让整个人全身心地投入行动和感受到完全彻底的震撼。哲学不是一道代数题，相反，就像伏维纳古[5]所正确无误说过的："伟大的思想从心而出。"

10

只是精巧和敏锐或许使人有能力成为怀疑论者，但却无法造就一个哲学家。不过，哲学里的怀疑论就好比国会中的反对派，也同样是有益和必需的。怀疑论无一例外都是因为哲学无法给出像诸如数学的那种清楚的证据，就跟人无法做出动物的本能技巧一样——而动物的本能技巧也是先验确实的。所以，针对每一哲学体系，怀疑论者永远可以站到天平的另一边，但其分量与对方相比，归根到底是不足道的，不会比怀疑算术上对圆圈的方形化计算——因为那种计算毕竟也之是大概的——有更大的杀伤力。

如果我们知道一些东西的同时，又承认不知道自己所不知道的东西，那我们的所知就有了双倍的价值和分量。因为这样一来，我们所知道的东西就不会招致别人的怀疑。但如果就像谢林的门生那样，冒充知道我们其实并不知道的事情，那这种情形就是避免不了的。

11

发自对事物的客观和直观认识、以前后一致的方式总结出来的世界观不可能是完全错误的，就算是碰上最糟糕的情形，那也不过是失之片面而已，例如，完全的唯物主义、绝对的唯心主义，等等。这些世界观都是真实的——各有各的真实。所以，这些世界观所包含的真理都是相对的。也就是说，对世界各自不一的把握只是在出于某一特定的立场、角度的时候才是真实的，就好比一幅图画也只是从某一视角去表现一处的风景。但如果我们提升到比某一体系的立场更高的角度，那我们就会看出其真理只是相对的，亦即片面的。只有最高的、把一切都一览无遗和考虑进去的审视角度才可以为我们带来绝对的真理。据此，例如，如果我们把自己视为大自然的产物，只是暂时出现但终将完全毁灭，大概就像《传道书》所说的那样，那这一说法是真实的；但认为过去存在和将来存在的集于我身，在我之外的一切皆是无的观点与此同时也是正确的。同样，如果我像阿那克里安[6]那样把最大的幸福设定为享受现时此刻，那也是对的；但假设我从痛苦和虚无中看到其有益的特性，或者从一切的快感逸乐中认出有害的东西，领会到死亡就是我的存在的目标，那我的这些观点也同样是正确的。

所有这些都有其理据，因为每一合乎逻辑推理、前后一致的观点都只是把我们对大自然的直观和客观理解以概念承载和固定下来；而大自然，亦即那被直观之物，是从来不会撒谎的，也不会自相矛盾，因为大自然的本质排除了这些东西。所以，假如出现了自相矛盾和谎言，那是因为我们的想法并非出自对大自然的客观理解，乐观主义就是这样的例子。但对大自然的某种客观理解有可能是片面的和不完整的，那所需要的只是补足，而不是驳斥和驳倒。

12

面对自然科学所取得的如此伟大的进步，人们总是不知疲倦地责备形而上学进展过于缓慢。甚至伏尔泰也慨叹：

啊，形而上学！我们在这方面的进展就跟古代克尔特人的巫师时期相差无几。

——《形而上学杂论》，第九章

但试问又有什么学科像形而上学那样总是遭遇阻力，总是面对拥有职权的对手，一个国家特派的检察官，一个配备全副武装的国王卫士？这些人随时准备着扑向手无寸铁、全无还手之力的形而上学。只要形而上学仍然受到威胁，被迫委屈逢迎那些为照顾大众低劣理解力而设的教条，那形而上学就永远不会展现其真正的能力，就永远无法迈出巨大的步伐。我们是首先被别人捆起了臂膀，然后就因为无法施展一番拳脚而遭受别人的奚落。

宗教夺走了人们探求形而上学的能力，一是通过在早年向人们强行灌输教条以扼杀这种能力，二是禁止人们自由和不带偏见地表达形而上学的观点，或者对此加以种种避讳，以直接禁止或间接阻挠，或透过上述的瘫痪作用而在主观上造成不可能去自由探索至关重要的、最具乐趣的和关乎自己存在的事情。这样，人们最高贵的能力也就以这种方式被禁锢起来了。

13

要让自己容忍别人与己相反的观点和耐心对待别人对自己看法提出的异议，最行之有效的方法或许就是记住这一点：我们自己何尝不是对于同一审视对象经常性地连续变换截然相反的看法？有时候甚至是在很短的时间之内，根据对象物在不同光线之下所展现的样子，而相应地一再变换看法，一会儿抛弃某一看法，一会儿又抛弃与之相反的看法和重拾原先的看法。

同样，在我们说出与别人看法相抵触的意见时，没有比这一说法更能争取别人好感的了，"我以前也持有与你一样的想法，但……"，等等。

14

　　某一错误的学说，不管是因其错误观点所致，还是出自人为的别有用心，都总只是服务于特定的情势，因此只会流行某一段的时间。只有真理才是永远不会过时，哪怕这一真理在某一时间内受到低估、误解或者扼杀。这是因为只要从人的内在生发出点点光明，从外在吹进点点空气，那就会有人宣扬或者保卫这一真理。也就是说，因为真理并不是出自某一党派的目的，所以，具头脑思想的人随时都会成为这真理的捍卫者和辩护者。真理好比磁石，它无论何时何地都始终指向某一绝对确切的方向，而错误的学说则像一尊塑像以手指向另一尊塑像，而一旦与后者分离，那这塑像就失去其全部意义。

15

　　通常，妨碍我们发现真理的不是发自事物的和诱人犯错的虚假外表，甚至也不直接是我们理解力薄弱，而是先入为主的观念和偏见——这些作为虚假的先验之物对抗着真理，就像是逆风把船只吹往与唯一的陆地相反的方向——对此，方向盘和风帆是徒劳无功的。

16

歌德的《浮士德》有两行诗句：

祖辈留下的遗产，

要去挣取，才能拥有。

以下是我对这两行诗做出的评释。我们全凭自己之力、独立地和不知情地发现了思想家在我们之前已经发现的东西，那可是有着巨大的价值和用处。这是因为对自己想出来的东西，与学来的和接受过来的东西相比，我们会更加透彻地了解前者；当我们在这之后在前贤的著作中发现了同样的东西时，由于与已被承认的权威说法不谋而合，自己的正确思想就无意中获得了有力的证实。我们就会由此增强了信心，并能更加坚定地捍卫这一思想。

但如果我们首先是在书本里发现了某种说法，然后经自己琢磨也得出了同样的结论，那我们永远不能确切知道这结论到底是经过自己的思考、判断而获得，抑或只是重复说出、跟随别人感应同一样的说法。事实到底如何是有很大区别的，因为如果是后一种情形，那我们就可能终究是受了影响，只是与前人一道得出了错误的见解，就像流水轻易地顺着此前流出来的水道前行。如果两个人独立进行运算而得出同样的结果，那这一结果就是可靠的；但如果一个人只是浏览另一个人的计算过程，那情形可就不一样了。

17

当我们向外审视时，无法测量的世界和数不胜数的造物就展现在我们的眼前，我们作为个体的自身就缩小为无物，犹如消失了似的。着迷于和惑于那超大的体量和数量，我们就会进一步推想：只有着眼于外在的，因而是客观（客体）的哲学才是走对了路子。古老的希腊哲学家对此甚至不曾存有一丝怀疑。

相比之下，当我们向内审视时，我们首先就会发现每一个体都只是对自身感到直接的兴趣，并的确更多地关心自己甚于除此之外的一切东西加在一起。这是因为每一个人只是直接地了解自己，对于其他一切，他只是间接了解而已。此外，如果我们还考虑到：具意识和认知之物只能想象为个体，而不具意识的东西则只有一半的、某种只是间接的存在，那一切真正和真实的存在就属于个体。最后，如果我们还记得：客体是以主体为条件，所以，那无法测量的外在世界就只在认知之物的意识中存在，所以，是与个体——这一外在世界的承载物——的存在如此明确地结合在一起，以致这一外在世界在这一意义上而言，甚至可被视为那永远是个体意识里面的布置、偶然和附属的东西——如果我们考虑到上述这几点，那我们就会得出这一看法：只有审视内在、从直接给予的主体出发的哲学，因而也就是自笛卡尔以后的哲学，才是走对了路子；而古人们则忽视了主要的东西。但只有深入自己的内在，把藏在每一认知之物那里的对本源的感觉引入意识之中，我们才会完全确信这一点。事实上，还不止这些。每一个人——哪怕这个人是多么的微不足道——都在自己简朴的自我意识中认出自身就是最实在之物，必然了解到自身就是这一世界的真正中心点，甚至就是一切真实性的本源。这种原初意识有可能说谎吗？最强有力地表达这里所说的就是《奥义书》中的这一句话：

我是万物，除我以外，别无其他；一切因我而起。

当然，由此看法会过渡到光明主义（Illuminismus），甚至神秘主义。这是观照内在得出的结果，而投向外在的审视则让我们看到：我们存在的结局就是一堆白骨而已。[7]

18

哲学的分类是重要的，尤其是在其表述方面。以下出自我的角度对哲学分类的看法是有其价值的。

虽然哲学探究的对象是经验，但哲学却不像其他学科那样探究这一类或者那一类特定的经验，而是探讨总体的经验本身，根据其可能性、其范围、其关键内容、其内在和外在的成分、其形式和素材。所以，哲学当然是有其经验的基础，而不是从纯粹抽象的概念就可想象出来。这一点我在我的主要著作第二卷第十七章已详尽说明，本文的第 9 条也作了扼要的总结。从哲学的确定了的题材出发，接下来的就是：哲学所要考察的首要东西，必然就是让总体经验得以展现的媒介，以及其形式和特质。这一媒介就是表象、认识力，因而也就是智力。因此，每一套哲学都必须首先考察认知功能，其形式和法则，以及这一认知功能所适用之处和局限所在。这种考察因而就是"首要的哲学"。这可分为：对首要的、亦即直观的表象的考察——这一部分的考察人们名为"思想法则学"或者"认识论"（Verstandeslehre）；对次要的、亦即抽象的表象的考察，连带其操作的规律性，也就是逻辑学，或说理性学说（Vernunftlehre）。这泛泛的一大类考察总括了，或者更精确地说，取代了以前人们所称的本体论（Ontologie）。本体论就是人们所提出的所谓有关总体事物的至为普遍和基本特性的学说，因为人们把那只是得之于表象功能的形式和本质的事物特性，当作是自在之物的特性，而这又是因为所有透过表象功能而被把握的实质都必然是与表象功能的形式和本质相符，因此所有的实质都具备了为所有这些实质所共有的某些特性。这就好比透过一块玻璃看东西，然后就说这东西是这一玻璃的颜色。

进行这样的考察的哲学就是狭隘意义上的形而上学（Metaphysik），因为这一类哲学不仅只是让我们认识现存的东西、大自然，把这些总结、归类，联系起来考察，而且还把这些视为既有的、但却是有条件的现象——某种与现象本身不同的本质，因此也就是自在之物，就展现在这一现象。形而上学就力图更进一步地了解这一自在之物，而为此目的所采用的手段就是：（1）把外在和内在的经验结合起来；（2）通过发掘总体现象的含义和其中的关联以获得对这总体现象的理解——就好比为猜测、解读一篇不认识的文字里面的神秘字词。沿着这条路子，这形而上学从现象出发而到达发出现象者、到达那匿藏在这一现象背后的东西，亦即"紧随物理学之后的东西"这种形而上学因而又分为三类：

大自然的形而上学
美的形而上学
道德伦理的形而上学

不过，这样支流的划分已经预设了形而上学本身。也就是说，形而上学证实了自在之物、现象的内在和最终的本质就在我们的意欲。因此，根据对意欲在外在大自然的显现的考察，我们就可以探究其在我们内在的完全不一样的和直接的表现——由此就产生了道德伦理的形而上学。但在这之前，人们思考了如何才能至为完美、纯粹地把握意欲的外在或说客观的现象——而这就生发了美的形而上学。

理性生理学或者灵魂学说是没有的，因为正如康德已经证明了的，灵魂是超验的，而超验之物就是无法证明、欠缺根据的假设，因此，"灵魂和大自然"的矛盾说法也就始终留给菲利斯丁人和黑格尔之流。人的自在本质只能与所有事物——亦即这一世界——的自在本质结合一道才能理解。因此，在《菲德洛斯篇》，柏拉图就已经让苏格拉底把这一问题以否定的意味提了出来：

你认为在不知道整个宇宙的基本本质的情况下，有可能恰当地了解灵魂的基本本质吗？

也就是说，微观宇宙和宏观宇宙互相诠释，并以此证实了两者在本质上同属一物。这种与人的内在本质紧密联系起来的考察贯穿于和渗透在整个形而上学的各个部分，因此不会再度作为心理学而单独出现。相比之下，人类学（或者人种学、人体构造学）作为一门经验科学却可以成立，但却部分是解剖学和生理学，部分只是经验的心理学，亦即通过观察而获得的有关人的道德和智力的表现、有关人类的特性以及在这些方面的个体差别的知识。但这里面最重要的东西却必然是作为经验的素材由形而上学的三个部分先行拿下和加以处理。对剩余下来的素材，需要细心观察和有头脑的解读，甚至要从更高一些角度加以思考——我的意思是，需要得到具某些智力优势的人的处理。所以，只有那些头脑出色的人写出的作品，才有可读性。诸如此类的作者就是柏拉色斯、蒙田、拉罗什福科、拉布耶尔[8]、爱尔维修、尚福尔、艾迪逊[9]、萨伏斯伯里[10]、申斯通[11]、利希腾贝格[12]，等等。但在由没有思想、并因此憎恨思想的哲学教授所编撰的教材里面，却找不到上述的观察和思考，他们的那些思考也让人无法忍受。

19

智力之于内在的意识界就好比光之于外在的物质界。这是因为智力与意欲的关系，亦即智力与生物机体的关系（生物机体就只是客观所见的意欲），大致上就犹如光与可燃物和氧气的关系（可燃物和氧气的结合就产生了光）。并且，正如光越少与燃烧物的烟雾混合一起，那光就越纯净，同样，智力越完全与其所出自的意欲分离，那智力就越纯粹。我们甚至可以更大胆地比喻：生命，正如我们所知道的，就是一个燃烧的过程，在这燃烧过程中所产生的光就是智力。

20

在哲学里，每一声称不带任何预先假设的方法都是大话、空谈，
· · · · · · · · · · ·
因为我们必须永远把某些东西视为既有的东西，以便从这既有之物出发。

给我一个支点，我就能支起这一地球。[13]

这一说法说的就是这一道理。这也是人们从事任何事情都不可避免的条件，就算是哲学探究也同样如此，因为我们的精神思想也一如肉体那样不可能自由漂浮在虚空、以太之中。但是，这样一个哲学探究的始发角度，一个暂时是既定的出发点，在以后却必须获得补偿和合理证实。也就是说，这一始发角度既可以是主体（主观）的，那也大概就是自我意识、头脑中的表象、意欲；也可以是客体（客观）
· · · ·

的，那也就是反映在在对别的其他事物的意识中的东西，那大概就是真实的世界、外在的事物、大自然、物质、原子，甚至是上帝或者纯只是任意想象、设计出来的概念，诸如实质、绝对或者种种其他。为了再度弥补采用此角度的任意性和矫正那预设，我们以后就必须变换角度和采用相反对立的角度，并从这一角度出发，在补充的哲学论辩中再度引申和推论出我们从一开始就视为既有的东西。

这样，事物也就彼此阐明。[14]

例如，我们从主体出发——就像贝克莱、洛克、康德所做的那样，而在康德那里，这一审视方法达到了顶峰——那这条途径尽管因为主体的真正直接性而具备了一大优势，但所获得的哲学却在某种程度上相当的片面，并且也不是完全得到证实的，除非我们采用这一方式把这一哲学补充完备：把从这一哲学推导出来的观点作为既有的东西再次变成审视的出发点，因而是从相反的观点出发，从客体推导出主体，就像在此之前我们从主体推导出客体一样。我认为我在大致上为康德的哲学做出了这样一种补足——这见之于《作为意欲和表象的世界》第 2 卷第 22 章[15] 和《论自然界的意欲》中"植物的生理学"。在这些论述中，我从外在大自然出发推导了智力。

但现在如果反过来是从客体出发，把周围众多的事物，诸如物质以及在物质上面显现的各种力，作为既有之物，那我们很快就有了整个的大自然，因为这样的一种审视方法带来了纯粹的自然主义（Naturalismus）——我更精确地把这称为绝对的自然物理学（absolute Physik）。这是因为那既有之物，所以也就是绝对真实之物，就人们普遍所理解，就是大自然的法则和大自然的力，包括这些自然力的载体，即物质；但特别考察一下，那不过就是无数恒星以及围绕恒星运转的行星自由浮游在无限的空间。结果就是在空间中，不外乎就是要么发光、要么被照亮了的星球。在被照亮了的星球表面，由于腐败程序作用的缘故而产生了生命：这呈梯级差别的有机生物体以个体呈现，遵循着控制生命力的大自然规律，经由繁殖和死亡在时间上开始和结束；而这些的规律如同其他的所有的规律和法则那样，构成了现有的、生生不息的秩序，既没有始点和尽头，也没有对此的解释理由。在这逐级向上的有机生物系列中，占据最高一级的是人类，其存在也同样有其开始，在其一生中，有着许多和巨大的痛苦、少得可怜的欢乐；然后，就像所有其他人一样有其终结。在这之后，一切依旧，就好像这个人不曾存在过似的。那在此指导思考、扮演着哲学角色的我们的绝对自然物理学，就向我们解释说：由于那些绝对存在和绝对有效的大自然法则的作用，一个现象总是产生或者取代另一个现象；在这过程中，所有的一切都是完全自然而然地发生，因此也就是完全清晰、可以理解的。这样，我们就可以套用费希特的口头禅在被如此解释的世界——费希特站在哲学教授的讲台上，向他的学生们一脸严肃、语带强调地发挥其戏剧表演才华：

　　它是这样，就是因为它是这样；之所以是现在这样，就因为它是这样。

　　所以，在从这一审视角度的人看来，那些不满足于对这一世界如此再清楚不过的解释、并试图在全然是想象出来的形而上学中寻找其他解释的人，纯粹就是荒诞的念头作怪；这些人还想在这种形而上学的基础上重又建立起一套伦理道德学呢！而因为这套伦理道德学无法由物理学奠定起来，所以就从杜撰的形而上学那里取得其唯一的理据！物理学家们因此以明显鄙夷的神情看不起形而上学。但是，无论这种纯粹从客体出发的哲学论辩如何志得意满，其审视角度的片面性和变换这一角度的必要性或迟或早都会通过各种机会，以各种方式表现出来。也就是说，认识的主体及其认知官能迟早要成为被考察的对象，因为所有的那些天体世界首先只存在于那认知功能。例如，把人的智力称为自然之光的基督教神秘主义者，认为人的智力在求证更高一级的事情时，毕竟是力不胜任的——他们的看法的基础就是：人的所有这些知识，其有效性只是相对的和有条件的，而并非像我们当今那些理性主义者所认为的那样不带条件。也正因为理性主义者这样的认为，所以，他们藐视基督教的深刻、神秘之谜，情形就跟物理学家藐视形而上学一样。例如，理性主义者认为原罪的教义只是一种迷信而已，因为他们那伯拉纠式家庭"妇男"的智力、见识让他们高兴地发现：任何人都不需为他人在早六千年前所犯下的过失负上责任。这是因为理性主义者大胆放心地遵循自己的自然之光，并一本正经地误认为：在四十或者五十年前，在他们那戴着睡帽的爸爸成孕了自己、他们的妈妈把自己平安生下来之前，他们是纯粹和绝对的无；然后，从那一刻起，他们才是从无中生成。正因为这样，他们才可以不为任何事情负责任。什么罪人、原罪的，十足的胡说八道！

　　这样，正如我已经说过的，循着客体（客观）知识而思辨的人或迟或早在各式不一的前路上，但尤其是在无法避免的哲学探究的过程中，开始察觉到事有蹊跷。也就是说，人们就会发现：所有根据客体的一面所获得的智慧，都是以信赖人的智力为前提，但人的智力自有其形式、功能和呈现方式；所以，所有这些知识是完全以这智力为条件的。由此就有了变换审视角度、以主体方法取代客体方法的必要性。也就是说，在此以前，智力以十足的自信构筑了整套教条，放心大胆地对世界及其万物、以及所有这一切的可能性先验地做出了判决；但现在，这一智力本身却变成了我们要检查的对象，它的权威现在必须接受检验。这首先促成了洛克的哲学，然后是康德的《纯粹理性批判》；最后导致了这样的认识：自然之光只是投向外在；一旦需要把这种光折返、照明自己的内在时，它是无能为力的，亦即无法直接驱赶笼罩着内在的一片黑暗，而只能经由上述哲学家所采用的迂回、折射的手段，并且是克服了巨大的困难，我们才获得了有关智力独特的运作和独特的本质的间接资料。在这之后，智力才清楚了解到：智力的原初任务就只是把握关系——这对于为个体意欲服务已经是足够的了。所以，智力本质上就是投向外在的，并且在投向外在时，智力也只是作用在表面的力，就像电力一样，亦即只能把握事物的表面，而不能深入事物的内在。也正因为这样，智力无力完全和从根本上理解和看透所有那些在这智力看来是客体（客观）上清楚和真实的东西——哪怕这其中的最微不足道、最简单的一样东西。相反，不管是每一样事物还是整体的事物，其根本的东西对于智力而言仍然是一个不解之谜。但智力由此获得了更深一层的认识，也就是人们所说的观念主义、唯心主义（Idealismus），亦即智力及其运作所理解的客体（客观）世界及其秩序，并不是无条件的、自在的存在，而是经由脑髓的功能而形成，因此是首先只存在于这头脑之中；所以，套着这样的形式，那就只是有条件的和相对的存在，也就只是现象、外表而已。在获得这一见解之前，人们在探求自己存在的根据时，预设了认知、思维和经验的法则就是纯粹客观的，是自在、自为和绝对的存在，也纯粹是因为这些，人自己以及一切其他事物才得以存在。但现在，人们认识到：事实却是恰恰相反，自己的智力和因此自己的存在，是所有那些法则、规律以及由此派生出来的东西的条件。然后人们也终于明白：时间、空间、因果律这些他们现在已经清楚的观念性东西，必须让位给另一种与大自然秩序完全不同的事物秩序，而大自然的秩序却需被视为那另一种事物秩序的结果或者象形文字。

21

就像我在上面和《作为意欲和表象的世界》第 1 卷第 14 章已经说过的，不仅显而易见的事实是直观的，任何对事物的真正理解也都如此。所有语言都有的无数比喻方式就已经证明了这一点。那些比喻也就是努力把一切抽象的东西还原为直观之物。这是因为某样事物的纯粹抽象的概念并不会让人真正懂得这事物——虽然抽象概念可以让我们谈论这些事物，正如许多人大谈许多事情一样。事实上，一些人在谈论事情的时候甚至连这些概念都不需要，他们只需搬弄字词，例如，一些学来的专业、技术用语，就足够应付了。与此相比，要真正理解某样东西，我们就必须从直观上把握它，要接收到一幅清晰的图像，尽量地取自现实本身，否则就要通过想象力了。甚至那些太过宏大或者太过复杂、我们难以一眼就尽收眼底的东西，要真正去理解的话，那也必须要么部分地、要么透过某一可一览无遗的具代表性的东西，让我们可以直观地想起来。但如果连这一点都难以做到，那我们至少要尝试通过直观图像和明喻帮助理解。直观确实就是我们认知的基础。这一道理也反映在我们处理非常庞大的数目字和相当巨大的、只能运用这些数目字以表达的距离时，例如，在研究天文学的时候——此时，我们虽然是在抽象中思维，但却并没有真正和直接理解这些数目字，而只是获得了某一比例概念而已。

但是，哲学家比起任何其他人都更应该从那一切知识的源头、从直观知识中汲取，因此眼睛应该永远注视着事物本身、大自然、世事、人生，让这些而不是书本成为他的思想的主题。哲学家也必须把所有现成的、流传下来的概念永远放在自然、生活中检验和核实。因此，书本并不是知识的源头，而只是他们的辅助工具而已。这是因为从书本获得的知识只是二手的东西，并且通常都已是有点失真、歪曲的。这些的确就只是事物原型、亦即这一世界的反射、影像；并且，镜子很少是完全干净、无尘的。相比之下，大自然现实却是从来不会撒谎；对于大自然来说，真理就是真理。所以，哲学家必须以大自然为研究对象。也就是说，大自然的巨大、清晰的特征和它主要和根本的特性生发了哲学家要琢磨的问题。据此，哲学家就把大自然重要的和普遍的现象，那随时、随处可见的东西，作为要考察的对象，而专门的、稀有的、特定的、细微的或者转瞬即逝的现象则留给自然科学家、动物学家、历史学家等。哲学家关注的是更加重要的东西：这一世界的整体和全部，其本质和根本真理是哲学家的更高目标。所以，哲学家不能同时纠缠于个别、零星、微小的事情，正如从高山之巅俯览地上全景的人不可能同时考察、断定山谷下面生长的植物一样，而只能把这些工作留给呆在那里研究植物的人。一个人要全副身心和全力投入到某一专门的学科分支里面，那当然就必须对此怀着挚爱，但对其他所有的事情也就肯定是漠不关心的，因为把全副力量奉献给某一专门领域的前提条件只能是对所有其他事情一无所知，这就好比要和一个女人结婚的话，就得放弃所有其他的女人。因此，第一流头脑的人永远不会完全献身于某一专门的科学，因为他们最上心的是对整体事物的见解。这些人是统帅，而不是士兵长；是乐队指挥，而不是乐团中的演奏者。一个伟大的思想家又怎么可能满足于只是精细了解这整体事物中的某一支线、领域及其与其他事物的关联，而不顾所有其他的？相反，他明显把目光瞄准了整体，其努力都投入到事物和世界的总体，在这方面，不可以任何事情对他来说是陌生的。所以，他不能把自己的一生消磨在某一专业的微小细节上面。

22

在凝视某一物体一段长时间以后，眼睛就会变得迟钝而无力看清东西。同样，持续思考同一样事情会让智力无力琢磨和把握这事情，智力会变得迟钝和混乱。我们必须把事情放下，以便在再次思考时重新看到其清晰的轮廓。所以，看到柏拉图在《会饮篇》所说的，即苏格拉底在思考突然想起的问题时，就会24小时僵硬不动活像雕塑一般，我们就不仅会说，"这不是真的"，而且还补上这一句，"这种杜撰很不高明"。从智力需要得到休息的事实，也就可以解释为何在间隔某一段长的时间以后，当我们就像新的和陌生的人一样注视这世界事物的日常进程，亦即带着一副新鲜的、完全不带偏见的目光观望时，那事物的关联和含义就会至为清晰和纯净地展现给我们。到了这个时候，我们也就简单、明了地看清事物，我们就是无法理解为何这样清楚、明白的事情，却不为时刻身处其中的人所发觉。诸如此类的清晰时刻因此可以比之为"清澈、健全的时候"。

23

在更高的意义上说，甚至那突发灵感的时候，连同其带来的瞬间光明和才思，都只属于天才的"清澈、健全的时候"。所以，人们可以说天才与疯癫只有一层之隔。但理性之人的理智其实也只在"清澈、健全的时候"才真正发挥作用，因为理性之人也并非永远都是那么理智。精明的人也同样不是在每时每刻都那么精明；就算是有学问的人也并非在每一刻都能引经据典，因为他也有时候无法想起本来相当熟悉的东西，并把这些东西有条理地联系起来。一句话，

没有人可以每时每刻都那么智慧。

所有这些似乎表明：脑髓汁液有其潮汐的特定时间，或者，脑髓纤维有其张、弛之时 [16]。

但是，正当脑液如此泛潮之时，如果一些新颖、深刻的见解突然到来，我们的想法、念头同时也自然提高了活跃度，那引发这些的始终是某一直观的诱因。直观、直觉的见解是每一个伟大思想的根源和基础。这是因为字词在其他人那里唤起思想，但字词唤起我的们只是图像。

24

我们要尽快记录下我们的有价值的、自己的思想，是不言自明的：我们有时候甚至会忘记我们所经历过的事情，那我们所想过的东西失之遗忘就更是多得多了！思想不会是我们呼之即来，而是在它们愿意的一刻降临。但我们最好不要记录下从外在现成就可以获得的、只是学来的、或者尽可以翻书重新找到的东西。也就是说，不要只做文学、科学著作的汇编，因为把某样东西抄写卜来也就等于把它们付诸遗忘。对待我们的记忆力，我们应该苛刻、严厉一点，这样，记忆

力才不至于忘了服从我们。例如，我们在无法回想起某一事情、某一诗句或者某一字词的时候，不要翻书把它们找出来，而应该长达数周地定期催促、烦扰那记忆，直至其履行义务为止。这是因为我们不得不要去回忆这些东西的时间越长，这些回忆起来的东西在以后就越牢固地黏附在我们的记忆里；我们花费如此精力才从记忆深处找回的东西，与借助翻书重又刷新记忆相比，会在以后需要的时候更容易听候我们的吩咐。而借用某一技巧方法死记东西的记忆术，其基础就是人们信赖自己的聪明更甚于记忆力，所以，我们就把后者的任务交由前者完成。也就是说，我们必须把难以记住的东西替换成容易记得的东西，目的就是在将来可以再度替换成前者。但这样的记忆术与自然的记忆力相比，就犹如假肢与真肢之比，并且，如同所有的一切，为拿破仑的这一句话做出了诠释：

非天然的东西都是有欠完美的。

在开始的时候，借助于记忆术记住新学来的事物或者字词，直至到它们融入我们天然、直接的记忆中去，是不错的办法。这就像我们暂时借用拐棍一样。我们的记忆到底是如何开始从经常是一望无际范围的储存库里马上找到我们每次所需之物；那有时候是漫长、盲目的搜索在这之后是如何自动展开；那一开始遍寻不获的东西，是如何在大多数的情况下，在我们已经发现了相关的某一细小线索以后，否则就是在数小时或者几天以后，我们完全是自动地、没有来由地想起来了，就像有人悄悄地告诉了我们——所有这些对于我们这些在此过程中的当事人来说都是一个神秘之谜。不过，这一点在我看来是毋庸置疑的：要记住和处理如此大量、种类如此繁多的记忆素材，记忆力那神秘莫测和精致细微的操作是永远不可以被人为的、有意识的运用类比技巧所取代。在借助这些人为的记忆技巧时，天然的记忆力必须始终是记忆过程的原动力，但现在记忆力就不得不记下两样东西，亦即记号和记号所代表之物，而不只是一样东西了。无论如何，记忆术这种人为的记忆也只能帮助记下相对很小的一部分东西。总的来说，事物是以两种方式印在我们的记忆里：（1）通过我们刻意的死记硬背；如果要记住的只是一些字词或者数字，那我们不妨暂时运用记忆术的技巧；（2）由于事物给我们留下的印象，我们用不着做出任何努力就自然而然记住了它们，这些事情的确就可以被称为"让人难忘"。正如创伤通常只是在稍后，而不是在当下让我们感到痛楚，同样，许多事情或者许多听过、读过的思想给我们留下了比当时马上意识到的要更深刻的印象。但在这之后，我们一次又一次地想到这些东西，结果就是这些我们已是无法忘记，已经融入我们的思想体系之中，并能适时出现。再者，很明显，这些东西在某一方面是我们深感兴趣的。但要对事情感到兴趣，就要求我们有着活跃的、渴望吸收客观东西的心灵，追求见解和知识。许多学者之所以对自己本行的东西是惊人的无知，归根到底就是因为他们对那些学问的题材和对象缺乏客观兴趣；这样，与这些有关的发现、见解和解释就不会给他们留下强烈的印象，所以也就不会留在记忆里。这是因为，大致而言，这些人对其学习的东西不曾怀有挚爱，他们只是强迫性地学习和研究。一个人对越多事物感到强烈的和客观的兴趣，那以这自发的方式留在他记忆中的事情也就越多。所以，在年轻的时候，留在记忆中的事情也是最多，因为在年轻的时候，事物的新奇感提高了人们对这些事物的兴趣。记忆的第二种方式比第一种方式更加可靠扎实，并且它还会自动为我们挑选重要的事情，虽然这些重要的东西对一个冥顽不灵的人来说，只是局限于个人的俗务。

25

我们思想的特质（其形式的价值）发自内在，但思想的方向和因此思想的素材却是来自外在的。这样，我们在既定的每一刻所思考的内容就是两种根本不同的因素的产物。据此，客体、对象之于精神智力就只是琴弦拨子之于弦琴。因此，相同的景象在不同头脑会引发出极为不同的思想。当我仍处于精神智力的花季岁月和思想能力的顶峰时，适逢脑髓最高度集中的一刻，那信目所游，所见之物都会向我说出启示，一连串值得记录下来、并且也写了下来的思想也就产生了。但随着年月的递增，尤其是随着活力的衰减，上述类似时刻就越来越少了，因为虽然客体、对象是琴弦拨子，但精神思想却是弦琴。这一精神思想的弦琴是否调校至发出最和谐、响亮的音声，从根本上决定了每个人头脑中所反映的世界的差异。正如这精神思想的弦琴受制于每个人的生理和解剖学的条件，同样，琴弦的拨子也操纵在偶然的手中，因为这偶然为我们带来了所要研究和思考的对象物。但在此，这事情大部分还是由我们任意选择，因为我们至少可以通过决定所要研究哪些对象物和选择置身何种环境以部分地随意决定这事情。所以，在这方面我们应该多花点心思，有目的和讲究方法地行事。类似建议由洛克的精美小书《论对悟性的引导》提供给我们。但是，针对有价值的对象物的认真、美好的思想却不是在任何时间随意呼之即来。我们所能做的只是为这些思想的到来铺平道路，亦即把没有价值的、愚蠢的和庸常的念头拒于思想的门外，避开一切信口胡言和昏话瞎侃。这样，我们就可以说：要想出些有智慧的东西，最便捷的方法就是不要思考无聊、乏味的东西。我们只需为美好思想敞开大门，它们就会造访。正因为这样，我们不要在每一空闲的时候就马上随手拿起一本书，而应该先让我们的头脑思想安静下来。然后，一些很好的想法、念头就会到来。里默在他所写的关于歌德的一本书里说过一句很中肯的话：独特思想的到来几乎只是在散步或者站立之时，甚少是在坐着的时候。因为生动、深刻、具价值的思想的到来是有利的内在条件的结果甚于外在条件所致，所以，由此就可以解释为何涉及多个完全不同对象的诸如此类的思想通常会快速、接二连三地交替出现，很多时候甚至几乎是同时涌现。如果是后一种情形，那这些思想就会像一个晶洞的水晶一样互相纠缠在一起。事实上，这种情形就类似狩猎者同时看见和追逐两只兔子。

26

一般正常人的智力相当的狭隘、贫乏，意识也极不清晰——这可以通过这一事实看得出来：尽管投进无尽时间之中的人生有如白驹过隙，尽管我们的生存是如此的艰难和窘迫，举目尽是难以胜数的不解之谜；尽管众多现象别有深意，尽管生命是完全不足够的——尽管这样，也不是每个人都经常和不断地探究哲学；甚至不能说是很多人，或者只有那么一些人是这样做——不，应该说只是零零星星的个别人才去哲学思考，这些人纯粹就是例外。其余人等就生活在这大梦里，与动物并没有多大的区别，不同之处只在于这些人比动物多了对将来几年的预见和筹谋而已。那表示出来的对形而上学的需求从一开始就由上头以宗教的手段打发了事，而这些宗教不管是何货色，都足以应付这种需求的了。或许还有比表面看上去更多的人在私下里探究哲学——虽然这之后或许有结果显示如此。我们人类的处境的确是艰难和窘迫的：那么的一段生活时间，充满着困顿和操劳、恐惧和苦痛，但却一点都不知道何来、何往、何为；与此同时，还有那各式的牧师神父及其各自的启悟，以及对不信者的威胁、恐吓。除此之外，人与人的相见、相交，就犹如面具与面具的周旋；我们并不知道自己是谁，就像面具甚至不了解其自身。动物就是这样看视我们的，而我们也是这样看视动物的。

27

我们几乎相信我们所有的思维，半数是在无意识中进行。在大多数情况下，还没有想清楚前提，结论就来了。这一点从下面这情形就已经可以推断出来：有时候，某一事情，其发展结果是我们一点都无法预料的，这事情对我们自己的事务会有何影响更是我们所无法清晰测量，但这事情仍然明白无误地影响了我们的整个心境，因为这事情使我们的心情变得开朗或者忧郁，而这只能是无意识默想的结果。这种情形在下述例子中表现得更加明显：我对某一理论性或者实际性事情的事实素材有了了解以后，经常就会在我没再想到这些的情况下，经过几天的时间，事情的结果，亦即这件事情是怎样的一种状况，或者，对此要做的事情，就会自动和清晰地出现在我的感觉意识里面。但这究竟是以何种操作得出结果，是我不得而知的，就像计算机运算操作是我无法看见的一样。这恰恰就是无意识的思考。同样，不久以前，我就某一主题写下了一些东西，但随后我就没再考虑这一问题了。但有时候，脑子里会突然就有了对这一课题的补充议论，而在此之前的期间我可是完全没有想过这件事情的。类似的事情就是我连续几天努力回忆起某一忘记了的名字，但偏偏在我一点都不再想起这一事情的时候，我会突然想起这一名字，就好像有人在我耳边悄声告诉了我一样。确实，我们那些最好、最富内涵和最深刻的思想是突然灵光般出现在意识之中，并且经常是马上就以有分量的妙句方式表达出来。很明显，这些是长时间无意识默想，以及无数的经常是在很久以前的直观洞见的结果——但那些单个、具体的洞见却已被我们遗忘了。关于这一问题读者可阅读《作为意欲和表象的世界》第 2 卷第 14 章对这一问题的论述。我们几乎可以大胆提出这一生理学的假设：有意识的思维在脑髓的表层进行，无意识的思维则在脑髓的内层发生。

28

面对生活单调以及由此产生的枯燥无味，经过相当一段生活时间以后，人们就会发现生活无聊得让人难以忍受——假如我们总体的认识和见解不是在持续进步，对所有事物和关系的理解不是变得越来越清晰和透彻的话。这既是成熟和经验结出的果实，也是我们自身在不同的人生阶段承受了变化所致——因为经此变化，我们就在某种程度上总是处于某一新的审视角度；从这新的角度观察，事物就展现了那仍不为我们所知的一面，就给出了不一样的现象。这样，尽管我们精神力的强度衰减了，但"今天教导昨天"就仍然不倦地持续下去，让生活蒙上了某种永远新奇的吸引力，因为那同一物就永远呈现为不同的和崭新的东西。所以，任何一个有思想的老人都要把梭伦[17]的话作为自己的座右铭：

我年事已高，但仍好学不倦。

附带一说，我们情绪、心境的许多不同变化也每时每刻发挥着同样的作用。我们也就因此每天都是在不同的光线下看事情。这也就减少了意识、思想的单调，因为这作用方式一如持续变换的日光，连带其层出不穷、变幻莫测的光线效应照射在一处美丽的乡村风景：结果就是这一风景让人百看不厌、每次都给我们新的愉悦。所以，处于不同的心境，那熟悉的东西就显现出新奇的一面，引发出新的思想和见解。

29

一旦我们对于某一事情有了某一坚定的看法以后，对于这同样事情的新的意见和看法，我们都会持拒绝和否定的态度，这是相当自然的。这是因为这些不同的意见有损我们暂时自成一体的一套信念，打扰了我们以此得到的宁静，苛求我们做出新的努力和宣告以前的思考努力白费了。据此，纠正我们错误的真理就好比是苦口、难吃之药，并且不会在服食的当下就显现其疗效，而只能是过了一定时间以后才显现出效果。

所以，我们看到个人已是顽固坚持自己的错误，大众群体就更是如此了：对于他们既定的看法，经验和教诲穷数百年之功也不会发挥多大的效力。所以，就有了某些受到人们普遍喜爱并被深信不疑的错误看法，这些看法每天就由无数的嘴巴自鸣得意地重复。我已开始把诸如此类的错误看法弄成目录，我请求读者作更多的补充。

（1）自杀是懦弱的行为。

（2）不信任别人的人，自己本身就是不诚实的。

（3）功勋卓越的人和思想的天才，都是发自身心的自谦。

（4）疯癫之人是极其不幸的。

（5）哲学是无法学会的，只有哲学探究才是可以学会的。（真相却是与此说法恰恰相反。）

（6）创作优秀的悲剧要比创作优秀的喜剧容易。

（7）人们跟着培根学舌说：懂得一点点的哲学会使人不相信上帝，但懂得很多的哲学却让人返回上帝那里。——是吗！那走着瞧！

（8）"Knowledge is power"[18]；——简直是鬼话！一个人可以很有知识，但却并不因此拥有丁点力量（或权力），而另一个人很有力量（或权力），但却没有丁点的知识。所以，希里多德非常正确地表达了与此相反的说法：

对人来说，至为痛苦的事情莫过于懂得很多，但却对事情无能为力。

有时，一个人的所知会使他有了对付别人的力量，例如，他知道别人的隐私，或者别人不知他的底细，等等。但这仍不足以证实"知识就是力量"的说法是正确的。

许多人未作深思就在相互间鹦鹉学舌这里面的大部分说法，纯粹只是因为这些说法乍一听起来似乎很有见地。

30

我们在旅行的时候就可以观察到大众的思维方式是多么生硬和僵

化，与他们打交道又是多么的困难。这是因为谁要是有幸与书为伴更甚于与人交往，那他所看到的只是思想、知识的轻松交流，连带那有思想者的相互快速作用和反作用。这样，他就会很容易忘记在那可以说是唯一现实的世俗人群当中，情形却是完全另外的一种样子。到最后，这个人甚至会误以为获得的每一深刻见解马上就会成为全人类共同的财产。但我们只需某一天坐火车旅行远一点的地方，就会发现在此刻所处的地方，人们固守着某些歪论、谬见、风俗习惯、生活方式和衣着款式，的确是自多个世纪以来一直保留不变。而这些东西，在昨天所到的地方，却是没有人知道的。那些地方方言与此也没有两样。我们由此就可以得出结论：书本与大众之间是多么巨大的鸿沟，已获承认的真理抵达大众的步伐又是多么的缓慢——虽然这些步伐是确实的和肯定的。所以，就其传递的速度而言，没有什么比智力之光更不像自然之光的了。

所有这些都是源于大众甚少思考，因为他们在这方面的时间和练习都是欠缺的。不过，虽然大众长时间抱住错误不放，但在另一方面，大众却不像学术界那样是一个每天变换言论风向的风信鸡。这是相当幸运的，因为想想那人多势众的巨大群体如此快速地变换运动就够吓人的了，尤其当我们考虑到大众在变换方向时所冲走和推翻的一切。

31

对知识的渴求，如果目标是事物普遍的原理，那就是求知欲（wissbegier）；如果想要知道的只是单个、零星之物，那就应被称为好奇、好打听（neugier）。小男孩大多显示出求知欲，小女孩则只表现出好打听；小女孩在这方面的好奇心可以达到令人吃惊的程度，并经常伴随着让人厌烦的天真。女性这种只关注个别事物而无法感知普遍原理的特性在此已经预示出来了。

32

一副结构良好并因此配备了细腻判断力的头脑具有两大长处。第一就是在所看见过的、经历过的和阅读过的事物当中，只有最意味深长、最重要的东西才会附着于这种头脑，并自动打印在记忆中，以便在将来需要的时候招之即来，其他的则任其流走。据此，这种人的记忆就像细密的筛子：只有大块的东西才会留下来；而其他人的记忆则像粗眼的筛子：除了偶然留下的东西以外，一切都被漏掉了。具备这种头脑的人的另一长处与上述第一个长处是相关的，那就是：凡是与某一事物或某一问题相同性质的、类似的，或者有着某种关联的东西——无论这些东西距离多么遥远——都会适时在这一脑海中出现。这是因为这种人只抓住事物真正本质性的东西；这样，甚至在彼此差异极大的事物中，也能马上认出其同一性的东西和因此相互间的关联。

33

理解力并不是以其广度，而是以其强度（或深度）见称。所以，在这一方面，一个人可以放心地与一万个人较量一番，而一千个傻瓜凑在·起也产生不了一个聪明的人。

挤满这一世界的可怜的平常人，其真正缺乏的，就是两种彼此密切相关的能力，亦即判断力和能有自己思想的能力。但这些人缺乏这两者的程度是不属于这些人的人所难以想象的，也正因此，外人难以想象这一种人的生存是多么的贫乏和悲惨，以及"愚蠢之人所饱受的苦闷和厌倦"。这两种思想能力的欠缺正好解释了，一方面，为何在各个国家泛滥、被同时代人称为"文学"的文字作品，其质量是那样的低劣；另一方面，为何真正的作品在这些人当中出现时会遭受如此的命运。也就是说，所有真正的创作和思考都是在某种程度上试图把某一伟大的头脑加在渺小人物那里，这种努力不会马上取得成功就不足为奇了。作者要给予读者乐趣的话，所要求的永远就是这位作者的思维方式与其读者的思维方式在某种程度上是协调一致的；这种协调一致越完美，那读者感受到的乐趣就越大。因此，具伟大思想的作者也就只能被拥有伟大思想的读者所完全欣赏。也正是因为这样，拙劣或者平庸的作者会引起有思想者的反感和厌恶。事实上，与大多数人的交谈也是同样的结果。能力不足和不相协调可是无处不在。

借此机会，我想提醒大家：我们不应只是因为某一新奇的和或许是真实的话语或者思想是在某本劣书中找到或者是从某一傻瓜口中听到就低估它的价值。其实，那本劣书偷窃了这一思想，而傻瓜则人云亦云，而这当然是被隐藏起来的。另外，一句西班牙谚语也这样说：

傻瓜了解自己的家里更甚于聪明人了解别人的屋子。

因此，每个人都比别人更了解自己的领域。最后，我们都知道，甚至一只瞎眼的母鸡也会有时候找到一小粒玉米。甚至这一句话也是对的，

没有头脑思想的人，其头脑里面是一个谜。

所以，

甚至园丁也经常一语中的。

这样的事情也是有的：我们在很久以前曾经听到一个很普通、没受过教育的人说过的一句话，或者描述过的某一经历，但自那以后却一直无法忘记。但我们由于这些东西的出处而倾向于低估其价值，或者视其为早已普遍为人所知。如果是那样的话，我们现在就应该问一问自己：在那么长的时间里我们是否重又听过或者甚至读过这些东西？如果情况不是这样，那我们就要敬重它们。我们会因为钻石是在粪堆里扒出来就不珍视这钻石吗？

35

天才与常人的区别，如果那是程度上的差别，就当然只是数量上的；但当我们考虑到：常人的头脑尽管有其个人的差别，但他们的思维却有着某种共同的方向；由于这共同的思维方向，所以，在相似的情况下，他们的所有想法会马上沿着同一条路径和陷进相同的轨迹；所以，常人那并不以真理为依据的判断经常是一致的，以致他们某些的基本观点甚至是在任何时候都始终坚持的，一再地被人重复和

重新提出来，而每个时代的伟大思想者则或公开或秘密地抵制这些东西——当我们考虑到所有这些，那我们就会倾向于认为天才与常人的区别是质量上的。

36

要获得独创的、不平凡的，或许甚至是不朽的思想，那我们只需要完全疏离世事一些片刻的时间；这样，那些最日常普通的事物就会显现其全新的、不为我们所知的样子，这些事物就以此方式向我们透露其真正的本质。在此，必不可少的条件根本不是困难与否，而是压根儿就不是我们所能掌控的，这也正因此是思想天才的事情。[19]

37

谁要想得到同时代人的感激，就必须与同时代人的步子保持一致。但这样的话，任何伟大的东西就无从产生。因此，谁要打算成就一些伟大的东西，就必须把目光投向后世，坚定信念为后世完成自己的作品。当然，他有可能在同时代人中间默默无闻，就好比是被迫在孤岛上度过一生的人：他勤勉地在这孤岛上建起一座丰碑，以便把自己存在的信息传达给将来的航海者。如果这种命运对他来说似乎太过残酷，那他就必须这样安慰自己：那些平常普通、纯粹实际的人经常也遭受了相似的命运，他们也无法期待得到对自己劳动的补偿。也就是说，那些平常、实际的人，如果处境有幸允许的话，就会在物质的道路上忙于生产，会日复一日、孜孜不倦地赚钱、买卖、建造房屋、耕种土地、投入资本、创立公司、经营布置。在这过程中，他们误以为是为了自己而工作，但到头来，后人却坐享其成——这些后人甚至经常不是他们自己的后人。所以，这种人也照样可以说出"前人种树，后人乘凉"的话；他们的工作就是他们的报酬。因此，这些人相比思想的天才也好不到哪里去。思想的天才当然也希望可以获得报酬，起码能够得到荣耀，但到头来，他们只是为了后代做出了一切。当然，这两种人其实也从前人那里继承了许多。

但是，上述的补偿——那也是天才的优势——并不在于他对其他人是个什么样的人，而在于他对自己是个什么样的人。确实，又有谁比这种人更加真实地生活了呢？这种人生活过的某些瞬间，其回响透过千百年的混乱和噪音仍可清晰听到。对天才这种人物而言，最明智的做法或许就是：为了不受打扰地成为自己，那么，只要他还活着，他就要让自己满足于享受自己的思想和作品，这个世界则只是他所指定的他这丰富存在的继承者；至于他的存在所留下的印痕，则犹如化石足迹一样，只有在他本人死后方才传到世人的手中（参见拜伦：《但丁的预言》，第4篇的开首）。

除此之外，天才相对其他人的优势并不局限于他发挥其至高能力方面，而是就像一个有着异于常人的良好骨架、动作敏捷利索的人：不仅能够格外轻便、灵活地完成身体的动作，而且在这过程中愉快、惬意，因为他在施展自己的天赋中得到了直接的快乐，他也因此经常是漫无目地发挥这些本领。再者，正如这一身体灵活的人不仅在跳绳或者跳舞的时候能够做出一般人无法做出的跳跃动作，就算是完成其他人也会的较为简单的舞步，甚至是走路的姿势动作，也无一例外地显露出少有的弹性和灵巧——同样，有着真正高人一筹头脑的人不仅产生出和创作出其他人无法给出的思想和作品，并不只是唯一在这些方面表现其伟大，而且还能够随时以认知和思考为乐，因为对于他们来说，认知和思考活动本身就是一件轻松、自然的事情；所以，较为简单的、在其他人的能力范围之内的事情他们也能更加轻松、快捷、准确地把握。他们因此能够为获得了知识、解决了难题、为每一含义深长的思想——不管这些是出自自己抑或出自别人——而得到直接和强烈的快乐。这就是为什么他们的头脑思想在没有什么其他目的的情况下也同样持续活泼，并因此成了永不枯竭的乐趣之源，以致无聊无法靠近他们，而无聊却是每时每刻都在折磨常人的恶魔。另外，过去或者同时代的伟大思想者所写下的巨作对于他们来说才算是真正存在了。具常规的、亦即糟糕的智力的人面对推荐给他们的这些伟大思想作品，大概就犹如痛风症患者到了舞场，虽然后者到场是出于习俗和礼貌，前者阅读那些思想巨作却是不甘人后。拉布吕耶尔说得很对："所有的精神思想对于没有精神思想的人来说都是无能为力的。"再者，聪明头脑或者思想天才的想法与平庸之人的想法，就算在根本上是相同的方面，两者之比就犹如色彩鲜艳、生动的油画与轮廓草图或者颜色淡弱的水彩画相比。所以，所有这些就属于天才所获得的报酬，是给那些孤独存在于这一个与他们不同、也不相称的世界的思想天才的补偿。也就是说，因为一切的伟大都是相对而言的，所以，我到底是说该乌斯是伟大的，抑或说该乌斯不得不生活在可怜、渺小的人群当中，其实是一样的，因为小人国与大人国之别全在于不同的审视角度。所以，一个创作了不朽巨著的人在无尽的后世人看来是多么的伟大、多么的值得赞叹、多么的意趣无穷，那在这一作者活着的时候，世人在他眼中也就必然是多么的渺小、多么的可怜和多么的乏味。我曾说的这一句话就表达了这些意思：从塔基到塔顶有 300 英尺的话，那从塔顶到塔基当然也就恰好是 300 英尺。

据此，如果我们发现思想的天才通常不喜与人交际，间或不招人喜欢、让人反感，那是不足为奇的，这不是因为这类人不喜交往，而是因为他们在这世上的生活方式就跟在晨曦初开的美丽时分散步的人差不多：他兴致勃勃地欣赏着新鲜、壮丽的大自然，但他也就只能以此为乐，因为他找不到可交谈的人——除了顶多一两个在田地弯腰劳作的农人。因此，伟大的思想者经常更宁愿自我独白，而不是与世俗之人对话。偶尔当他勉强与这样的人对话时，空洞的谈话又会使他重回自我独白中去，因为他忘记了他的对话者，或者，他起码并不在乎对方是否明白自己，他对其说话，就像小孩对着玩具娃娃说话一样。

　　但是，我们应该时时处处避免有失公正。我的爱犬经常就以它的聪明、有时又以它的愚蠢使我吃惊，而人类给我的感觉与此没有两样。智力不足、完全没有判断力、充满兽性的人类无数次让我感到厌恶，我也不得不同意古人的哀叹，

　　愚蠢的确就是人类的母亲、保姆。

不过，在其他时候，我又对此感到惊讶：在这样的人类当中，各种各样有用的和优美的艺术和科学——虽然始终是出自个人、是某种例外——却能够形成、扎根、保存和完善；人类忠实地和持久地保存着伟大思想家的著作，历经两三千年的时间，把荷马、柏拉图、贺拉斯等人的作品抄录下来、小心保管，使它其得以经历人类历史的祸害、暴行而免遭毁灭——人类以此证明了他们认出了这些作品的价值；同样，我惊讶于在其他方面都属于大众的某些人所做出的专门、个别的成就，以及不时就像灵感一样展现出来的思想或者判断力的素质；甚至大众群体也不时让我感到惊奇，那就是，正如通常所发生的那样，只要其合唱是巨大、完整，他们就能非常准确地判断，就好比就算是

不曾经过训练的声音在一起唱和，只要是人多势众，就会得出和谐的效果。那些超越大众、被我们称为天才的人物，只是整个人类的"清澈、健全的时候"。所以，这些人能够取得其他人绝对无法取得的成就。与此相应，这些人的独创性是如此巨大，不仅他们与大众的差别让人一目了然，这些天才人物之间的个性差别也是同样的突出分明，以致两个天才人物之间可以在性格和精神思想方面截然不同。因此，每一个天才都透过自己的作品奉献给这一世界一件不可能从另外别处获得的礼物。所以，阿里奥斯图的比喻极其准确，成了著名的比喻也就是理所当然的，

大自然塑造了他，然后把模子打碎了。

38

由于人的能力有限，每一个伟大的思想者之所以称得上是这样的人，其前提条件就是这个人有其明显薄弱的一面——这甚至是在智力的方面。也就是说，这个人的某种能力有时候甚至逊色于头脑平庸的人。这一方面能力的欠缺会妨碍了他发挥其突出的能力，但就算是就具体某一个人而言，用一个字词对此加以描述也总是困难的。这更适宜以间接的方式表达，例如，柏拉图的弱点正好就是亚里士多德的长项，反之亦然。康德的弱项正好就是歌德的伟大之处，反之亦然。

39

人们也很乐意崇拜某样东西，只不过他们的崇拜大多数时候都选

错了门口，而这要等到后世才纠正过来。在这之后，这种原先是由有文化修养的群体给予天才人物的尊崇慢慢就会变质，一如那些信众对圣人的尊崇相当容易就变质为对其遗骨遗物可笑、幼稚的顶礼膜拜。正如成千上万的基督徒会崇拜一个圣者的遗物，但对这一个圣者的生平和教导却不甚了了；也正如许许多多佛教徒的宗教，更讲究的是对佛牙（《东方的君主制度》，第224页）、佛骨以及盛放佛骨的佛塔、僧钵、化石足印或者佛陀栽种的圣树等一跪三叩，而不是透彻了解和忠实实践佛陀崇高的教诲，同样，许多人大张着嘴巴、心生敬畏地打量着、凝视着彼特拉克在阿尔瓜的住处、据说曾经囚禁塔索的在费拉拉的监狱、莎士比亚在斯特拉福特镇的居所以及里面莎翁坐过的椅子、歌德在魏玛的房子和家具、康德戴过的旧帽子以及上述这些人的手稿，但这些人却从来不曾读过上述名人的著作。除了张开嘴巴呆看以外，他们无法做出别样的事情。比他们要聪明的人则私下里渴望一睹伟大的思想者曾经经常看到的东西。由于一种奇怪幻觉的作用，这些人错误以为这样就可以以这一客体引回主体，或者，在这一客体肯定留下了某些属于这一主体的东西。与他们相似的还有这些人：他们不遗余力考察文学作品的素材，例如，浮士德的故事传说及其文学作品，然后就是引发作家创作作品的作家本人生活中的真实个人境遇和事件。他们对这些来龙去脉一究到底，这些人就好比看见剧院一幅美丽画景以后，就匆匆忙忙登上舞台，认真仔细地检查支撑这一画景的木造架子。属于这种情形的例子在当今不胜枚举，那些专家刁钻地考察浮士德其人及其传说、泽森海姆是否真有弗里德里克其人、格里岑其人是否真的住在魏斯阿德勒小巷、绿蒂·维特的家人情况是否属实，等等。这些例子证明了这一真理：人们感兴趣的并不是那形式，亦即对素材的处理和表现，而是更加着眼于素材。但那些不是去研究一个哲学家的思想，而是感兴趣于了解哲学家的生平历史的人，就好比对油画作品不感兴趣，但却好奇于油画框及其雕工，以及镀金所需的费用。

到此为止，所有这一切都还好。但还另有一类人，他们的兴趣同样是投向物质和个人的一面，但在这一条道上他们走得更远，甚至达到了毫无价值、完全是无耻的地步。也就是说，因为一个伟大的思想者把自己最内在的宝藏敞开给人们，并且经由这位思想者最大努力地发挥其能力，创作了提升和启蒙人们及其10至20代后世子孙的作品——因此，也就是因为这样的一个人送给了人类绝无仅有的一大厚礼，所以，这些坏小子就理直气壮地坐到了判官席上，拉开架势要审判这一思想者的道德。他们要看看能否找出这个人身上的某些污点和瑕疵，以缓解由自惭形秽所带来的苦痛。所以就有了，例如，从道德角度对歌德的生活所做的各种细致调查——这方面的书籍和杂志可谓汗牛充栋。调查、讨论的问题就是歌德是否应该和必须与他在青年时代曾经恋爱过的这一姑娘或者那一女子结婚；或者歌德是否不应老实、正直地为其君主效力，而应该成为服务大众的人，一个配享保罗教堂一席之地的德国爱国主义者，等等。人们这些忘恩负义的聒噪和恶意贬损的企图证明了这些不具资格的判官不仅在智力上，而且在道德上也同样是些无赖和混混——这已经表达了很多的意思。

40

具备一定才华的人为了金钱和名声而工作；相比之下，要说出驱使天才精心创作其作品的推动力，却不是那么容易的一件事情。天才甚少因创作出了作品而得到了金钱。名声也不是那推动力，也只有法国人才会想到是名声在起推动作用。名声实在是太靠不住了，并且，只需稍为仔细思考一下就会发现名声的价值太微不足道了：

> 你配得到的名声永远不会与你的作品相称。
>
> ——贺拉斯:《讽刺诗》，2，8，66

同样，也不完全是为了自己感觉到轻松愉快，因为这种愉快与所付出的极其艰辛的劳动并不相称。其实，这是由于一种奇特的本能，天才的个人就受到驱使把自己的所见、所感在其传世的作品中表达了出来，而在这过程中，他并没有意识到别的其他动机。大致上，这种情形就与果树结出果子一样，都是出于同样的必然性；后者从外在那除了只需要一块赖以成长的土地，别无其他。深入思考一下，似乎就是：生存意欲作为人类种属的精灵，在这样的个人那里意识到：由于很罕有的机缘巧合，在很短的一段时间里，智力在此达到了更高一级的清晰度；现在，生存意欲就力求为与这一个人具同一本质的整个种属起码获得这一个体智力清晰观察和思考的结果或者产物，以便让从这一个体发出的光亮在以后的时间穿透常人黑暗和呆滞的意识，并使这些人受惠。由此产生了那种驱使天才行动起来的本能，并让天才不计报酬、无视别人的赞许或者同情，而宁愿忽略自己本身的安逸、孤独、勤勉、刻苦地尽最大努力完成其作品。在这期间，他更多的是为后世考虑，而不在乎自己的时代，后者只会把他引入歧途而已。这是因为延绵的后世占了人类种属的更大部分，也因为随着时间的流逝，寥寥无几的具判断力的人会零星、单独地出现。与此同时，这样的天才通常就像歌德诗中哀叹不已的艺术家，

既没有欣赏我的朋友，

也没有珍视我的才华的王侯；

我都遗憾没有这两者，

到我清修之地的也只是麻木的施主；

我默默地勤勉，饱受痛苦，

没有识者，也没有门徒。

——《歌颂艺术家》

　　天才的目标就是完成自己的作品，把它们作为神圣之物和自己生存的真正成果变成人类的财富，将其交付给更具判断力的后代子孙。所有其他的目标都得为此目标让路。为此目的，他戴上荆棘冠，而在将来的一天，这一荆冠就会抽芽发叶而成月桂花环。天才一意孤行、专心致志地完成自己和稳妥安置自己的作品，一如那些关注其卵子、为将来的幼虫准备好食物的昆虫——它们时日无多了，其后代是它们永远无缘相见的。这些昆虫把卵子产在它们确切知道幼虫将来可以找到生命和食物的地方，然后才心安理得地死去。

注释

[1] 这一典故出自古希腊传奇。杰森和五十勇士为了寻找金羊毛而历尽了艰险。在戈尔奇斯，杰森为了得到羊毛而听从吩咐把龙牙种在地里。全副盔甲的武士随即从龙牙跳跃而出。后来，杰森依计把一块石头投向这些勇士，这些勇士就自相残杀了。——译者注

[2] 约翰·费希特（1762—1814）：先是在耶拿担任哲学教授，然后在柏林的新大学任职首位哲学教授。叔本华曾听过他的讲课。其著作有《总体科学理论的基础》等。——译者注

[3] 费里德利希·谢林（1775—1854）：先后在耶拿、慕尼黑、柏林担任哲学教授，其著作有《自然哲学导论》、《对人的自由本质的考察》等。——译者注

［4］ 费里德利希·恩·施莱尔马赫（1768—1834）：德国哲学教授、神学家。著有《至今为止的伦理学的奠定基础》。——译者注

［5］ 伏维纳古侯爵（1715—1747）：法国道德作家。——译者注

［6］ 阿那克里安（约前6世纪）：希腊抒情诗人。——译者注

［7］ 有限（Endlich）和无限（Unendlich），只是在涉及时间和空间的时候才是有意义的概念，因为时、空都是无限的，亦即没有尽头的，正如这两者也是无限可分的一样。如果我们把这两个概念也套用其他东西，那些东西必须是充塞时间和空间之物，并通过时间和空间共有了那些东西的属性。由此可以判断：有限和无限这两个概念在19世纪被冒牌哲学家和肤浅、轻浮的人滥用到多么厉害的程度。

［8］ 约翰·拉布耶尔（1645—1696）：法国讽刺作家。——译者注

［9］ 约瑟夫·艾迪逊（1672—1719）：英国作家和政治家，著作有《旁观者》。——译者注

［10］ 安东尼·萨伏斯伯里（1671—1713）：英国道德哲学家。——译者注

［11］ 威廉·申斯通（1714—1763）：英国诗人。——译者注

［12］ 格奥尔格·利希腾贝格（1742—1799）：德国讽刺作家、物理学家。——译者注

［13］ 这一名言据说出自阿基米德。——译者注

［14］ 出自卢克莱修的《物性论》，1，1109。——译者注

［15］ 即"对智力的客观审视"一篇。——译者注

［16］ 根据精神的能量是处于加强抑或松弛的状态（这是机体生理状态所致），我们的精神智力相应上升至相当不同的高度：有时候在以太的高空中翱翔并直观这一世界，有时候巡游在地面的沼泽、泥潭之上，大多数时候则在这两极端之间徘徊，或更接近这一端，或更接近那一端！意欲对此无能为力。

［17］ 梭伦（前640—前559）：雅典的立法者。——译者注

［18］ 英文，意即"知识就是力量"。其中的"power"既有"力量"的意思，也有"权力"的意思。——译者注

［19］ 单靠自身的话，天才的头脑无法产生原初的思想，一如女人单靠自身是无法生出小孩的；外在的环境动因必须作为父亲一样地到来，好让天才结出果实、分娩。

伦理道德散论

1

物理学的真理有着许多外在的意义，但却缺乏内在的意义。说到
这内在的意义，那可是智力的和道德的真理的特权，因为智力和道德
的真理，其课题是意欲在最高级别的客体化，而物理学的真理涉及的
则只是意欲在最低级别的客体化。例如，如果我们可以确切肯定了这
一现在仍然只是猜测的说法，亦即太阳在赤道产生热电，而热电又产
生了地球的磁力，而地球的磁力又产生了极光，那这些真理就包含了
许多外在的意义，但内在的含义却是寥寥无几。相比之下，不仅一切
高级的和真正精神思想方面的哲学论题提供了内在意义的实例，就算
是观看一出优秀悲剧所展示的苦难，甚至是观察人们行为当中的那些
道德的和非道德的极端表现，亦即观察那卑劣和善良的特性，也是如
此，因为所有这些突显了本质（其现象就是这一世界），在这本质客
体化的最高级别上把那内在的东西暴露出来了。

2

认为这一世界只有物质的意义，而没有道德的意义，是一个最
大、最有害和根本性的谬误，是真正变态的思想；并且，从根本上也

是被宗教信仰人格化为"反基督"的东西。尽管所有宗教众口一词地强调与此谬误对立相反的思想，并且试图以神话的方式为这些思想奠定基础，但这一根本性的谬误却从来没有在这地球上彻底消失，而是不时就会重又抬头，直至犯下众怒而被迫再一次潜藏起来。

不过，就算是确切感觉到世事人生有其道德上的含义，但要理清这一含义和破解这一含义与世道发展的相互矛盾之谜却是如此的困难，现在留给我的工作，就是要去细致说明道德的唯一真正、纯粹、因此是无论古今、放之四海而皆准的基础，以及道德所引向的目标。在这方面，支持我的理论的真实道德情形实在是太多了，我并不担心我的理论会有朝一日被其他学说取代或者挤掉。

但是，只要那些哲学教授仍然无视我的伦理学，那康德的道德原则就会继续占据大学的讲坛。康德的道德原则有着花样繁多的形式，现在最吃香、最流行的一种就是"人的尊严和价值"。我在《论道德的基础》(8，第169页)已经把这一说法的空洞本质说清楚了。所以，在此我只想补充下面这些。如果有人泛泛问起这一所谓人的尊严是以什么为基础，那对此的回答很快就是以道德为基础——也就是说，道德的基础是尊严，尊严的基础是道德。除此之外，把尊严的概念套用于像人这样在意欲上有罪、在思想智力上狭隘、在身体上又脆弱和易朽的生物身上，那在我看来只能是极富讽刺意味：

人有什么值得沾沾自喜？
受孕已是罪过，出生就是惩罚；
生活就是劳作，死亡则为归宿！

所以，我想写下下面这条规则，以对应康德道德原则的上述形式：对我们所接触的每一个人，我们都不要根据价值和尊严而对其客观评估，也就是既不要考虑他的意欲的卑劣性，也不要留意他的智力上的狭隘和他那些扭曲、反常的想法和概念，因为前者很容易引起我们的憎恨，而后者则招致我们对他的蔑视。我们眼睛盯着的应该只是他的磨难、他的需求、他的恐惧、他的苦痛。这样，我们才会始终感同身受地同情他，才会生发怜悯之情，而不是憎恨和鄙视，而只有怜悯才是《福音书》呼吁我们应该有的"爱"。要避免憎恨或者鄙视别人，那的确就不是要追求所谓的"尊严"和"价值"，也只有同情的角度才是唯一适合的。

3

由于佛教更加深刻的伦理和形而上的观点，所以，佛教徒并没有从首善出发，而是从首恶出发，因为首善首先是作为首恶的反面或者否定而出现。根据艾萨克·雅各布·施密特所写的《东蒙古历史》第 7 页所言，佛教中的首恶就是色欲、懒惰、嗔怒、贪婪。但傲慢似乎应该取代懒惰的位置，因为在《教育和奇妙书信集》（第 6卷，第 372 页，1819 年版）就是这样说的；并且，嫉妒或憎恨是增加进去、位列最后的首恶。我更正了德高望重的施密特的说法，这由于与受到婆罗门教和佛教影响的苏菲学派的学说不谋而合而获得了支持。也就是说，苏菲学派列出了同样的首恶并相当恰当地把这些罪恶成对地提出来。这样，色欲与贪婪、傲慢与嗔怒也就联袂出现了。[1] 我们发现色欲、嗔怒和贪婪在《薄迦梵歌》（第 16 章，21）已被列为首恶——这证明了这些教义已有久远的历史。同样，在《巴拉波达·查德罗·达雅》——这是宣讲吠陀哲学的一部相当重要的哲学寓言剧——这三样首恶现形为与理智之王作战的激情之王手下的三位大将。与这三样首恶对立的首善则为纯洁、布施连带温柔、谦恭。

现在，如果我们把东方伦理学这些深刻的基本观点与柏拉图提出的、被人们成千上万次重复的著名首善，亦即正义、勇敢、节制和智慧作一比较，那就会发现柏拉图选出的首善缺少一个清晰的、指导性的根本概念，因此是基于皮毛的认识而选出来的，部分甚至是明显选择有误。美德必须是意欲的素质，但智慧则首先是属于智力。希腊语的"节制"——西塞罗翻译成拉丁文的"temperantia"，而德文则为"massigkeit"——是一个相当不确定和具多种含义的词语，它因此当然包括许多不同的意思，例如，谨慎、清醒、昂起头来，这很可能是从"具健康的思维"的词语而来；或者，就像作家海尔拉克斯所说的——根据斯托拜乌《文选》（c5，60）——

人们这样称呼这一美德，是因为这美德与谨慎紧密相连。

"勇敢"并不是美德，虽然有时候它可以是美德的工具或者为美德服务。但"勇敢"也可以随时助纣为虐，替至为卑劣的目的效劳。"勇敢"究其实只是一种气质特性。格林克斯[2]（《伦理学》）就已经摈弃柏拉图的首善，提出了"勤勉"、"服从"、"正义"和"谦卑"——这显而易见是糟糕的看法。中国人认为"仁、义、礼、智、信"是五大美德（《亚洲杂志》，第9卷，第62页）。吉德在《中国》一书第197页对这各项美德作了细致的评述。基督教并没有首善之说，而只有神学方面的美德，亦即信仰、慈爱和希望。

一个人道德上的善或恶首先是从这个人对待他人的根本态度和心情反映出来，亦即要么带有嫉妒，要么带有同情的特质。这是因为每个人在其自身都带有嫉妒和同情这两种彼此对立相反的素质，因为这两种素质产生于一个人对自己的状况与他人状况所不可避免做出的比较。根据这种比较对他的个体性格的作用结果，上述的这一或者那一素质就相应构成了他的根本心情和态度、他的行为的根源。嫉妒也就是在你和我之间筑起一堵厚墙；对于怀有同情心的人来说，这堵墙壁则是脆弱和透明的，有时候会被同情心完全推倒——到了那时候，我和非我之间的差别就消失了。

4

上文提到的勇敢（Tapferkeit），或者更精确地说，勇敢的根源勇气（Mut，因为勇敢行为是勇气在打仗时的表现），值得我们花费功夫对其进行一番更细致的分析。古人把勇气列为美德，而懦弱则为缺点、恶习，但这种看法与基督教思想并不相符，因为基督教着眼于仁慈和耐心，其学说不允许任何的敌意，甚至禁止抵抗。所以，对现代人而言，勇气不再是美德了。不过，我们必须承认：懦弱似乎与高贵的性格并不相称，因为懦弱暴露出了过度关切其自身。但勇气却可以还原为人们心甘情愿地迎向此时此刻构成威胁的恶行，目的就是以此防止更大的罪恶在将来发生，而懦弱则与此恰恰相反。勇气具有坚忍的特性——坚忍就是意味着我们清楚意识到除了此刻威胁着我们的恶行以外，还有更大的恶行，而我们此刻的仓惶退却或者躲避就会招致将来更加可怕的恶行。据此，勇气就会是某种的坚忍；正因为这样，勇气使我们能够承受各种牺牲和实现自我征服。勇气因此就起码与美德有了一定的关联。

或许我们还可以对勇气作更高层次的考察。也就是说，我们可以把对死亡的一切恐惧归因于缺乏那种天然的、因而也只是感觉到的形而上学——把握了这一形而上学，人就会确信：他是存在于所有的一切，就正如他存在于自己的身体一样；他这身体的死亡因而对他本人并没有构成伤害。也正是由此确信产生出了英勇的气概，因此（正如读者们从我的《伦理学》所回想起来的），从这同一源泉也伴还产生了正义和仁爱的美德。当然，这是从相当的高度看待这种事情；但除此以外，的确不可能还有其他方法能够解释清楚为何懦弱看上去就是招人鄙视，而个人勇气则显得高贵和壮烈，因为从任何一个较低的角度看，都无法让人明白为何一个有限的个体——他本身就是一切，他本身的确就是其余世界存在的根本条件——不应该把保存其自身放在首位，而其他的一切都是其次。所以，一个全然固有知识之内的、因而是纯粹经验的解释是不足够的，因为这样一种解释只能以勇气的有利和有用方面为支撑。这或许就是为何卡尔德隆就勇气曾经表达过值得我们重视的怀疑观点。卡尔德隆事实上是否认了勇气的存在，甚至是通过一个睿智的年迈大臣之口说出了这一见解，后者在年轻的国王面前说：

虽然天然的恐惧在每个人的身上以同样的方式发挥作用，但为了不让别人看到这恐惧，他就变得勇敢，而这就是勇敢的由来。

——《空气的女儿》，第 2 部分，第 2 幕

至于上面提及的勇气作为美德在古人和现代人心目中的不同价值，我们还必须考虑到这一点：古人把每一杰出之处、每一就自身而言是值得称道的素质均理解为美德，不管这些优点、素质是道德上的、智力上的，抑或或许只是体力上的。但在基督教向人们表明生活

中的基本方向是道德方面的以后，在美德的概念下就只是道德上的优点。但是，人们发现古老的拉丁语作家和意大利人很早就在运用了"美德"这个词语——这可由"virtuoso"[3]一词众人皆知的含义得到证明。我们应让学生们明白无误地认清古人的美德概念有着比我们现在"Tugend"[4]更广泛的含义，否则，学生们就会很容易私下产生迷惑。这解释了为何在古人的伦理学著作里，他们所谈论的美德和劣性在我们的伦理学里找不到位置。

5

正如把勇气列入美德是否妥当存在疑问，同样，吝啬（Geiz）能否归入罪恶也成问题。不过，我们可不能把吝啬与贪婪（Habsucht）相混淆，后者是拉丁词"avaritia"所表达的意思。所以，我们想把吝啬的正反两面的议论表达出来、让读者听到，读者可以据此得出自己的判断。

A：吝啬不是罪恶，它的对立面挥霍才是罪恶。挥霍出自一种动物性的、囿于现在此刻的局限——对此局限，那只在思想中的将来是无能为力的；挥霍也是由于错误以为感官乐趣真有其肯定和实在的价值所致。这样，为了那些空洞、匆匆即逝并且经常只是想象出来的快乐，或者，只是为了喂养那空洞、愚蠢的傲慢，沾沾自喜于其猪朋狗友对他的哈腰、鞠躬（但私下里，那些寄生虫对他除了嘲笑以外，别无其他），以及博取众人对其排场的惊叹和羡慕，挥霍之人付出了将来匮乏苦况的代价。因此，一旦发现这种人的缺点，我们对其就应该像躲避瘟疫病人一样的避之唯恐不及，及时与他们一刀两断，以免在其行为的恶果稍后呈现的时候，要么给他施以援手而负担其恶果，要么迫不得已扮演雅典的泰门那些朋友的角色。同样，我们不可以寄望那些漫不经心挥霍自己财产的人，在耗尽家财以后对可能落入自己手里的别人财产不动分毫。这种人，就像萨鲁斯提乌斯[5]所一针见血说过的，

挥霍自己的财产，觊觎别人的财物。

——《卡蒂林纳》, 5

所以，挥霍不但导致贫困，而且还由贫困导致犯罪。出身于富有家庭的罪犯几乎都是由于大肆挥霍而沦落至犯罪。所以，《古兰经》（《苏拉》, 17）说得很对，

挥霍之人是撒旦的兄弟。

相比之下，吝啬节俭的后果是富余，而富余到底什么时候招人讨厌了？这能带来好结果的，就算是罪恶，也必然是好的罪恶了。也就是说，吝啬节俭所根据的正确原则就是：所有快感逸乐都只是否定作用的，由这种快感组成的幸福因而就只是幻象而已；而苦痛却是相当肯定和真实的。所以，吝啬之人舍弃了快感享受，为的就是能更稳妥地避免苦痛。据此，"坚忍和舍弃"就成为了吝啬之人的座右铭。再者，因为这种人知道发生不幸的可能性难以穷尽，危险的道路又数不胜数，所以，为了抵御这些，他们就聚积手段以尽可能地在自己的周围筑起三重的城堡。谁又能说在哪方面防备的功夫会做得太过？只有那些知道命运是如何出尔反尔捉弄我们的人才会最终达成自己的目的。哪怕防备功夫是做得太过了，那这一差错也只给自己本人带来害

处，而不会让别人受累。如果这样的人不需用上自己积聚起来的财富，那这些财富将来有朝一日就会让没他那么深谋远虑的人受惠。他没有把金钱投入流通并不是坏事，因为金钱并不是消费品，只是真实、有用的物品的代表，而不是这些物品本身。其实，杜卡特金币只是假的，它们本身并没有价值，其代表之物才具备价值，而这些并不会退出流通。另外，由于吝啬的人有钱不用，那其他人投入流通的金钱也就相应升值了。虽然像人们所说的那样，不少吝啬之人归根到底直接热爱金钱只是因为金钱本身，那不少挥霍成性的人也的确同样只是为了挥霍而胡乱大肆挥霍。与吝啬鬼结下友谊或者与他们有着亲戚关系不仅没有危险，反而可能带来利益呢。因为不管怎样，与他们最亲近的人在他们去世以后，就可以收获他们自律的成果。甚至当他们仍然在世时，如果遭遇极大的困境，我们还可以指望从他们那里获得某些的救济。与一个身无分文、债台高筑、自身难保的挥霍者相比，我们起码能够从吝啬者那里获得更多的资助。一句西班牙俗语这样说："铁石心肠的人比身体赤裸者施舍得更多。"由此可见，吝啬节俭并不是一桩罪行。

B：吝啬就是罪恶的精髓和浓缩！如果身体乐趣引诱人们偏离正道，那是他们感官性的本质、内在的动物性之过。这些人恰恰就是受到刺激和诱惑、被现时此刻的印象所俘虏而未经三思就为所欲为。与此相反，如果因为身衰力竭或者年事已高的缘故，那些他们始终无法抛弃的恶习最终抛弃了他们——因为这时候，他们享受感官乐趣的能力已经没有了——此时，如果他们转向了吝啬，那身体的欲望就成了思想上的贪念而存活下来。金钱作为这一世上所有好处的抽象和代表就成了枯槁的根块——现在，他们那已经麻木、逝去了的欲望，作为那抽象的自我，就死死咬住这根块不放。这些东西现在就在对金钱的热爱中获得再生。原先那些为时短暂的感官欲望现在摇身一变成了斤斤计较、精打细算的金钱欲。这种金钱欲就像其对象物一样，其本质是象征性的，也同样是无法消灭的。这是对世俗乐趣执着的眷恋，就好像是百足之虫至死不僵；是完满的无法皈依；是肉欲的升华和精神化；是汇聚所有无法餍足的欲望的抽象焦点。因此，这一抽象焦点与各种欲望的关系，就犹如普遍概念之于普遍概念所包含的单个事物。据此，吝啬节俭是年老之人的恶习，这就犹如挥霍是年轻人的恶习一样。

6

上述所听到的正反论辩，当然会让我们采用亚里士多德的中庸之道（Justemilieu Moral）。下面的议论在这方面对我们有所帮助。

每一个人的完美优点都是与某一缺点相关联的——这优点随时会转为这缺点；反过来，每一缺点又与某一优点相关联。所以，我们对人的看法出现差错经常就是因为在刚认识一个人时，我们会把他的缺点和与这些缺点相关联的优点互相混淆，或者反过来：因为小心、谨慎在我们看来似乎是胆小、懦弱，节俭像是吝啬，或者胡乱挥霍者被视为豪爽大方，粗鄙放肆看成是坦白真诚，愚蠢的无畏显得就是高贵的自信，凡此种种，不一而足。

7

谁要是生活在人群当中，就总是一再忍不住觉得道德败坏是与智力低下紧密结合在一起的，这两者都直接出自同一根源。但事情并不是这样，我在我的主要著作（第 2 卷第 19 章，8，"论意欲在自我意识中的主导地位"）已对此详尽说明。产生这一错觉只是因为人们经常看到这两者混在了一起，而对此的解释，完全就是这两者太过频繁出现了，所以，这两者轻易相遇，不得不共住在同一屋檐之下。但不可否认的是，一旦道德败坏和智力低劣联手作祟，那这两者就能够相得益彰地炮制出种种令人厌恶的现象。这就是太多太多的人所呈现给我们的，而世事照样继续发展。欠缺智力的人尤其容易把自己的虚假、卑鄙和下流表现出来，而精明的家伙则懂得更加巧妙地掩藏起这些劣性。在另一方面，一个人的乖僻、反常的心地又是多么经常地妨碍了他看到自己的智力本来完全可以认清的真理！

不过，我们每一个人都不要自负。正如每一个人，甚至是最伟大的思想天才，在某一知识领域里也有着明显的局限，他也以此表明自己与那本质上颠倒、荒谬的人类有着血脉之缘，同样，每个人的内在都有着某些相当恶劣的道德成分，甚至某个有着最好和的确是最高贵性格的人也会在某些时候以其某一劣性特征使我们大吃一惊。这个人就好比是要承认他与人类的渊源，因为人类有着程度不一的卑鄙、无耻，甚至残忍。也正因为这人身上的劣性——这一罪恶的本原——他才不可避免地成为人类的一分子。也出于这同样的原因，这世界总体上就是我的这反映世界的忠实镜子所显现的样子。

尽管所有这些，人与人之间的差别是如此之大，一旦看见他人表现出我们自己的样子，那不少人就会感到震惊。啊，如果有一让人透视道德事情的阿斯莫底斯[6]就好了！如果他不仅助其宠儿看穿墙壁、屋顶，而且还可透视覆盖着一切的奸诈、虚伪、谎言和欺骗的纱网，让我们看到在这世上诚实是多么的罕见，经常甚至是在我们最意想不到的地方，在所有美德外表的背后，在最内在的深处隐藏着的，就是全盘掌控着一切的欺诈和不诚实——如果是这样，那该有多好！正因此，许多人与四足动物结下了更为纯净的友谊，因为，当然了，要不是因为有狗的存在，看着其诚实面容的时候我们可以不带狐疑，我们又怎能从人的那些没完没了的弄虚作假、背信弃义中恢复过来？我们这一经过文明教化的世界，只是一个巨大的假面舞会！在这里，人们见到的是骑士、牧师、医生、律师、神父、哲学家以及其他各式人等。但这些人其实都不是他们显现出来的那种人，他们只是戴着面具而已。隐藏在面具背后的一般都是投机谋取金钱的人。某个人戴上了从律师那里借来的法律的面具，为的只是巧妙地打击对手；另一个人为着同样的目的，选择了一副公共利益和爱国主义的面具；第三个人则挑了宗教或者信仰改良的面具。为了各种各样的目的，不少人套上了哲学、还有博爱等面具。女人则没有那么多的选择：通常，可供她们挑选的面具只有腼腆、贤淑、端庄、谦和、持家有道。然后，还有泛泛缺乏特色的面具，就好比多米诺骨牌一样，因此，到处都可见到这类面具：这些不外乎就是忠厚、老实、谦让、发自内心的关切和脸带笑容的友好。就像我已说过的，在大多数情况下，所有这些面具的后面都是些商人、小贩、投机分子。在这方面，做生意买卖的人构成了唯一诚实的阶层，因为唯一只有他们才是以自身的样子示人，亦即不带面具地活动，也因而处于低下的地位。我们早在青少年的时候就必须得到教导：我们就是身处一场假面舞会。这是非常的重要。否则，我们就无法明白许多事情，就会摸不着头脑，完全是惊呆了，而"泰坦用更好的泥土塑造了他的心"（尤维纳利斯，《讽刺诗》，14，35）的人，其诧异则为时至为长久。诸如此类的这些事情就是卑鄙、无耻得到的是青睐、提携；做出了业绩，甚至是做出了最非凡、最伟大贡献的人，遭受的是其学科中其他人的忽视；真理和杰出的才干招来的是厌恶和仇视；学者对其所研究的学科一无所知；每一货真价实的东西几乎无一例外都遭拒绝，而似是而非之物却受人追捧。所以，我们应该教育年轻人：在这场假面舞会里，苹果是蜡制的，鲜花是丝绸做的，而金鱼则是纸板而已；所有一切都是不值钱的玩意儿和不必当真的笑谈。我们应该告诉他们：如看见两个人在认真地讨论某样事情，那其中一个就是在出售假货，而另外一个则在支付伪币。

但我们还可以做更严肃地讨论和提到更为恶劣的事情。在骨子里头，人就是丑陋、野蛮的动物。我们所知道的人只是已被绑上了绳索、处于驯服的状态，这种情形叫做文明教化。所以，人们偶尔爆发其本性时会让我们震惊。一旦解除了法律、秩序的束缚和出现了无政府状态，人就会显现出真实的样子。谁要是没有机会观察这些而仍想弄清这些情形，那他尽可以阅读古老的和当代的成千上万的文献报道；他就会确信：在残忍、无情方面，人是丝毫不亚于老虎和鬣狗的。我们当代提供了一个极具分量的例子：那就是英国反对蓄奴制团体就北美实行蓄奴制各州恶待奴隶的问题，在 1840 年从北美反对蓄奴制团体那收到的回复：《北美联邦的奴隶制及奴隶买卖的情况报告：回答英国反对蓄奴团体的提问》(第 280 页，伦敦，1841，布面，4 先令)。这本书对人性发出了至为严厉的控诉。在放下这本册子时没有人不感到惊骇，也很少人不流下泪水。这是因为无论读者们在此之前如何听说过、想象过或者梦见过奴隶们的悲惨状况和人性中大致上的刻薄、残忍特性，但所有这些在他们读了这本书以后就都变得不值一提。那些披着人皮的恶魔、假仁假义、严守安息日、固定上教堂的恶棍，尤其是那些人当中的英国国教牧师——他们是以怎样的暴力、非义对待落入他们魔掌的无辜黑人兄弟啊！这本册子提供给我们的是枯燥、但却翔实的材料。这册子激发起人们极大的愤慨，我们甚至可以手拿这书，向北美蓄奴联邦发起一场十字军战役，以制服和惩罚这些恶魔。这些人是整个人类的耻辱。对于不少人来说，过去了的事情似乎可以不算，那《舒迪秘鲁游记》（1846）就有了出自现在的另一例子：那描述了秘鲁士兵在军官那里所受到的对待。但我们用不着在地球另一边的新大陆寻找例子。在1848年的英格兰，据披露，在短短的时间之内就发生了不是一宗，而是上百宗丈夫毒杀妻子、妻子毒杀丈夫，或者夫妇两人用毒药或者采用饥饿、虐待的手段把接连把孩子慢慢折磨至死的案例。他们这样做的目的纯粹只是从那些殡葬联合会那里领取派发给他们的安葬费用。为此目的，这些人同时在多家、有时甚至多达二十家联合会为孩子购买了保险。读者可参阅1848年9月20、22和23日《泰晤士报》对此类事件的报道。为此原因，这家报纸催促取缔这些殡葬联合会。1853年12月12日，《泰晤士报》再一次激烈地控诉了人的这种恶行。

当然，这一类的报道是记录人类罪行档案中至为黑暗、丑陋的纸页。但所有这些及类似暴行的根源，却是人的内在和与生俱来的本性，也就是泛神论者的"典型"的神祇。每一个人的内在都窝藏着一个巨大的自我，这自我极其容易越过法律的界限。这种事情小的可在日常生活中看到，大的则由历史书的每一页告诉我们。人们承认那时刻受到紧张监察的欧洲均势有其必要性——这难道不就已经招认了人就是弱肉强食的野兽吗？一旦窥见身边的弱者，难道不是肯定猛扑过去吗？我们难道不是每天都目睹这在小事情上面得到证实吗？与我们人性中这种无边的自我结伴的，还有储存在每一个人心中的或多或少的憎恨、愤怒、嫉慕、怨恨和恶毒：这些东西郁积在胸中，就像毒蛇牙泡里的毒液，只等时机一到，就会喷发而出。到了这个时候，那就是一个挣脱了镣铐的魔鬼，肆无忌惮地咆哮发作。如果没有好的机会

发作一番，那到最后它就只能抓住最微小的机会，把这些发作的借口在想象中放大，

机会不管多么的微小，也足以让我们勃然大怒。

——尤维纳利斯：《讽刺诗》，13，183

然后就尽其所能和尽其所敢地小题大做。这种情形我们平时屡见不鲜，表达这种情形的熟悉说法就是"借题发挥，甩掉些胆汁"。并且，我们的确可以观察到，在恣意发作时，如果没有遭到抵抗，那在发作完毕以后，心情都会感觉好了很多。其至亚里士多德也说过：

发怒并非毫无乐趣可言。

——《修辞学》

他还补充了荷马形容"发怒比蜜糖还要甜美"的一段话。但我们并不只是带着快感发泄我们的愤怒，而且还发泄憎恨——这两者的关系就犹如急性病之于慢性病。

憎恨是维持更为长久的快意：
我们急急忙忙去相爱，但却从容不迫地仇视。

——拜伦：《唐璜》，13段，6

戈比诺[7]（《论人种之间的不平等》）把人称为"典型的凶恶动物"。对这一说法人们会感到不舒服，因为人们会对号入座想到自己。但戈比诺说得很对，因为只有人才会纯粹为了伤害别人而伤害别人。

其他动物永远只是为了要解决饥饿，或者是正处于打斗的状态，才会去做出伤害。据说老虎捕杀比它能吃下的还要多的动物，那老虎扼杀所有那些动物，目的只是为了要吃掉它们，老虎只是法国谚语所说的"眼比肚大"而已。没有动物是纯粹为了折磨而折磨其猎食对象，但人却是这样做的，而正是这一点构成了人的魔鬼特性——这比纯粹的动物性还要恶劣许多。我们已经谈论了在大的规模和打大的程度上的这一特性，至于在微小的方面，这特性也是同样清晰可见——我们每天都有观察的机会。例如，两只小狗互相追逐、嬉玩，情景相当可爱、平和；然后一个三到四岁的小孩到来了。这小孩就马上就用鞭子或者棍子用力抽打、分开它们，这几乎是不可避免的，这也显示出这小孩现在就已经是"一只典型的凶恶动物"。甚至人们那些经常是漫无目的的讥笑和恶作剧都是出自这同一根源。例如，如果我们表现出不喜欢受到打扰，或者对些微不便感到不高兴，那就总会有人恰恰为此目的而打扰别人、给别人制造不便。"典型的凶恶动物"。事情确实如此，以致我们必须谨慎小心不要对些微的麻烦和不便表现出不高兴；反过来，也不要对某些小枝节流露出愉快和高兴，因为一旦出现了后一种情况，那就会有人做出那个狱卒的同样行为：狱卒发现他的囚犯花费心机巧妙驯服了一只蜘蛛并以此找到愉快以后，马上就一脚把这只蜘蛛踩死了。这就是"典型的凶恶动物"！这就是为什么其他动物本能地害怕见到人——这"典型的凶恶动物"——甚至看见人的痕迹都会心生恐惧。本能直觉在此也没有欺骗动物，因为唯独只有人才会狩猎对人既没有用处也没有害处的动物。至于人的恶性在大规模的方面，我们已经作了论述。

所以，每个人的内心都确实藏着一只野兽——一有机会就要张牙舞爪、暴怒咆哮，就会伤害他人，甚至会毁灭那些妨碍自己发威作恶的人。人类的打斗欲和战争欲正是由此而来。也正因为这样，为了抑制这只野兽，将其控制在一定的范围，人的认识力，这人类兽性的监察者，就持续忙个不停。人们尽可以把这只野兽称为激烈的恶魔，这对于那些字词就可以取代解释的人起码是足够的了。但我的说法却是：这就是生存意欲，因为存在中持续的痛苦折磨而越感恼怒和怨恨，所以就试图通过给别人制造苦痛来减轻自己的苦痛；但这种做法久而久之就发展成了真正的恶毒和残忍。在此我们还可以补充这一点：正如根据康德所言，物质只是通过膨胀力与收缩力的对立作用而存在，同样，人类社会也只是通过人的憎恨（或愤怒）与恐惧的互相对立、牵制而组成。这是因为假如没有了相应分量的恐惧以抑制住我们的怨恨本性，那这种怨恨就或许使每一个人都成为杀人犯；而如果愤怒不曾在我们的心里存在并监察着别人，那恐惧就会让我们成为每一个小男孩取笑、捉弄的对象。

但人性中最糟糕的特性始终是对别人的痛苦所感受到的快意，亦即幸灾乐祸（Schadenfreude）。因为这一特性与残忍密切相关，与残忍的区别的确就像理论与实践的区别。总的来说，幸灾乐祸出现于同情本应现身的地方，而同情作为幸灾乐祸的对立面，却是名副其实的公义和博爱的真正源头。在另外一种意义上说，与同情相对立的是嫉妒——只要这嫉妒是由与上述相反的情形所引发，亦即因别人处于很好的处境而起。嫉妒与同情的相对立因而首先是基于诱发的机会，只有在那诱发的机会出现之后，嫉妒才会在感觉中出现。所以，虽然嫉妒并不可取，但却是情有可原，并且总的来说也是人之常情。相比之下，幸灾乐祸却是魔鬼一般，其嘲笑活脱脱就是地狱发出的笑声。正如我已经说过的，幸灾乐祸恰恰在本应是同情的位置出现，而嫉妒却只是在没有机会引发我们的同情的情况下，更准确说，是在与此相反的情形下才会出现；并且，嫉妒作为与同情相对立的情绪，只要是局限于上述的程度范围之内，那就是人之常情。确实，恐怕无人能够完全摆脱得了这种情绪。这是因为看到别人享有快乐和占有财产时，就会更加苦涩地感觉到自己在这方面的欠缺。这是自然的，并且的确是无法避免的。只不过这种感觉不应该引起我们憎恨比自己更幸福的人罢了——但真正的嫉妒却恰恰就是这样。如果我们为之嫉妒的，不是别人从好运、或者从偶然、或者从别人的眷顾那获得了礼物，而只是别人获得了大自然的馈赠——那就是最不应该的，因为一切与生俱来的东西都有其形而上的基础，这样的安排因而有其更高层次的公正、合理，也可说是神灵的恩赐。但不幸的是，嫉妒却恰恰与此相反：针对别人自身优异素质的嫉妒偏偏最是难以消除。所以，具有头脑智力、甚至天才思想的人在这世上如果形势所迫而无法傲视和冷对嫉妒者的话，那他们就必须首先乞求别人原谅自己的才能。也就是说，如果嫉妒纯粹是因财富、地位或者权力而起，那这种嫉妒通常仍然可以通过自我而得到缓冲和平息，因为嫉妒者的自我会考虑到在某些情况下可以指望从其嫉妒和羡慕的对象那里获得帮助、接济、保护、提携，或者，起码在与这些人的交往中，沾上这些尊贵之人的光芒，甚至分享这种人的荣耀。获得诸如此类的好处和实惠的希望总是存在的。相比之下，针对大自然的馈赠和个人的优越素质（诸如女人的美貌和男人的智力）的嫉妒，我们则没有上述诸如此类的希望和安慰。这样，除了只是对这些受惠者怀有苦涩和无法消除的恨意以外，别无其他。因此，现在唯一的愿望就是对嫉妒的对象实施报复。但这些嫉妒者的处境相当的不幸：一旦别人明白了自己发出攻击的原因就是嫉妒，那所有这些攻击就顿失威力。所以，这种嫉妒会被小心翼翼地掩藏起来，一如那些不敢示人的肉欲罪过一样。现在，嫉妒者就只能费尽狡猾的心机隐藏起嫉妒，为其戴上面具，目的就是在别人不明就里的情况下对自己嫉妒的对象暗下杀手。例如，他们会无视别人那些吞噬着自己内心的优秀素质，脸上始终挂着一副心无邪念的表情；对于别人的长处，他们可真的从来没看到、不知道、也不曾留意到和听说过。这种嫉妒也就把人折腾成为伪装大师。嫉妒者心思缜密地做到完全忽视了这样的一个人——这个人的闪光素质啃咬着嫉妒者的内心——没有注意到他、也不时地完全忘记了他，好像这就是个微不足道的家伙。但私下里，嫉妒者却使尽浑身解数，小心谨慎、一丝不苟地杜绝任何能让这些优异素质显现和被人了解的机会。这对于他们来说是头等重要的事情。然后，这些嫉妒者就从暗处其发出指责、挖苦、嘲笑、中伤，就像蟾蜍从其洞中喷射出毒液。他们会以不曾稍减的力度热情称赞微不足道的人，赞颂同类成果中的平庸者，甚至拙劣者。一句话，他们成了善用谋略的隐身普鲁特斯[8]，目的就是在不显露自己的情况下诋毁对方。但这样做又有什么用处呢？有经验的眼睛仍可认出这嫉妒。嫉妒在其对象面前的畏缩和躲避已经把自己出卖了。所以，招致别人嫉妒的素质越是闪亮，那具备如此素质的人就越加孤独。这就是为什么美貌的女孩子没有女性朋友。莫名其妙的憎恨情绪也会暴露出嫉妒——这种憎恨能够抓住最细小并且经常只是想象出来的借口而激烈爆发。此外，尽管嫉妒的家族分布广泛，但我们仍然可以从人们普遍赞美自谦中一眼认出嫉妒的存在；而把自谦称为美德的做法就是为了让平庸之辈获益而想出来的狡猾招数。但自谦正是通过其暴露出来的照顾鄙陋东西的必要性而恰恰展现了鄙陋的东西。当然，没有什么比看见别人那暗地里潜藏并且疲于玩弄花样的嫉妒更让我们的自我感觉和高傲受用的了。但是，我们永远不要忘记：憎恨是与嫉妒相伴随的。我们一定要小心别让嫉妒之人成为虚假的朋友。

正因为这样，发现别人的嫉妒对于我们的安全是很重要的。所以，我们要研究嫉妒之人，以便破解他们的招数，因为嫉妒的人到处都有，并且总是神不知、鬼不觉地活动在我们的周围；或者就像那些有毒的蟾蜍一样出没在黑暗的洞穴。这种人不值得我们对其宽容和同情，相反，我们的态度和行为准则应该是：

　　嫉妒永远难以平息，
　　那你就尽管报以鄙视。
　　你的幸福、名声对他就是痛苦，
　　那想想这些痛苦的原因就是你的任务。

那么，当我们考虑到人的劣性，就像上文所做的那样，并为这些劣性而感到震惊，我们就必须马上把目光投向人类生存的苦难；对后者感到惊愕的话，则又必须回头审视人的劣性——这样，我们就会发现这两者互相平衡，就会意识到某种永恒的正义，因为我们会察觉到这一世界本身就是一个巨大的审判庭，会开始明白为何一切有生命的东西都必须为其存在而赎罪，先是在其活着的时候，然后在其死亡的时分。也就是说，"罪孽"与"惩罚"对应、协调得天衣无缝。从这同一个审视观点出发，我们对在生活中随处可见的绝大多数人的智力不足所经常感受到的厌恶和恼怒也就烟消云散了。所以，在佛教的轮回里面，"人之苦难"、"人之性恶"和"人之愚蠢"相互对应得毫厘不爽，具同等的分量。但在某一特定的时候，我们眼里只看到这三者之一，并对此特加检视；这样，我们所看到的这其中之一者在程度上就似乎压倒了其余两者，但这只是错觉而已，纯粹是其范围之大所致。

　　这就是轮回，这轮回圈里面的一切无一不宣告了这一点；但人类世界则比任何一切都更清楚地宣示了此事实，因为在人世间，道德上的恶劣、无耻，智力上的无能和愚蠢以吓人的程度占据着优势。尽管如此，在这人类世界中，仍然会出现——虽然是分散、零散地——一些总能重又唤起我们惊讶的诚实、善良，甚至崇高的现象，还有那伟大的理解力、思考的头脑，甚至天才的思想。这些东西从来不曾完全泯灭，它们在处于巨大黑暗之中的零星各处闪耀出光芒。我们必须把这些视为一个凭证：在这轮回中藏着一条美好、救赎的原则，能够冲破这一轮回并为这轮回之中的全体带来满足和解救。

8

读过我的伦理学的人都知道：对我来说，道德的基础归根到底是建立在这一真理之上——这一真理在印度的《吠陀》是以这一神秘的成语信条表述出来：

这就是你。

这一信条适用所有生物，不管是人类还是动物。它因此被称为真言。

事实上，我们可以把与此信条相符的行为，例如善良的行为，视为神秘主义的发端。每一个出自于纯净目的的善良行为都宣告了做出这一行为的人是与这一现象世界正好相抵触的，因为在这一现象世界里，他人与自己是完全分离的；但这行善者却认出了自己与他人是同一的。因此，每一件完全没有利益关系考虑的善行都是神秘的行为，都是一个不解之谜。所以，要为此做出解释，人们就只能虚构出各种各样的理由。康德在扫除了一神论的所有其他支柱以后，就只留下最后唯一的一条：即一神论可以让我们最好地说明和解释所有诸如此类的神秘行为。据此，康德承认一神论是一种虽然在理论上无法证明，但为了实际的目的却是有效的、可以成立的假设。但康德说出的这些见解是否出自真心，我是怀疑的。这是因为以一神论来支撑道德就等于把道德归因于自我主义；虽然英国人，还有我们德国低下阶层的人士，绝对看不出道德除了一神论之外还会另有别的基础的可能性。

我们在上面提到的在陌生、客观上显现出来的某一个体的身上重又认出了自己的真正本质，尤其清晰、美丽地显现在这样的一些情形里：当一个人在处于死亡已成定局的情况下，仍然紧张、热切地关注着其他人的安危并给他们施以救助。这方面的例子就是我们熟悉的那位年轻女仆的故事。这位女仆某天夜里在院子里被一只疯狗咬了。她知道自己完了。她奋力抓住这只疯狗，把它拉进马厩并把门锁上，以防还再有人成为其牺牲品。同样，在那不勒斯发生的事件——蒂希拜恩[9]在一幅水彩画里把它永恒地记录了下来。当时火山正在爆发，一个儿子背着自己年迈的父亲，正在逃离那向着大海快速流去的岩浆。但由于在岩浆和海水这两股夺命的洪流之间只还有一小块狭窄地带，父亲吩咐儿子放下自己以便快跑逃命，因为如果不这样做，两个人都会同归于尽。儿子听从了父亲的吩咐，在离开时回头向父亲投来了永别的一眼。所有这些都表现在画作里面。我们还有同类的历史事实——瓦尔特·司各特在《密得罗西恩监狱》(第 2 章)，以大师的手法描绘了类似事情。两个犯人被法官判了死刑，这其中一人由于自己不够灵活而导致了同伴被捕。在死刑宣判以后，前者在教堂奋力制服了卫兵，成功地解救了自己的同伴；但在整个过程中，他丝毫不曾考虑过自己逃生。下面这一幕情形也经常一再在铜版画里表现出来，虽然提起这种事情会引起西方读者的反感：一个士兵正跪在地上接受死刑，但他用手绢极力赶走那向他靠近的爱犬。也就是说，在所有这一类的情形里，我们可以看到：一个人在完全确切知道自己正在迈向即将临近的直接个体毁灭时，不再考虑自己如何逃生，为的是把全部精神和力量投向保护他人生命上面。还有什么比这种人的行为更加清楚地显示出他们的这种意识：即这一个体的毁灭只是一种现象的毁灭，所以，这一毁灭本身也只是现象而已，而正遭受毁灭的个体的真正本质却不受影响地在其他个体身上延续——现在，他就在这其他个体的身上清楚地认出了这一本质，就正如他的行为所暴露的那样？这是因为如果情况不是这样的话，那当我们看到一个人就在遭受灭亡之际，为何这个人仍然通过使出其最后全部的力量而表现出对他人的安危和继续生存如此深切之同情和关注？

事实上，要意识到自己的存在，有两种彼此对立的方式。一是在我们的经验直观中：那在外在的、就时空而言是无尽无垠的世界里显现为无比渺小的东西；作为数以亿计人群中的一员，在这地球上折腾极其短暂的时间，而这些人每过30年就更新一批。二是通过沉浸于自身内在和意识到自身，成为一切中的一切和成为那唯一的真正实质，此外，也在别的、外在给予的他人身上就像看镜子一样重又瞥见了自身。第一种认知方式只是透过个体化原理把握了事物的现象；但第二种认知方式却直接意识和感觉到了作为自在之物的自身。我的这一学说在涉及第一种认知方式方面得到了康德的支持，对这两种认知方式的看法则得到了与《吠陀》相同的意见。当然，人们对第二种认知方式的简单反对意见就是：第二种认知方式预设了一个、并且是同一个的实质可以在同一时间、在不同的地点完整地存在。虽然从经验的角度考虑，这一预设是最明显不可能的事情，甚至是荒谬的，但这种情形对于自在之物而言却是完全真实的，因为那种不可能和荒谬纯粹只是建立在现象形式之上，而这现象形式构成了个体化原理。这是因为自在之物、生存意欲完整和不可分地存在于每一生物之中，甚至是至为微小的生物；其完整性丝毫不亚于过去曾经存在、现在仍然存在、将来将要存在的生物总体。正因为这样，每一生存之物，哪怕是最不显眼的一种，都能够对自己说出，

只要我一息尚存，这一世界就不会毁灭。

事实上，尽管所有其他的生存之物毁灭了，这世界的自在本质仍将丝毫无损地存在于这一仅剩的个体生存之物之中；这一个体生物就仍然可以笑对毁灭这一幻象。当然，这一结局是不可能的，人们同样有道理持与此相反的说法：哪怕是最微小的生物遭到完全毁灭，那在它身上、与之相随的世界也一并遭到了毁灭。也正是在这一意义上，神秘的安吉奴斯说：

我知道如果没有我，上帝一刻都不会存在；
如果我归于无，他的灵魂就必然不再了。

但为了能让我们甚至从经验的角度在某种程度上看到这一真理，或者起码认清这一真理的可能性，亦即我们的自身可以存在于别的生物身上——这些生物的意识与我们的意识可是分离的和不同的——那我们只需回想起接受了磁性催眠的人：他们从催眠中醒过来以后，他们那同一个的"我"，对自己在此之前所说过的话、做过和经历过的事情都一无所知。因此，个体意识完全是现象的一个点，甚

至是同一个的"我"，也可以产生出两个点，而这两者彼此一无所知。

上述思想在我们犹太化了的西方始终带上某种相当异样、奇特的意味，但在人类的祖国，情况可不是这样。在那里，人们信奉完全另一种的信仰。所以，根据此信仰，时至今日，例如，在死人安葬以后，神职人员就在大家面前和着乐器的伴奏，一齐唱起《吠陀》的颂诗——它是这样开始的：

寄存肉身的精灵千头、千眼和千足，它扎根于胸中，并同时渗透于整个大地。这一精灵是这一世界和一切过去、未来之物。那是吸收养分以成长和赋予一切以不朽的东西。这就是它的伟大，所以，它是化为肉身的至高无上的精灵。这一世界的构成要素是它存在本质的一部分，三部分则在天上永生不灭。这三部分从这世界飞升，但最后一部分仍留凡尘，就是那（经由转世轮回）享受或者不享受自己善行或者恶业结果的东西，等等。

——根据科尔布洛克著《论印度教的宗教仪式》,《亚洲研究》第5卷，第345页，加尔各答版；也见于科尔布洛克的《杂文》，第1卷，第167页

那么，如果把这些颂诗与我们的颂诗相互对照一下，那我们就不再感到奇怪为何宣讲"造物主"的英国国教传教士在恒河流域对婆罗门教信众无从下手、收效甚微。谁要想看一看一个英国军官在41年前如何勇敢、有力地驳斥那些先生们所宣讲的荒谬、让人脸红的傲慢主张，并由此体验其中的快意，那他就应该阅读由这位驻守孟加拉的英国军官所撰写的《为印度人辩护，反驳克劳迪乌斯·布坎南牧师的诽谤，兼驳斥其赞成在英属印度建立基督教机构的论据；全篇意在表

明印度人道德理论系统的种种优越之处》一书（伦敦，1808）。这本书的作者以罕有的真诚和坦率阐明了印度恒河流域的教义相比欧洲宗教学说的种种优胜之处。这篇小文章虽然只有德文排版的短短 5 个印张，但时至今天仍然值得把它翻译出来，因为它比任何我所知道的著作都更好、更坦率地阐述了婆罗门教所产生的有益和实际的影响，在生活和大众中的作用。这篇报道完全有别于传教士炮制出来的文章，后者正因为出自传教士的手笔，所以，就不会有多大的可信性。但这篇文章与我从一些在印度度过了半辈子的英国军官嘴里听到的相当吻合。要了解总是为自己终身俸禄问题而激动的英国教会教士如何嫉妒和迁怒于婆罗门教，那我们应该看看，例如，在数年前那些主教们是如何在英国国会持续几个月地狂吠、叫骂。由于东印度当局不依不饶——它在诸如此类的问题上都总是这样——所以，主教们就一次又一次地狂吠不已，而这只是因为英国当局向印度古老和令人尊敬的宗教表示了某些外在的敬意，而这在印度是合乎情理的事情。例如，当扛着神像的游行队列经过时，英国卫兵和军官整齐地站出来擂鼓致敬。再有就是这些官兵拿出一块红布罩在载着神像的车上，等等。这些行为都被迫终止，对朝圣香客的课税也一并提高了。这些措施当然是为了取悦那些主教大人们。与此同时，那些自命尊贵、领取终身俸禄、戴着长而弯曲假发的人继续对我们人类原初的宗教口沫横飞地横加指责，其完全是中世纪式的作派在我们今天应该称为粗鄙和恶俗；同样，让他们气恼交加的是在 1845 年，爱伦伯勒勋爵以凯旋式的队列把在 1022 年已遭可诅咒的马默德毁坏的苏玛诺塔所残存的大门带回孟加拉，并移交给婆罗门。我认为所有这些都让我们相信：那些主教们不会不知道在印度居住多年的大部分欧洲人在心里对婆罗门教是有好感的；这些欧洲人对于欧洲的宗教和社会偏见唯有耸肩以对。"所有的这些",一个属于这一类的欧洲人曾经对我这样说:"只要在印度住上两年,就会像鳞片一样地剥落。"一个在 10 年前陪伴过德瓦达希的法国人,一个文质彬彬的绅士,在我跟他谈起印度的宗教时,马上就充满热忱地慨叹:"先生,那可是真正的宗教啊!"

究其实质,那些幻想的、间或甚至是奇怪的印度神灵理论——这些时至今日仍然像几千年前一样构成了印度人民的宗教——也只是以象征,亦即为照顾人们的理解力而以意象、拟人化和神话化的方式,表达了《奥义书》的学说。每个印度人都根据自己的思想能力和教育的程度去琢磨、感受或者清晰洞察这些神话背后的含义。而偏执、狭隘和粗野的英国牧师却讥笑和亵渎这种宗教神话为"偶像崇拜",自以为自己才是唯一对的一方。释迦牟尼佛的目的就是去芜存菁,把高深的道理从意象、神祇等混合物中分离出来,使一般人都可以接触和明白那些纯净的真理。释迦牟尼佛在这方面非常的成功,他的宗教因而是这一地球上最卓越超群的,由全球最大数量的信众所代表。释迦牟尼佛可以与索福克利斯一道说出:

> 一旦与神祇合力,甚至一无是处的人也可取得胜利;
> 但我敢于不靠神祇的帮助而获得荣耀。
>
> ——《埃阿斯》,767—769

但极为可笑的是,在此也就附带一提,德国一些奴性的冒牌哲学家,还有不少研究东方文化的书呆子学者,站在理性犹太教的立场,挂着一丝自负的微笑冷冷地、高高在上地俯视着婆罗门教和佛教。我的确很想推荐这些小人物签订合约参加法兰克福游艺会的猿猴喜剧——如果印度神猴哈努曼的后代子孙真的肯容忍他们的话。

我认为如果中国的皇帝、暹罗国的国王或者其他亚洲国家的君主允许欧洲列强派遣传教士到他们国家的话，那他们完全有权利提出这一先决条件：他们也可以派出同等数量的佛教经师到这些欧洲国家，并享有同等的权利。当然，为此目的，必须挑选很好学习过派驻国语言的经师。这样，我们就会有一场有趣的竞赛，然后看看到底谁能取得最大的成效。

试图把全世界都皈依其宗教的基督教狂热是不负责任的。詹姆斯·布鲁克爵士殖民统治了一部分婆罗洲好一段时间——他在1858年9月参加了利物浦举行的基督教福音传播会举行的会议，对这传教会的中心发表了演说。他说道：

> 对伊斯兰教徒，你们没有取得进展；对印度人你们则是完全没有任何进展。你们仍然是在第一天踏上印度国土的地方原地踏步。
>
> ——1858年9月29日《泰晤士报》

但在另一方面，基督教传教士却是做出了斐然的成绩，并值得嘉许，因为他们当中一些人为我们带来了对婆罗门教和佛教出色和全面的报道，忠实、准确地翻译了这些宗教的典籍——如果翻译者不是对所翻译的著作怀有挚爱，那他们是不可能取得这样的成就。我把下面这首打油诗献给这些高贵的人物：

> 你们出去之时是老师，
> 归来的时候则成了学生；
> 被遮蔽了深意的真理，
> 从此不再陌生。

所以，我们希望有朝一日，甚至欧洲也能消除所有犹太教的神话。这一世纪或许已经到来了：根源出自亚洲、操雅弗语系[10]的人将重获其祖国的神圣宗教，因为在步入迷途很长时间以后，这些欧洲人接受这些宗教的时机再度成熟了。

9

读了我的《论意欲的自由》的获奖论文以后，任何有思想的人都不会再对这一点存疑：这样的一种自由在大自然是寻觅不到的，它只能存在于大自然以外。这种自由是一种形而上的东西，在这一自然世界里是不可能的。因此，我们个别的行为一点都不是自由的，但自己的个体性格却被人们视为自己自由做出的功绩。一个人之所以是这样一个人，是因为他一次性、永远地意愿（意欲）成为这样一个人。这是因为意欲是自在地存在，哪怕这意欲是在某一个体里面显现，因而构成了这一个体的原初和根本的意欲活动；意欲是独立于一切的认知，因为意欲是先于认知的。从认知那里，意欲只是获得了动因——而随着动因，意欲就相继发挥和发展其本质，这一本质也就得以被认识，或者说就显现出来了。但意欲本身作为超越时间之物，只要是存在了，那就是不可改变的。因此，每一个这样的人，既然是存在了，那在每一情形下（这些情形也遵循着严格的必然性而出现），除了做出他每次在这样的情形下所做出的事情以外，绝对不会还做出其他别的。所以，一个人一生中的整个经验轨迹，连同那大大小小的事情，就像一只座钟的走动一样，其必然性是预先就确定了的。这从根本上是因为上述形而上的自由行为（行动）进入我们认知意识的方式是直观、观念，以时间、空间为形式；透过这形式，那本来是统一和不可分的行为（行动）现在就呈现为分散的、成一连串的状态和事件，受着根据律在四种形态方面的指引——而这恰恰就是人们所说的必然。但那结果却是道德的，也就是说，我们从我们的所为认识到我们所是，正如我们从我们所承受的痛苦认识到我们应得到的一样。

由此我们更进一步推断：人的个体性并不唯一以个体化原理为基础，所以，人的个体性并不完全只是现象，而是植根于自在之物、植根于个体的意欲，因为它的性格本身是个体的。但这根子在此究竟有多深，并不属于我要回答的问题。

在此，值得回想起柏拉图早就以其方式把每个人的个体性形容为这个人的自由行为，因为柏拉图说人的个体性就是这个人的心和性格的结果，正如每个人是转世、轮回以后的产物（《菲德洛斯篇》）。甚至婆罗门教也以神话的形式表达了与生俱来的性格注定不能改变这一看法：在每一个人出生的时候，婆罗门就在每一个人的头骨上以文字刻下这个人的行事和痛苦，这个人的人生轨迹也就必然据此展开。他们指出头盖骨上的锯齿痕就是这些文字，而这些文字的内容就是这个人前世生活和行为的结果。[11]这一见解似乎就是基督教（甚至早在保罗教义中）神恩选择的教义的根据。

上述讨论引出的、已在经验上普遍得到证实的另一结论就是：所有真正的优点，不管是道德上的还是智力上的，不仅只有自然的或者现实经验的根源，而且还有其形而上的根源；所以，这些优点是先验就有的，而非后验才有，那也就是与生俱来的，而不是后天获得的；那也就是并不根植于单纯的现象之中，而是扎根于自在之物。因此，每一个人从根本上只是做出他本性中的事情，亦即做出属于他那与生俱来的、固定不变的本性的事情。智力才能虽然需要得到发掘、修养，正如大自然的许多产品需要一番加工才可以让人们享受或利用一样，但在这两种情形里，任何修养和加工都不可以取代原有的材料。因此原因，所有只是学习得来的、后天勉为其难获得的、亦即后验的素质，无论是道德上的还是智力上的，都的确不是货真价实的，都是表面功夫、但却没有内容。正如这是从正确的形而上学所得出的结论，对经验事情的深刻观察也教导我们同样的道理。证明这一道理的，就是所有人都相当重视每一个在某一方面表现出众的人的面相、外形，亦即这一个人的与生俱来的东西，所以，人们都很想看看这样一个人。当然，肤浅之辈和平庸之人，出于很好理解的理由，会持与此相反的意见，为的是可以指望他们所欠缺的一切，终有一天也会得到。所以，这一世界不仅是这样一个战场：对所取得的胜利或者失败的奖赏是在下一个世界分发，其实，这世界本身就已经是最后的审判，因为每个人根据自己的优点和功德已经一并获得了酬劳和耻辱，就正如婆罗门教和佛教在教导转生轮回时已经知道了这一道理。

10

人们提出过这一问题：两个人单独在荒野里长大成人，他们在首次相遇时会怎么做？对此问题霍布斯[12]、普芬多夫[13]和卢梭各自给予了相反不一的回答。普芬多夫相信这两人会友好地互致问候；霍布斯认为他们会彼此敌视对方；而卢梭的看法则是这两个人会沉默不语地彼此擦肩而过。这三个人的看法既是对的又是错的，因为正是在这种情形下，个人与生俱来的道德倾向方面那无法测量的差别就会明显表现出来。这种情形也就好比是测量这种差别的尺度和仪器。这是因为是有这样的一些人：看见别人就会马上刺激起敌意，因为他们的内在深处就会喊出："这个是非我！"也有一些这样的人：在看见他人会马上引起友好的关切和同情，他们的内在会说："这就是另一个的我！"在这两种情绪之间有着无数的级别。我们在这关键点上是如此根本的不同，这确实是一个巨大的难题，并的确是一个神秘之谜。一个名叫巴斯特海姆[14]的丹麦人在他所写的《有助于了解处于原始状态下的人的历史报道》一书里，为我们提供了对人的道德性格的这种先验性进行各式考察的素材。巴斯特海姆发现：一个民族所表现出来的思想文化和这个民族的道德优点是各自完全独立、分开的，因为这其中之一者经常并不与另一者结伴出现。对此现象我们可以这样解释：道德优点完全不是出自理性思考（对理性思考的训练、培养有赖于思想文化）的，而是直接发自意欲本身，而意欲的内在成分是与生俱来的，意欲就自身而言是无法通过文化修养而改进的。巴斯特海姆把大部分民族描述为相当的卑劣，但关于某些未开化部落，他不得不报道非常优秀的普遍性格特征，例如，居住在萨乌岛的居民，还有西伯利亚一带的通古斯人和皮鲁岛人。巴斯特海姆为此难题颇费了一番脑筋：为何个别部落的人异常善良，而他们四周部落的人却又是那样卑劣？在我看来，对此现象的解释是道德素质遗传自父亲。在上述例子中，那孤零零的部落是来自同一个家族，因而是出自同一个祖先、没有经过混杂，而这个祖先就是一个善良的人。北美出现过许多令人不快的事情，例如，逃避公债、明火执仗打劫、抢掠，等等。出现了这些事情，英国人就会想起那些北美人是来自英国当年流放罪犯的殖民地——虽然我这里说的只适用这些人当中的一小部分人。

11

让人惊叹的是：每一个人的个体性（亦即那确定的性格和确定的智力）就像渗透力很强的染料一样，精确决定了这个人的所有行为和思想，直至最琐碎的细节。所以，一个人的整个人生轨迹，亦即他的内在和外在的历史，会与另一个人的人生轨迹截然不同。正如一个植物学家从一片叶子认出整株植物，居维尔从一块动物骨头就能重构这一动物，同样，我们从一个人的某一典型行为，就可以达至正确了解这个人的性格；确切地说，就是在某种程度上从这一行为构建起这一个人，尽管这一行为只涉及一些小事情。事实上，这些小事情经常最能帮助我们认识这一个人，因为在处理更重要的事情时，人们会小心防范；但在小事情上他们没有太多顾虑，只会循着自己的本性行事。如果一个人在这样的小事情方面透过其完全不顾及别人、绝对自我主义的态度和行为，显示出他的内心并没有公平、正直的感情，那我们就不要在没有足够保障的情况下托付给他哪怕是一文钱。这是因为这样一个在所有不曾涉及财产的事情上都每天表现出缺乏公正的人，其无边的自我在日常生活中随处透过那些别人不会计较的细微行为而暴露出来，就像一件肮脏内衣从褴褛外衣的孔洞中向外张望——这样的一个人，在处理人、我间的事情时，在除了正义就再别无其他动因的情况下，谁又会相信他能诚实行事？谁要是在小事上不顾及他人，就会在大事上肆无忌惮。谁要是忽略了一个人性格的微小特征，直到吃亏受累了以后才从大处了解到此人的性格，那他就只能咎由自取。根据这同一个原理，如果我们所谓的好朋友在小事情上面暴露出卑鄙、下流、恶劣的特性，那我们就必须马上与这些"好朋友"一刀两断，以避免在大事上受其阴毒暗算——这些东西时机一到，就会现形。这一做法同样适用于雇用的仆人。我们永远谨记这一点：单独一人也总比被叛徒簇拥着要好。

确实，一切关于人的知识，其入门和基础就是确信：一个人的行事在大体上和本质上并不是由这个人的理性及其决心所指引的；因此，一个人是这样或者那样的人，并不是因为这个人想要成为这样或者那样的人——哪怕他是很想要这样做；这个人的行事是发自这个人与生俱来的和不可改变的性格，并由动因所特别、具体地确定，因而是这两种因素的必然产物。据此，我们可以以一颗行星的运行来阐明一个人的行事：行星的运行是给予这一行星的离心力和太阳对其牵引的向心力共同作用的结果，前者代表了性格，后者则是动因的影响。我这说的几乎不仅仅是比喻，也就是说，行星所以运动起来的离心力，虽然受到引力的限制，但在形而上的层面，就是在这一行星上显现出来的意欲。

谁要是把握了上述道理就会认识到：我们对于自己在将来的某种情况下会如何作为，顶多只是做出猜测而已，虽然我们经常会把所做的猜测视为定论。例如，在别人提出某一方案以后，一个人会非常真诚，甚至非常乐意地承担义务：在将来出现某种情况的话，他会做出这样或者那样的事情。但他是否会真的履行这一义务一点都不是确定的，除非他的本性决定了他所做出的承诺本身，永远和无论是在哪里对于他这个人来说都是一个足够有力的动因——因为，这动因透过他顾虑自己的信誉而发挥作用，与别人的强迫没有两样。但除此以外，这个人在将来某种情况下会如何作为，却是可以预先完全确定下来的——只要我们准确、精细地了解了这个人的性格和他将身处其中并受其影响的外在情况。如果我们已经见过他在相似情况下的行为，那预知当然就非常容易了；因为他在第二次会不可避免地做出同样的事情——前提是：在第一次的时候，他已经正确和完全地了解了当时的情况。这是因为，正如我已经常指出的，

终极原因并不以其真正的本质、而只是根据其本质被了解的程度而发挥作用。[15]

也就是说，一个人在第一次时并不认识到或者明白的东西不会对他的意欲产生影响，正如某一绝缘体阻止了导体作用的话，电流传导也就停止一样。性格的本质不变和由此产生的必然行为会留给这样一个人尤其清晰的印象：这个人在某一机会情形下并没有像他应该的那样行动，因为他欠缺果断、坚定、勇气或在那一刻所需要的素质；现在事后，这个人认识到了自己没有正确行动，真心为之后悔，并且或许会想："啊！如果我再有机会，我就会做出不同的行为！"再有机会以后，还是做出了同样的事情——对此，他自己都大感惊讶。

莎士比亚的戏剧无一例外为我们提供了说明现正讨论的真理的最好例子。这是因为莎翁彻底相信这一真理，他直觉的智慧在每一页纸里面都以具体、形象的方式把这真理表达了出来。但我现在还是想要举出一个例子说明——莎翁在这一例子里尤其清楚地突显了这一真理，但却又丝毫没有刻意和斧凿的痕迹，这是因为莎翁是一个真正的艺术家，从来不会是从概念出发。莎翁的目的明显只是要把自己直观所见和直接了解的这一心理真理表现出来，并不在乎只有为数不多的人会注意和明白这一道理，也不曾想到在将来的某一天在德国，肤浅和愚蠢的家伙会详细分析说他写下这些剧本只是为了图解一些道德方面平淡无奇的理论。我想说的是诺森伯兰伯爵一角。他在三部悲剧里

面连贯出现，但都不是作为主角出场，而是分散在十五幕中为数不多的几个场景里出现。所以，如果不是在阅读时全神贯注的话，尽管作者牢牢把握着这一角色，我们仍然会很容易就遗漏这人分散在不同段落的性格描写以及这一性格在道德上的一致性。莎士比亚让这位伯爵在每次出场时都带着高贵的骑士派头，谈吐也与此相配。莎翁间或甚至让他的嘴巴说出一些相当优美、甚至是崇高的辞藻，因为莎士比亚的手法和席勒的相差很远。席勒喜欢把他笔下的魔鬼涂抹成黑色；作者对其角色的赞许或者反感就在这些角色说出的话语中流露了出来。但在莎士比亚和歌德的笔下，人物一旦站在那里说话，那说出的话语都是完全合乎情理，哪怕这个角色是一个魔鬼。在这方面，我们可以比较一下歌德和席勒作品中的艾尔巴公爵。我们在《理查二世》中就已经认识了诺森伯兰伯爵。在这一剧中，他第一个站到波林布鲁克一边阴谋对抗国王，而波林布鲁克后来就成了亨利四世。诺森伯兰伯爵私下里对亨利四世阿谀奉承（第二幕，第三景）。在接下来的一幕里，诺森伯兰伯爵因为在说起国王的时候直呼理查而遭到斥责，但他发誓那只是因为自己喜欢简约而已。这事情过去不久，他就用一番花言巧语说服了国王屈膝投降。在接下来的一幕，他如此苛刻、无礼地对待让位庆祝活动中的国王，以致到最后，失魂落魄和郁郁寡欢的国王再一次忍无可忍——他吼道：

　　魔鬼，我还没进地狱你就已经折磨我了！

在剧的结尾，他向新国君报告说：他已把前度国王追随者的头颅砍下并送往伦敦去了。在接下来的悲剧《亨利四世》里面，诺森伯兰伯爵以同样的方式煽动对抗新任君主。在第四幕，我们看到叛乱者联合起来，准备在第二天早上发动一场大的战役，现在就只是急不可耐地等待诺森伯兰伯爵和他的军队而已。终于，诺森伯兰伯爵的一封信到了：他正抱病在身，但他又不放心把军队交给别人；尽管如此，他希望他的同志们勇敢前进、奋勇杀敌。叛乱者这样做了，但由于诺森伯兰伯爵军队缺阵而导致实力大减。他们全军覆没，造反的头目也大都被俘虏了。诺森伯兰伯爵的儿子，英勇的"热刺"，也被王储亲手击倒。再度在接下来的戏剧——《亨利四世》的下半部——我们看到诺森伯兰伯爵为自己儿子的死亡而狂怒，喘着粗气叫嚷复仇。所以，他再次煽动起暴乱，叛乱的首领们重新聚在了一起。正当他们在第四幕不得不要打一场大战，就只需等候诺森伯兰伯爵的军队与之会合的时候，一封信到了：诺森伯兰伯爵因为无法聚集到足够的将士，所以，他将到苏格兰避避风头；尽管如此，他打心眼里祝愿他们英勇的作战会获得极大的成功。得到这一消息以后，叛乱者与国王达成协议并缴械投降。国王后来并没有遵守协议，叛乱者也就被消灭了。

因此，一个人的性格并不是这个人理性思考和选择以后的产物。在一个人的行为里面，智力所能做的只是把动因呈现给意欲；但智力只能作为旁观者和目击证人，看着动因如何作用于既定的性格，并由此形成人生的轨迹，而这里面的总体事件，严格来说，其发生的必然性与钟表运动的必然性一般无异。关于这一点，读者可参阅我的获奖论文《论意欲的自由》。认为在做出每一个别行为时，人的意欲（意愿）是完全自由的，那是一种错觉。在那篇论文里我把人的这一错觉还原其真正的含义和根源，并以此提出了产生这一错觉的作用原因。在下面运用目的论以解释这一自然错觉的同时，我想一并补充产生这一错觉的目的原因。因为自由和原初性（这些其实只属于人的悟知性格[16]（intelligibeln charakter——智力只能在人所走过的一生中了解到这一悟知性格）似乎属于人的每一个别的行为，原初的作品对于我们的经验意识来说，就似乎是经由每一个别的行为而重新完成，所以，我们的人生历程也就以此获得了最大可能的道德"指引"，因为我们只有经过这样的方式才能对我们性格中所有不良的一面有所感觉。也就是说，良心以这样的评语伴随着做出的每一个行为："你本来应该做出别的行为或事情。"——虽然这句话的真正意思就是"你本来应该是别样的人"。那么，一方面，人的性格不可改变，另一方面，人持续置身其中的外在情形则遵循着严格的必然性而出现，这样，一个人的一生也就无一例外地从开始到结束都被精细确定了下来；但尽管如此，一个人的一生，连带其所有的无论是主体还是客体的确定和限定，则比另一个人的一生幸福得多、高贵得多和有价值得多——既然是这样，那如果我们不想剔除所有公道、正义的话，我们就会得出这在婆罗门教和佛教中确定的看法：一个人的无论是与生俱来的主体条件，还是诞生于其中的客体条件，都是这个人前世存在所得出的道德上的果。

马基雅维里似乎完全没有做过哲学的思辨，但由于其独特的、极具穿透性的理解力，他说出了下面这一句的确含义很深的话，而说出这话的前提就是能够直观认识到：在既定的性格和既定的动因齐备以后，行为就完全是必然地出现。他在喜剧《克里提亚》的开场白这样说：

在这世上，如果相同的人和相同的情势再度出现，那用不着一百年，现在的人就会再度在一起，就会再度做出现在他们正在做的同样事情。

但对圣奥古斯丁在《上帝之城》的话的回忆可能引导马基雅维里得出了这样的见解。

古人对命运的看法不外乎就是他们已在意识中确信：所发生的一切事情，都是透过因果链紧密地连接了起来，所以，其发生是严格必然的；据此，将来要发生的事情已经是完全固定了的，是肯定和细致地确定了下来，不会有丝毫的更改，一如过去已经发生了的事情。只有那确切预言将来的事情——在古人的命运神话里——才被视为不可思议的事情，如果在此我们排除催眠预知和第二视觉的可能性的话。我们不可以试图以肤浅的空谈和愚蠢的借口反驳命运论的基本真理，而是应该做出努力清晰明白和察觉这一真理，因为这一真理是可被实证的；它为我们提供了了解我们的谜一样存在的重要素材。

上帝决定命运论和上述的命运论并不是在最主要和最重要的方面有所不同，而只是在这方面不一样：人的既定性格和来自外在的对人的行为的规定和限制，在上帝决定论者看来，是出自某一具认知之物；在上述的命运论者看来，则是出自某一不具认知之物。在结果方面，这两种命运论殊途同归：发生的事情，都是必然地发生。而道德自由的概念是与原初性的概念密不可分的。这是因为如果说一个生存是另一个生存的作品，但前者在意愿（意欲）和行为方面却是自由的——那一看法用字词说说还可以，但在思想里却是办不到的。也就是说，谁要是从无中创造出这一生存，那他也就一并创造出了和确定了这一生存的本质，亦即一并创造了和确定了这一生存的总体素质。这是因为人们永远不会是创造了，但又不曾创造出某样东西，即某一根据其素质、完全确定了的东西。以此确定下来的这些素质，在这之后就会伴随着必然性而外现出来和发挥出作用，因为这些外现和作用就只是被活动起来的素质本身：这些素质只需有来自外在的诱因就会显现出来。一个人是什么样的人，就必然会做出什么样的行为。因此，功德和罪过并不系于这个人的个别行为，而系于这个人的真正本质和存在。所以，一神论与人应负担的道德责任是格格不入的，因为这样一种道德责任始终归于这生存的创造者，这一造物主才是真正的责任人。人们徒劳地尝试通过人享有道德的自由这一概念以协调这些矛盾，但这牵强的协调说法始终站不住脚。自由的存在也必然是原初的存在。假如我们的意愿（意欲）是自由的，那原初的本质也就是自由的；反之亦然。前康德教条主义试图分开这两个论断，并因此被迫假设了两种自由：亦即对宇宙起源学来说的第一世界原因的自由；对道德学和神学来说的人的意愿（意欲）的自由。与此相应，在康德那里，第三对和第四对悖论探讨了自由。

相比之下，在我的哲学里，不带成见地承认行为有其严格必然性与我的这一学说是相符的：在没有认知的存在物那里显现的也是意欲。否则，那些没有认知的存在物，在其遵循明显的必然性而作用和活动时，就会与人的意欲（意愿）活动形成矛盾了——假如真有个别行为的自由、假如人的个别行为不也是同样遵循着严格的必然性，一如所有其他的作用和活动。在另一方面，正如我在上文表明了的，我的这意欲行为有其必然性的同一学说就必然得出这一推论：人的存在和本质本身就是他的自由的作品，因而也就是他的意欲的作品，而意欲因而就是自为、自有的存在。但在与此相反的假设里，所有的责任就消失无踪了，就像我已表明了的；并且，这一道德的世界，如同自然的世界一样，就会只是一台机器：置身在这机器之外的机器制造者，就是为了自己的消遣而发动起这机器。所以，真理与真理之间是连贯、统一的，它们互相需求、相互补充，而谬误则在处处碰壁。

12

　　道德说教对人的行为会产生什么样的影响，其界限是什么——我在论文《论道德的基础》（20）已经详尽地探讨过了。与道德说教在本质上相类似的是榜样、实例的影响，但榜样的影响却比学说、理论的影响更有力。因此，我们有必要对榜样、实例的影响作一番简短的分析。

　　榜样、实例首先发挥的要么是阻挠，要么是鼓动的作用。当榜样使人放弃了这个人很想做的事情时，那就是发挥了阻挠的作用。也就是说，这个人看到其他人并没有做这样的事情——由此他得出了这一泛泛的推论：做这样的事情是不可取的，这会给他本人、他的财产或者声誉带来危险。他就坚持这一想法，很高兴不用自己亲自去调查一番。或者，他甚至亲眼目睹做出这样事情的人承受了糟糕的后果。这是阻吓性的榜样例子。而鼓动性的榜样例子有两种的作用方式：亦即要么促使一个人做出这个人其实并不想做的事情，但也同样确保如果不这样做的话就会给这人带来某种危险，或者会有损这个人在他人心目中的印象；要么就是鼓励这个人做出自己想做、但却由于害怕危险或者担心丢脸而一直没有做的事情。这类是诱惑性的榜样例子。最后，榜样和实例也会使这个人注意到在这之前他一点都不曾想到过的事情。假设是这种情况，那很明显，榜样和实例首先只是作用于他的智力；在这期间，对他意欲的影响是次要的；当这一榜样和实例真的对其意欲产生了影响，那是经过自己做出判断或者信赖做出榜样和实例的人。榜样和实例之所以有相当强力的影响，都是因为人们普遍缺乏判断力，也经常没有多少知识去探索自己该走的路。所以，人们就十分乐意跟随别人的步子。据此，一个人越缺乏判断力和知识，那他就越容易受到榜样例子的影响。所以，绝大多数民众的指路明星就是别人的例子。他们的全部行为、做事，无论所涉及的事情是大是小，最终都不外乎仿效他人；哪怕是做最微小的事情，他们也不是依据自己的判断。这个中的原因就是害怕深思、回想，以及顺理成章的不信任自己的判断力。人们这种极其强烈的模仿他人的本能也证明了人与猿猴的亲缘关系。模仿和习惯就是人们绝大部分行为的动力。但榜样和实例的作用方式却是由每一个人的性格所决定。因此，同样的一个榜样例子对一个人可以产生诱惑性作用，但对另一个人却会起到阻吓性的效果。某些与人交往的不当、无礼举止轻易就给了我们机会观察这种情形。那些不当举止以前是没有的，现在却逐渐扎根、蔓延。当第一次注意到这样的不良举止时，一个人会想："哟！怎么会有这样的事情？这多么的自私、自我！一点也不为他人考虑！我的确要引以为戒，不能做出这样的事情。"但另外就有 20 个人这样想："哈！这个人能够做出这样的事，那我也一样可以的了！"

从道德的角度考虑，榜样例子就和说教一样虽然能够有助于社会和法律的改进，但却不会有助于改良一个人的内在，而一个人的内在才是真正道德方面的。这是因为榜样例子永远只是作为个人的动因而发挥作用，所以，这里的前提条件是这一个人能够接收、接受这种动因。但恰恰就是这一个人的性格是主要和首先接收、接受这种动因，抑或是接收、接受另外的一种动因，决定了这个人本来的、真正的、但却始终是与生俱来的道德素质。总的来说，榜样例子是帮助显现出我们性格中良好或者糟糕素质的手段，但这些手段却无法产生这些素质。所以，塞涅卡的话说得很对：

意欲是学不会的。

所有真正的道德品质，无论好坏，都是内在天生的——这一学说与婆罗门教和佛教的轮回学说更加吻合——与犹太教相比较而言。根据前者的轮回学说，

一个人的恶行和功德如影随形般地伴随着一个人从这一世轮回到下一世。

而犹太教则要求说：一个人来到这一世上时，他在道德上是空白的，为的是依据那令人难以想象的"无须根据的自由、任意选择"，因而也就是经过理性的思考，来决定自己是想要成为天使还是魔鬼，抑或是介乎两者之间的人。犹太教的这些说法我知道得很清楚，但我对其不屑一顾，因为我的旗帜是真理。我也不是哲学教授，所以，我的职责不是首要巩固、维持犹太教的基本观点，尤其是这一观点已成了永远妨碍人们获得任何哲学认识的绊脚石。"无须根据的自由、任意选择"打着"伦理道德的自由"的名义，成了哲学教授至爱的玩具。我们就让他们自得其乐吧！这些聪明、诚实和坦率的人啊！

注释

[1] 参阅图卢克著《东方国家神秘主义者的思想精华》，第206页。
[2] 阿诺德·格林克斯（1624—1699）：尼德兰哲学家，著有《伦理学》。——译者注
[3] 拉丁语"美德"之意。——译者注
[4] 意即"美德"。——译者注
[5] 克里斯浦斯·萨鲁斯提乌斯（前86—前36）：罗马帝国第一位古典希腊史家。——译者注

[6] 善用魔法的邪恶精灵。——译者注

[7] 约瑟夫·戈比诺（1816—1882）：法国历史人类学者和现代种族研究的奠基人。——译者注

[8] 普鲁特斯，希腊神话中善变外形的海神。——译者注

[9] 约翰·蒂希拜恩（1751—1829）：德国画家，歌德的朋友。——译者注

[10] 雅弗语系和高加索语系同宗，它是流行在欧洲和西亚的一组早期非印欧语系。——译者注

[11] 参见《教育和奇妙书信集》，第6卷第149页和第7卷第135页，1819年版。

[12] 托马斯·霍布斯（1588—1679）：英国哲学家，著有《论人的本质》等。——译者注

[13] 萨弥尔·普芬多夫（1632—1694）：德国法律学家、历史学家。——译者注

[14] 克里斯蒂安·巴斯特海姆（1740—1819）：丹麦神学家、博物学家。——译者注

[15] 参见苏阿雷斯《形而上学的讨论》。弗·苏阿雷斯（1548—1617）：西班牙神学家、哲学家。——译者注

[16] 根据叔本华的思想，性格有"悟知性格"和"验知性格"之分，这些概念是由康德首先提出并为叔本华"完全接受"。叔本华本人对这两者的定义是："悟知性格就是作为自在之物的意欲——只要这意欲在某一特定的个体、以某一特定的程度存在；而验知性格则只是悟知性格的显现——验知性格根据时间、空间，在形体化中和通过个体的行为方式呈现出来……每个人的悟知性格可被视为在时间之外的意欲活动，它因此是不可分也不可改变的；而验知性格则是这意欲活动在时、空、根据律的各形式中展开和引出的现象。"（《作为意欲和表象的世界》，55）——译者注

论生存的痛苦与虚无

1

如果痛苦不是我们生活最接近和直接的目的，那我们的存在就是在这世上最违反目的的了。这是因为如果认为源自生活本质上的匮乏的那些没完没了的、在这世上无处不在的苦痛，是没有任何的目的，纯粹就是偶然的，那这一看法就是荒谬的。我们对苦痛的敏感性几乎是无限的，但对享乐的感觉则相当有限。虽然每一个别的不幸显得就像是某一例外情形，但总起来看，不幸却是规律中的事情。

2

正如溪水只要没有碰上阻碍物就不会卷起漩涡，同样，人性和动物性决定了：顺应我们的意欲的一切，是不会为我们所真正察觉和注意的。我们对这些有所注意的话，那这些肯定就是没有马上顺应我们的意欲，在这方面已经遇到了某些的阻碍。相比之下，任何阻碍、抵触或者拂逆我们意欲的，因而也就是任何的不快和苦痛，我们都会直接、马上和异常清楚地感觉得到。正如我们不会感受到整个健康的身体，而只会感觉到鞋子夹住脚趾头的一小处地方，同样，我们不会考虑到所有进展顺利的事情，而只会留意到烦扰我们的某些鸡毛蒜皮。

我多次反复强调过的一点，即舒适和幸福是否定特性的，而痛苦则具肯定的特性，就是基于这个道理。

所以，大多数形而上学体系宣扬痛苦、不幸是否定性质的，其荒谬在我看来实在是无以复加；其实，痛苦、不幸恰恰是肯定的，是让人感觉得到的东西。而所谓好的东西，亦即所有的幸福和满意，却是否定性的，也就是说，只是愿望取消和苦痛终止而已。

与这一道理相吻合的还有这一点：我们一般都会发现快乐远远低于、而苦痛则远远超出我们的预期。

谁要想简略检验一下这一声称，即在这一世上快乐超出苦痛，或者起码这两者互相持平，那他就在一只动物吞吃另一只动物的时候，把这两只动物各自的感受互相对照一下吧。

3

在遭遇不幸或承受痛苦时，最有效的安慰就是看一看比我们更加不幸的其他人——这一点是人人都可以做到的。但对人类的整体，结果会是什么呢？

我们就像在草地上玩耍的绵羊，而屠夫已经在盯着这些绵羊，选好了向它们开刀的次序，因为在我们好日子的时候，我们并不知道命运此刻已为我们准备了何种的不幸和祸害：疾病、贫困、迫害、残废、失明、疯狂、死亡等等。

历史向我们展示国家、民族的生活，但除了讲述战争和暴乱以外，再无其他：天下太平的日子似乎只是作为短暂的停顿、幕间的休息而零散地出现。同样，个人的生活也是一场持续不休的争斗——这可不只是比喻，只是与匮乏或者无聊的争斗，而是实实在在地与他人作战。无论在哪里，人们都会发现敌手，始终活着争斗之中，到死的时候仍然是武器在握。

4

让我们的生存平添不少折磨和烦恼的，就是时间每时每刻催逼着我们，从不让我们从容喘息；它在每一个人的后面步步紧跟，就像挥舞着鞭子的严厉工头或管教者。也只有那些落入了无聊的魔掌的人才逃过了时间的催逼。

5

但是，正如没有了大气的压力，我们的身体就会爆炸，同样，人生没有了匮乏、艰难、挫折和厌倦，人们的大胆、傲慢就会变本加厉；就算不会达到爆炸的程度，也会驱使人们做出肆无忌惮的蠢事，甚至咆哮、发狂。无论何时，每个人都确实需要配备一定份额的操劳，或者担心，或者困苦，正如一艘船需要一定的压舱物才能走出一条笔直和稳定的航线。

工作、烦恼、操劳和匮乏固然是几乎所有人终其一生的命运，但如果所有的欲望还没有来得及出现就已经获得满足，那人们又将如何充实自己的人生？假设人类移居到了童话中的极乐国，在那里一切都自动生长出来，鸽子也是烤熟了在空中飞来飞去，每个人很快就找到了自己热恋的人，并且不费吹灰之力就得到了她——假设是这样，那一部分人就会死于无聊，或者会自行上吊了结；而另一部分人则寻衅打架，各自掐死、谋杀对方，从而制造出比大自然现在加在他们身上的还要多的痛苦。因此，对于这样的人类，再没有其他适合的活动舞台、再没有其他适合的存在了。

6

正如在上文所回顾的，由于舒适和快乐具否定的性质，而痛苦则是肯定性的，所以，衡量一个人的一生是否幸福并不是根据这一生中的欢乐和享受，而是根据这一生中缺少痛苦的程度，因为痛苦是肯定性的。但这样的话，动物的命运看上去似乎就比人的命运更可忍受了。我们就更仔细地考察人和动物这两种情形吧。

无论人的幸福和不幸是以何种复杂多样的形式呈现出来，并刺激人们追求前者和逃避后者，所有这一切的物质基础却不过就是身体上的快感或者苦痛。这一基础相当的狭窄，无非就是健康、食品、免受风雨寒冷的袭击、得到性欲的满足，或者，欠缺所有这些。因此，人并不比动物享有更多真正身体上的快乐——除了人的每一快乐因为人的更加发达的神经系统而得到了提升以外，但与此同时，人对每一种苦痛的感觉也相应地提升了。不过，在人的身上被刺激起来的情感比动物的情感却强烈很多！情绪的动荡也深沉得多和激烈得多！两者根本不可以相提并论。但所有这些最终也只是为了获得那同一样的结果：健康、饱暖，等等。

这首先是因为人想到了不在眼前的和将来的事情而增强了所有的一切；也就是说，忧虑、恐惧和希望也就由此真正出现了。这些忧虑、恐惧和希望对人的折磨远甚于此刻现实的苦、乐，而动物所感受到的，则只是局限于此刻现实的苦、乐。也就是说，动物并没有反省思维——这一苦、乐的浓缩器；所以，这些苦、乐不会积存起来，就像人类借助回忆和预见所出现的情形。对动物来说，现时的痛苦，哪怕是无数次接连反复出现，也始终就像第一次出现那样是现时的痛苦，不会累加起来。所以，动物享有令人羡慕的无忧无虑和心平气和。相比之下，由于人有了思想及与此相关的一切，那些本来是动物与人所共有的苦、乐基本要素，在人那里却变成提升了的幸福感和不幸感，而这些甚至会演变成瞬间的、有时甚至是致命的狂喜，或者可以导致绝望的自杀。仔细考察一番，事情的原委是这样的。满足人的需求本来只是比满足动物的需求稍为困难一点，但为了增强快乐感受，人却是有目的地提高其需求。所以，就有了奢侈、排场、烟酒、鸦片、珍馐百味以及与这些相关的一切。然后，同样是由于有了思想，就另有了只有人才会有的这一快乐的、同时也是痛苦的源泉。这一源泉带给他太多太多的苦恼，几乎更甚于所有其他方面的苦恼。那也就是野心勃勃，荣誉感和羞耻感——用简单的话说，就是他所认为的别人对他的看法。这有着多种多样、千奇百怪的形态，会成为一个人的几乎所有奋斗和努力的目标——而这已是超越了身体快乐或者苦痛的层面。虽然人在真正的智力享受方面确实超越了动物——这可以有无数的级别，从最简单的游戏或者谈话一直到最高级的智力创造——但是，在痛苦的那一边，无聊作为与此相对应的平衡东西出现了，而无聊却是不为动物所知的，起码对处于自然状态之下的动物是这样。也只有最聪明的动物在被驯化了的状态下才会受到一点点无聊的袭击。但无聊之于人的确犹如鞭笞般难受。这种痛苦可以见之于那许许多多总是想着填充自己的钱袋而永远不会想到要充实自己脑袋的可怜人；对这些人来说，他们富裕的生活状态已经成了一种惩罚，因为现在他们已经落入无聊的魔掌。为了逃避无聊的打击，这些人就四处奔跑，一会儿到这里走走，一会儿又到那里旅行。甫一抵达某一处地方，就紧张兮兮地打听可供"消遣的去处"，一如饥寒交迫的穷人忧心地询问"派发救济的地方"，因为，当然了，匮乏和无聊是人生的两极。最后需要指出的是，在满足性欲方面，人会做出独特的、相当执拗和挑剔的选择——这有时候会提升为强烈程度不一的激情之爱。关于这一论题，我在我的主要著作第二卷《论性爱》一文已作详尽的讨论。这样，性欲的满足对于人来说，就成了长时痛苦和短时快乐的根源。

与此同时，让人惊叹的是，凭借那附加的、动物所没有的头脑思维，在人与动物所共有的同一狭窄苦、乐基础之上，人们构起了人的幸福和不幸这样高大、广阔建筑物；在涉及这些幸和不幸的方面，人的心情受着如此强烈的情绪波动和激情震撼，以致这些所留下的印记就清楚展现在他的容貌和表情；但到头来和事实上，这些也不过就是动物也同样得到的东西，并且，动物付出了少得多的感情和折磨就得到了它们。但由于所有这些，人所感受到的痛苦在比例上就比快乐要多得多，而这痛苦还由于人确实知道了死亡而加大了许多。而动物则只是本能地逃避死亡，并不真正知道死亡这回事，因此不会真正眼盯着死亡，就像总是面对着这死亡前景的人那样。虽然只有少数动物得尽天年，而大多数动物则刚好来得及繁殖其种属而已；然后，假如不是更早的话，就成了其他动物的猎物，而唯独只有人才可以做到让所谓的自然死亡在其种属中成为常规（这当中也有着相当数量的例外）——虽然如此，基于我上述的理由，动物仍然是占据着优势。此外，人就像动物一样甚少真正得尽天年，因为人的违反自然的生活方式连带人的操劳和情欲，还有由所有这些而起的种属退化，都很少让人得以享尽天年。

动物通过只是存在所获得的满足远甚于我们；植物则是完全的满

足；而人在这方面则是根据其意识的呆滞程度而定。与此相应，动物的生活与人的生活相比，包含更少的痛苦，但同时也包含更少的快乐。这首要是因为动物一方面并没有操劳和忧虑及其带来的折磨，但在另一方面，动物也没有了真正的希望，因此也就没有了透过思想的对欢乐未来的期待，以及与思想相伴的种种想象出来的美妙幻象——这是我们最多和最大欢乐的源泉。所以，在这一意义上，动物是不抱希望的。动物没有忧虑和不抱希望，是因为动物的意识局限于直观所见，并因此局限于现时此刻。因此，动物只会对此刻已经呈现在其直观面前的事物，有着极为短暂的恐惧和希望；而人的意识视野包括整个一生，甚至越出了这一范围。但也正因此缘故，动物与我们相比在某一方面却似乎的确更加智慧，也就是说，能够平静、不受影响地享受现时此刻。动物就是现时的体现，其因此明显享有的平静心境经常让因思虑和忧心而时常不安和不满的我们感到羞愧。甚至那正谈论到的希望和期待所带给我们的欢乐也不是免费的。也就是说，一个人经由希望和期待所提前享受到的满足在稍后则从实际的享受中扣除，因为他稍后获得的满足也就相应减少了。相比之下，动物既没有提前享受，也没有在稍后从享受中扣减，所以是完整、不打折扣地享受现时和真实的东西本身。同样，不幸也只是恰如其真实分量烦扰着动物，但对于我们，这些不幸却由于预见和恐惧、由于"担心祸患"，而增加了十倍之多。

正是动物所独有的这种完全沉浸于现时的特点让我们从驯养的动物中得到很大的快乐：这些动物就是现时的化身，它们在某种程度上让我们感觉到每一轻松和不受打扰的时间的价值，而心事重重的我们却通常不加理会就让这些时光过去了。但动物上述那种比我们更能只是从生存中取得满足的素质却被充满自我、没有心肝的人类所摧残，并且遭到如此程度的利用和压榨，动物除了只是苟且偷生以外已经别无其他了。例如，那本来在身体结构上是要遨游半个世界的小鸟却被囚禁在一英尺见方的空间，慢慢憔悴、叫喊而死，因为

> 困于笼子的小鸟心情郁闷，
> 它的歌唱不再是因为快乐，而是发自愤恨。

而人最忠实的朋友，那如此聪明的狗，却被人套上了铁链！看到犬只遭受如此虐待，我就感受到深切的同情，对其主人感到极大的愤慨。我高兴地想起几年前《泰晤士报》报道过的一桩事件：某一勋爵把一只大狗用铁链拴了起来。某天当这位勋爵走过院子的时候，向这条狗走去，并想拍打一下狗头。结果，他的整只手臂被这只狗撕开了，并且罪有应得！这只狗想说的是："你不是我的主人，而是个魔鬼——你把我的短暂的存在弄成了地狱一般！"但愿所有拴起犬的人都落得同样的下场！

7

如果从上述议论得出这样的结果：提高了的认识力造成了人的生活比动物的生活更多了苦痛，那我们可以把这归根溯源到一条普遍的法则，并由此获得更宽阔的总体认识。

认知就其本身而言总是没有痛苦的。痛苦只涉及意欲，是由意欲受到了拂逆、抑制和阻碍所造成；但除此之外，还需达到这一条件：这种阻碍必须伴随着认知。也就是说，正如光线只有在空间里存在物体并把光线反射回来才会照亮着空间；也正如声音需要回响和共

鸣，即只有通过那振动的空气波碰撞在硬物上，才能在一定的距离被听见——所以，在空而孤立的山顶上发出的声音明显是微弱的，在空旷之地的歌唱也的确只能产生很小的效果——同样，意欲所受到的阻碍，要被感受为痛苦的话，就必须伴以认知。但痛苦对于认知本身而言却是陌生的。

因此，肉体的苦痛就已经是以神经及其与脑髓的连接为条件，这就是为什么如果手脚通往脑髓的神经被切断，或者脑髓本身通过哥罗芬而失去了功能，那手脚的受伤是不会被我们感觉得到的。正因为这样，垂死之人的意识一旦消失，那在这之后的身体抽搐就被视为不带痛苦的。精神上的痛苦是以认知为条件是不言自明的，精神的痛苦随着认知的程度而增加也是很容易看得出来的，并且，这一点在上述的议论和在《作为意欲和表象的世界》第 1 卷第 56 章的内容也得到了证明。所以，我们可以这样形象地表示这里面的关系：意欲是琴弦，对其的拂逆或者阻碍则是琴弦的颤动，认知是琴的共鸣板，苦痛则为音声。

据此，不仅无机体不会感到痛苦，植物也是同样没有痛苦的——无论意欲在这两者受到了怎样的阻碍。相比之下，每一动物，就算是一条纤毛虫，也会感觉到苦痛，因为认知是动物状态的真正特征，尽管这认知是多么地欠缺完美。随着认知沿着动物的等级而提高，痛苦也相应地增加。所以，在最低等的动物里痛苦是最轻微的，例如，昆虫在身体的后半截几乎已全被撕开、仅以一点点肠子粘连着的时候仍能狼吞虎咽地进食。但就算是最高等的动物，由于其缺乏概念和思想，它们所承受的痛苦仍然与人的痛苦不能相比。也只是在由于理性和深思而有了否定意欲的可能性以后，对痛苦的感受力才达致了最高程度。这是因为假如没有了否定意欲的可能性，那这种对痛苦的感受就成了毫无目的的残忍折磨。

8

在青年期的早段，我们憧憬着我们那即将展开的生活，就像在剧院里等候大幕拉开的小孩：高兴和急切地期待着即将上演的好戏。我们并不知道将要发生什么其实是一种福气，因为对于知道真相的人来说，这些小孩有时候就像是无辜的少年犯：虽然不是被判了死刑，而是被判了要生活下去，但对于这一判决的含义，这些小孩是不明白的。尽管如此，每个人都想活至高龄，亦即活至这样的状态："今天已是很糟糕，从此以后更是每况愈下，直到最糟糕的一天终于来临。"

9

如果我们尽可能接近地设想一下太阳在运转的过程中所照耀到的总体各种各样的匮乏、磨难和痛苦，那我们就会承认：如果太阳就像其在月球上那样不曾在这地球上创造出生命现象，而是让地球的表面就像月球的表面那样仍然处于晶体的状态，那情形就会更好。

我们也可以把我们的生活视为在虚无的极乐安宁中加进了一小段无益的骚动插曲。不管怎么样，就算是那些日子混得还过得去的人，生活得越长就越加清楚地意识到：生活总的来说就是失望，不，应该是欺骗才对；或者这样说吧：生活有着某种极其扑朔迷离、甚至是某种骗局的特质。当两个青年时代的朋友在分别了大半辈子、已成白发老人之时再度聚首，看到对方时所引起的主导感觉就是对整个一生完全的失望，因为看到对方就会勾起对早年的回忆；而在往昔旭日初升的青春年华，生活在他们的眼里是多么的美丽，生活许诺他们如此之多，最终履行的诺言又是屈指可数。在这两个老朋友久别重逢之时，这肯定是主要的感觉，他们甚至觉得不需要用言词去表达出来，而是彼此心照不宣，并在这感觉基础上叙旧、畅谈。

谁要是历经了两至三代的人，都会感觉像是这样一个观众：这个观众一直坐在观众席上，看完了集市戏台上演的所有魔术戏法，并看着同样的表演连续重复地进行；这些表演只是为表演一场而设，所以，在错觉和新奇消失以后，对他就再也无法发挥效果了。

考虑到宇宙间浩繁的布置和安排；那在无限空间里数之不清的燃烧的恒星，除了照亮其他星球以外就无所事事；而那些被照亮的星球就是匮乏和苦难的上演舞台：身处这样的星球，就算至为幸运，那也不过就是带来了无聊，别无其他，起码从我们所熟悉的物种可以得出这样的判断——考虑到这些，那真的非让人疯狂了不可。

很值得我们羡慕的人是没有的，很让人同情和哀叹的人却是数不胜数。

生活就是一份必须完成的定额工作，在这一意义上，所谓的"安息"是一个相当恰当的表达。

假设性行为既不是一种需要，同时也不会伴随着肉欲快感，而是一件纯粹理性思考以后的事情，那人类还会真的延续下去吗？每个人难道不会因为同情将来的一代而宁愿免去他们的负担吗？或者，起码人们不会想要扛起这任务，把负担冷血地加之于将来一代。难道不是这样吗？

这个世界就只是地狱，人既是地狱中的被折磨者，同时又是折磨别人的魔鬼。

人们肯定又会说我的哲学无法给人安慰——恰恰只是因为我说出

了真相，而大众则喜欢听到上帝把一切事情都做得很好一类的话。那就到你们的教堂去吧，不要理会我们哲学家的话了！至少，不要要求哲学家根据你们训练样式编排其学说！只有冒牌哲学家和骗子才会这样做，你们也尽可以从这些家伙那里随意订要你们所喜欢的学说。

婆罗门神因为某种原罪或者过失而创造了世界，为此婆罗门神本身就得呆在这一世界里赎罪，直到从这一世界解脱为止。相当的美妙！在佛教里，世界的产生是因为那经由赎罪而获得的清明极乐涅槃状态，在经过很长的一段安宁时期以后遭到了难以解释的破坏，混浊出现了；亦即经过了某种只能在道德意义上理解的厄运，虽然这事情甚至在自然方面也有其精确对应的图像和类比：史前世界星云带莫名其妙地出现，而太阳也就由此产生了。因此，由于道德上的失误，自然方面就越趋恶劣，直至成为目前这一可悲的形态。太了不起了！对希腊人来说，这世界和神祇是某种深不可测的必然性的结果。这种解释还是可以将就的，因为这种解释暂时还能让我们满足。奥尔穆兹德与阿里曼的斗争，那是可以听听的。但一个耶和华的上帝只是因为他愿意和高兴而创造了这一匮乏的世界和苦难的世界，然后，为自己所做的而鼓掌，"看着一切所造的都甚好"，那这一见解就让人无法忍受了。所以，在这一方面，我们看到犹太教在文明民族的种种信仰学说中处于最低的一级；与此完全吻合的，就是犹太教是唯一完全没有关于永生不朽理论的宗教，连这方面的点点痕迹都没有（参见《附录和补遗》第1卷）。

就算莱布尼茨的示范和说明是正确的，即在众多可能有的世界中，这一世界始终是最好的，那也不应该有这种为神辩护的《论神的善良和仁慈》。这是因为造物主的确不仅只是创造了这一世界，而且还一并创造了可能性本身：据此，他本来应该安排好一切，尽可能地创造出一个更好的世界。

系统的乐观主义的奠基人是莱布尼茨。他对哲学做出的贡献我无
意否认，但我始终无法让自己设想出那初始单子论、预定和谐（一种
由上帝预先安排好的事物关联）、不可辨别的事物都有的同一性。针
对莱布尼茨所提出的明显诡辩论据，即这一世界是所有可能的世界中
的最好一个，我们甚至可以严肃、诚实地提出证据加以反驳，以表明
这一世界是可能之中的最糟糕者。这是因为可能并非意味着一个人天
马行空的想象，而是可以确实存在和延续的东西。现在这一世界的安
排刚好让其费劲地勉强维持其存在：假设安排得稍稍糟糕一点点，这
一世界就已经无法存在了。所以，一个更加糟糕的世界是绝对不可能
的——因为一个更加糟糕的世界无法继续存在。现在这一世界因此
就是所有可能的世界当中最糟糕的一个。这是因为不仅如果行星相互
碰撞，甚至只要某一行星轨迹中确实出现了的混乱，如果不是逐渐被
其他的混乱所平衡，而是继续增加，那这一世界很快就会完结。天文
学家就知道这一切得取决于何种偶然的机会才行，亦即在大多数情况
下取决于彼此间旋转周期的非理性关系。他们艰难地计算出了这一星
球将继续维持存在。虽然牛顿持相反的意见，但我们却希望天文学家
没有计算错误，在一个行星系里所实现了的机械持续运动因而就不会
像其他星系一样最终停止下来。再者，在这星球坚固外层之下集结着
强大的自然力，只要某一偶然的机会予其活动空间，这些自然力就必
然摧毁这星球的表层以及在这上面的生命，正如这种情况在我们的星
球至少已经发生了三次，并且很有可能更加频繁地发生。里斯本和海
地的大地震、庞贝城的被掩埋只是对这种可能性的小小、玩笑般的暗
示。大气层一个小小的、甚至在化学上无法证明的变化，就造成了霍
乱、黄热病、黑死病等等，并夺走了数以百万计人的生命；而稍大点

点的变化则会毁灭全部的生灵。温度稍为升高就会干涸所有的河流和泉水。动物在器官和力量方面所勉强获得的，需要极尽全力发挥才足以获得自己以及后代的食物；所以，一旦一只动物失去了某一肢体或者只是丧失了完美运用这一肢体的能力，那这只动物通常就会遭受灭亡。甚至是拥有了强大工具如悟性和理智的人类，仍然十占其九地持续与匮乏作斗争，始终是用尽全力、艰难地在死亡的边缘挣扎。因此，要延续无论是整个种属还是个体，其条件都是捉襟见肘的。所以，个体的生命就沦为一场为生存而展开的没完没了的搏斗，每迈出的一步都隐藏着毁灭的威胁。正是因为这些威胁屡屡得逞，繁殖后代的种子数量才超出了令人难以置信的程度，以确保个体的灭亡不至于引致种属的灭亡，而种属才是大自然唯一关注的。所以，这世界的糟糕已达到了可能的极致——假如这世界是要存在的话。曾经一度生活在这一星球的完全不同的动物所留下的化石就为我们提供了以前世界的记录，也就是对我们说法的证明：以前的那种世界不可能延续下来，因此，以前的世界就是比可能中最糟糕的还要糟糕。

乐观主义从根本上就是这个世界的作者，即生存意欲，所做的毫无根据的自我颂扬；这生存意欲满意地把自身映照在自己的作品上面。据此，乐观主义不仅是一种错误的理论学说，而且还是相当有害的。这是因为乐观主义把生活表现为一种令人羡慕的状态，人的幸福就是生活的目的。一旦从这一观点出发，那每一个人就都相信自己对幸福和快乐有着最正当的要求。而一旦这些幸福和快乐并没有降临在他的头上——而这可是常有的事情——那他就会觉得自己遭受了极大的不公，甚至会认为错失了他的生存的目标。但其实，把劳作、匮乏、磨难、痛苦和最终的死亡加冕视为我们生活的目的，就像婆罗门教、佛教以及真正的基督教所认为的那样，则是更加正确的观点，因为正是这些引向否定生存意欲。在圣经《新约》里，这一世界被表现为苦海，生活则是净化的过程，而基督教的象征就是一种刑具。所以，莱布尼茨、萨伏斯伯里、波林布鲁克[1]和蒲伯拿出其乐观主义时，所引起的普遍反感主要就在于乐观主义与基督教是水火不相容的。这一点伏尔泰在其杰出的诗作《里斯本的灾难》的前言作了陈述和解释，而伏尔泰的这一诗篇也正是明确针对乐观主义而发。待价而沽的德国舞文弄墨者对伏尔泰的肆意谩骂，相比之下，我很愿意赞扬这位伟大人物；让其明确高于卢梭一筹的是他得出的这三个观点，因为这些观点证实了伏尔泰的更加深刻的思想：（1）恶毒、不幸，在数量和范围是压倒性的，存在充满着苦难——对此伏尔泰深信不疑；（2）意欲行为遵循着严格的必然性；（3）洛克这一命题包含着真理，即思维之物也可以是物质的。相比之下，卢梭却在他的《沙伏雅牧师的信仰表白》——这是一些肤浅的新教牧师哲学——以空谈怀疑和否定了所有这些观点。卢梭还秉承着这一精神，在1756年8月18日致伏尔泰的长信中，以偏差、空泛的议论和逻辑错误的推理攻击伏尔泰上文提及的优美诗篇，为乐观主义推波助澜。这封信纯粹就是为了这样的目的而写。的确，卢梭全部哲学的根本特征和迈出的"首要错误一步"就是以人的原初美好本性，及其可被完善的无穷无尽的可能性，取代了基督教所宣讲的人的原罪和人类原初的堕落本性。根据卢梭的看法，人的优良品性只是因文明及其后果而误入了歧途。卢梭就在此基础上奠定了他的乐观主义和人文思想。

总而言之，把这一世界视为一个全知、慈爱和全能的神灵所创造出来的成功作品，这一观点在一方面与这一世界所充斥的苦难尖锐矛盾，在另一方面，也与这一世界最完美的现象，亦即人，那明显不完美、甚至可笑的扭曲之处完全不相协调。这里面的不协调和矛盾永远无法解决。但这些例子却与我们的说法相吻合，也是我们说法的证明——如果我们把这一世界视为我们自己的罪孽的产物，这一世界因此是有不如无。这些同样的例子在第一种观点里，成了对造物主的严厉指控，并提供了讽刺的素材；在第二种观点里，则是对我们自己的本质和意欲的谴责，很适合让我们变得谦卑起来。这是因为它使我们得出这样的见解：我们就像是放荡的父亲生下的孽种：来到这一世上的时候已是负有罪责；也正是因为我们必须不断地偿还这一罪责，我们的存在才变得如此凄惨，我们的结局就是死亡。没有什么比这一点更加确凿无疑的了：大致而言，这一世界的许多和巨大的痛苦正是这一世界深重的罪孽所引致——在此，我指的并非自然、经验方面的关联，而是形而上的联系。根据这一观点，也只有圣经《旧约》中的原罪故事让我与《旧约》得以和解，这故事在我的眼里甚至是《旧约》中唯一形而上的真理，虽然是裹上了寓言的外衣。这是因为没有什么比错误的一步和罪恶的肉欲而招致这样的结果更与我们的生存相似的了。我忍不住向深思的读者推荐克劳迪乌斯[2]对这一问题的专文讨论——这篇文章很流行，但却相当深刻，它把基督教根本的悲观精神充分显示出来。文章的题目是《因为您的缘故，这是可诅咒的土地》，登在《万德斯贝克信使报》的第 4 部分。

　　要掌握可靠的罗盘以随时辨认生活中的方向，要始终正确理解生活而不至于误入歧途，最适合不过的方法就是让自己习惯于把这一世界视为赎罪的地方，因此也就好比是监狱、罪犯流放地，而"劳作场"就是最古老的哲学家对这一世界的称谓（根据亚历山大的克雷芒《杂文集》，3，第 3 章，第 399 页）。在基督教教士当中，俄勒冈尼斯[3]以可嘉的勇气表达出同样的看法[4]（参见奥古斯丁，《上帝之城》，登记册 2，第 23 章）。对这种世界观理论上和客观的说明不仅见之于我的哲学，而且也见之于各个世代的人类智慧，亦即婆罗门教、佛教、恩培多克勒[5]、毕达哥拉斯[6]的哲学等。西塞罗在《哲学断片》(第12卷，第316页，比朋蒂尼版)也提到：古老的智者教导人们这一世界观，人们在接受秘密的宗教仪式时，也受到同样的教诲：

我们是由于前世犯下过失，现在就诞生以服刑抵罪。

烧掉瓦尼尼[7]的肉身要比驳倒他的观点更加容易，因为瓦尼尼至为有力地表达了这一观点：人类充满如此之多和如此之大的痛苦，假如不是因为这样的言论会招致基督教的反感，我甚至斗胆这样说：

如果真有恶魔的话，那他们就是化身为人，并为自己的罪孽而遭受惩罚。

——《论大自然的奇妙秘密》，第50篇对话，第353页

甚至真正的、被正确理解的基督教也把我们的生存理解为某一罪孽、某一过失的结果。一旦我们习惯于这样的看法，我们就会合乎事实地调节对生活的期待，因此也就不会把生活中大大小小的艰难、痛苦、烦恼、匮乏视为奇怪和意外，而是视其为规律之中的事情；我们也就知道在这一世上，每个人都得为自己的存在而遭受惩罚，并且，遭受惩罚的方式因人而异。监狱里的坏处之一就是在监狱里相处的犯人群。与这些罪犯混在一起是怎样的情形，一个理应与更好的人活在一块的人不用我说都会知道。具美好灵魂的人，还有天才，在这一世上的感觉有时就跟一个高贵的政治犯的感觉一样：他混杂在一群粗鄙、下贱的罪犯当中在橹船上做苦役；所以，那政治犯与这些罪犯一

样，都想要与对方分开。但总的来说，上述的把握方式会让我们在审视大多数人的那些所谓不完美之处，亦即审视他们道德上和智力上、以及相应地也在面相上的可鄙特性的时候，不再是诧异，也更加不会愤怒，因为我们会时刻记住我们所在之处，并因此把每个人首先视为只是由于其罪孽才存在，这个人的一生就是为其出生而赎罪。这恰恰就是基督教所说的人的有罪本性；这也就是我们在这一世上所看见的我们的同类的基础。除此之外，由于这一世界的特性，人们大都和或多或少处于痛苦和不满的状态，而这样的状态并不会让人更关心人和更亲切待人。最后，人的智力在绝大多数的情况下，都只是勉强够为意欲服务。所以，我们必须据此调节我们对世人的要求。谁要是坚守这一角度，就会知道与人交往的冲动实为有害的倾向。

事实上，坚信这一世界，因此也包括人，就是某样本来就不应该存在的东西，会让我们互相容忍和原谅，因为对于在这样困境之中的人又能期待些什么呢？的确，从这一角度出发，我们就会想到：人与人之间真正恰当的称呼不应该是"sir"、"monsieur"[8]，而应该是"leidensgefahrte"、"compagnon de miseres"和"my fellow-sufferer"[9]。这些称呼尽管听起来很古怪，但这些称呼却与事实是吻合的，会帮助我们正确看待每一个人，并提醒我们应有最需要的容忍、耐心、照顾、对邻人的爱——这些是每一个人都需要得到、也因此需要给予他人的。

10

这一世间事物，尤其是人世间，其特征并非人们常说的有欠完美，而是扭曲、颠倒，在道德、智力、身体及所有的方面。

对于许多恶行，我们不时所听到这样的借口，"但这对于人来说是自然的"，是根本不足够的；我们应该这样回答，"正因为这一行为是恶劣的，所以就是自然的；也正因为这是自然的，所以就是恶劣的"。要正确理解这话的含义，那必须认识了原罪学说才可以。

在评判一个人的时候，我们应该要始终坚持这一观点：这个人的基础是根本就不应该有的东西，是某种罪恶、颠倒、被理解为属于原罪的东西，这也正因此要归于死亡。这其中的根本劣性甚至透过无人经得起仔细的审视和检查这一点而典型地表现出来。从人这一生物，我们又能够期待些什么呢？所以，从这一观点出发，我们就会更加宽容地判定他人；一旦潜藏在人身上的恶魔苏醒过来并向外探头探脑的话，我们也不至于感到奇怪；并且会懂得更加珍重一个人身上的优点，不管这出自他的智力抑或出自其他的素质。其次，我们将留意到人的处境，并能考虑这一点：生活本质上就是匮乏和经常是悲惨的条件状态；在此状态下，每个人都得为自己的存在而胼手胝足和拼搏，因此，是不可能总是挂着一副笑脸迎人的。相反，如果人真的就像所有乐观的宗教和哲学所喜欢认为的那样，是上帝的作品甚至化身，或者，是在每一意义上都是他应该成为的样子，那当我们第一次看见一个人、与其加深了了解和继续交往以后，我们所获得的印象与这一说法却是多么的完全不一样呀！

让所有的囚犯都得到赦免。

——《辛白林》，第5幕，第5景

人们的每一愚蠢、缺陷和恶习，我们都必须宽容对待；谨记我们眼前所见的就只是我们自己的愚蠢、缺陷和恶习，因为这些东西就正是人类的弱点，而我们也属于这人类；所以，我们的身上因此也有着所有这些弱点，也就是还有那些现在正让我们大发雷霆的缺点——我们在大发雷霆，纯粹只是因为这些缺点此刻还没有在我们身上突显出来而已，也就是说，这些缺点没有流于表面而是躲藏于深处，一有机会就会现身，正如我们现在在他人身上就见到了这些缺点。当然了，某一弱点在某一个人的身上更为明显，在另一个人身上则是另一弱点更为突出；或者，不可否认，在一个人身上的劣性总和要比在另一个人的身上为多。这是因为人的个体性差异大得难以估量的。

11

生存的虚无表现在其整个形式，表现在时间和空间的无限性与相比之下个体在这两者中的有限性，表现在匆匆即逝的现时（而现时就是现实的唯一存在形式），表现在所有事物的依赖性和相对性，表现在持续成为而不存在，表现在持续地渴望而又无法满足，表现在争取持续受到障碍（生活也就由此组成），直至这些障碍被克服为止。时间以及在时间里面和借助于时间的所有事物所具的短暂性，不过就是形式；在这形式之下，生存意欲的奋斗的虚无性就显露给了生存意欲——这作为自在之物是常驻不灭的东西。时间就是这样的东西：由于其缘故，所有一切在每一刻都在我们的手里化为虚无，也由此失去一切真正的价值。

12

过去曾经存在过的，现在已经不再存在；其不再存在就犹如从来不曾存在过似的。但此刻存在的所有一切，在接下来的另一刻就已成了曾经的存在。所以，最没有意义和最不重要的现在对最有意义和最重要的过去都有着现实性的优势；这样，现在与过去的关系就恰似有与无。

人们惊讶地发现：在不曾存在了无数千万年以后，自己一下子存在了；然后，经过短暂的时间，自己重又回到那同样长时间的不存在。这种情形总好像不大对头——我们的心在说。就算是理解力粗糙的人，对此思考一番也会隐约感觉到了时间的观念性。时间的观念性，以及空间的观念性，是一切真正形而上学的钥匙，因为透过这些可以为那另一种与大自然秩序完全不同的事物秩序铺垫了道路。康德的伟大正在于此。

我们生活中的每一事件只有在某一刻才属于现在时的"是"（Ist），然后，那就永远成了过去时的"曾经是"（War）。每到了晚上，我们就又少了一天。看着我们那段短暂时间一点点地流走，我们或许会躁狂起来——假如在我们的本质深处不是秘密地意识到：永不枯竭的永恒之源属于我们，在将来和随时都可以从这一源泉中更新生命的时间。

基于上述思考，我们当然就可以奠定这样的理论：享受现时此刻，把这当成生命中的目标，就是最大的智慧，因为只有现时此刻才的确是唯一真实的，其他的一切都只是我们的想法和念头而已。但是，我们也同样可以把这种做法视为最大的愚蠢，因为在接下来的一刻就不再存在、就像梦一样完全消失的东西，永远不值得严肃、认真的努力和争取。

13

我们生存的立足点除了不断消逝的现时以外，别无其他。所以，我们的生存从根本上就是以持续的运动为形式，并没有获得我们所渴求的安宁的可能。这就像一个跑下山坡的人：要停下脚步的话，就必然跌倒在地，也只有继续奔跑才不至于倒下。也同样就像在手指尖上保持平衡的木杆。再就是像行星——一旦这行星停止向前运动，就会撞入其恒星之中。因此，活动不息就是存在的特征。

在这样一个没有任何某种固定性的世界里，持续不变的状态是不可能的，一切都在不息地循环和变化；一切都在匆匆前行和奔驰，恰似不停地迈步和运动以保持身体平衡的走钢索者。在这样的世界里，幸福简直是不可想象的。幸福无法在一个只是发生着柏拉图的"永恒的形成、永远不会存在"的地方安身。首先，没有任何人是幸福的，相反，每一个人终其一生都在争取某种臆想的幸福——这种幸福极少达到，就算达到了，也只会以失望告终。一般来说，每个人最终抵达港湾之时，船体已是千疮百孔，桅杆、风帆都已消失无踪了。不过，既然生活只是由转瞬即逝的现时所构成，现在又即将完结，那这个人到底曾经是幸福的还是不幸就都是一样的了。

但是，让人惊奇的是：在人类和动物世界里，人和动物那如此巨大的、多样的和不息的运动却是由这两种简单动力——饥饿和性欲——所产生和维持，至多加上无聊的少许帮助；这两种的欲望竟能够为如此复杂的机器传送了"第一推动力"，展开了这些五光十色、变化多端的木偶戏。

现在，如果我们更加仔细地考察这事情，我们首先就可看到无机物的存在每一刻都在受到化学力量的作用，并最终被这些化学力所销蚀；而有机物的存在只能经由物质不断的变化才得以成为可能，而这又需要持续不间断的流动，因而就是需要得到来自外在的帮助。所以，就其本身而言，有机的生命就已经像是在手上为取得平衡而必须始终处于运动状态的木杆；因此，有机的生命就是持续不断的需求、总是一再重复的匮乏和没完没了的困苦。但也只能经由这种有机生命，意识才成为可能。据此，这所有一切都是有限的存在，与其相对立的则可被理解为无限的：既不会受到来自外在的销蚀，也不需要来自外在的帮助，因此就是"永远保持不变"、处于永恒的安宁，"不生也不灭"，没有变化、没有时间、没有多样性和差别性，对这些的否定性认识构成了柏拉图哲学的基本音调。否定生存意欲以后，为我们打通前路的，必然就是这样的一种存在。

14

我们生活中的场景就像粗糙的镶嵌砖上的图案：靠得太近时，这些图案无法产生作用，而只能从远距离观看才会发现这些图案的美丽。所以，"得到了我们热切渴望之物"就等于发现了那是空洞和无用的。我们总是活在对更好的期待之中，也经常在同一时间后悔和怀念往昔的时光。而现时则只是暂时忍受而已，只被视为通往我们目标的途径。因此，在就快到达人生的终点时，回眸往昔，大多数人都会发现自己整个一生都是"暂时"地活着；他们会很惊讶地看到：自己如此不加留意和咀嚼就听任其逝去的，恰恰就是他们的生活，恰恰就是他们在生活中所期待之物。这样，一个人的一生总的来说就是被希望愚弄以后，跳着舞扎进死亡的怀里。

但除此之外，还有个体意欲的贪得无厌，也正因此，每一次的满足就产生出新的愿望，其渴求永不满足，了无尽期！但是，这一切归根到底都是因为意欲本身就是统治世界的君王，遍及一切；因此，部分是难以让它满足的，只有全部（但那又是没有尽头的）才能让它满意。同时，当我们考虑到这世界君王在其个体现象中所获得的，却是那样的少之又少，通常仅足够维持个体身体，那必然激发起我们的同情。个体深深的痛苦和烦恼也就由此而来。

15

我们正处于精神无能的时期，其标记就是人们尊崇各种各类拙劣的东西，而人们用以表示这时期的自创词"现在今天"（jetztzeit），可谓相当贴切；这词含义自负、声音刺耳，似乎其"现在"就是"不折不扣"的"现在"，为了这一"现在"的到来，在这之前的所有其他"现在"都只是搭桥铺路而已，因为甚至泛神论者也毫不害羞地说出生命就是，用他们的话来说，"目的本身"。假如我们的这一存在就是世界的最终目的，那这目的就将是最愚不可及的，不管定下这一目的的是我们抑或另有其他。

生命首先就表现为一个任务，也就是说，要维持这一生命的任务，亦即法语的"de gagner sa vie"[10]。这一问题解决以后，那争取回来的却成了负担，第二个任务就接踵而至：如何处理、安排这一生活，以抵御无聊——这无聊就如同在一旁窥伺着的猛禽，随时扑向每一生活安定了的人。因此，第一个任务就是争取得到某样东西，第二个任务则是在争取得到这东西以后，让我们不会感觉到这样东西，否则的话，它就成了一个负担。

把人类世界的全部一眼尽览，那我们就会看到处处都是无休止的争斗，都是用尽一切身体和精神力量、为了生存的激烈搏斗，所面对的是各式各样威胁着我们、随时会发生的危险和不幸。然后，看看付出所有这一切努力所换回的报酬，看看那存在和生活本身，那我们或许会发现某些没有苦痛的间歇时间，但这些时间马上就会受到无聊的袭击，很快就被新的痛苦所终结。

在需求和匮乏的背后随即就是无聊，甚至比较聪明的动物也受其袭击。这是生活并没有真正的内涵所致，生活只是通过需求和幻象而维持其活动。但一旦这些需求和幻象没有了，那存在的空洞和空虚就暴露出来了。

人的存在肯定是某种的错误，这一点只需简单留意下面这些就足够清楚了：人就是需求的集合体；那很难才会达到的满足，除了带给他没有苦痛的状态以外，再无其他；而处于这样的状态，他仍会落入了无聊的魔掌。这直截了当地证明了：存在就其本身而言是没有价值的，因为无聊恰恰就是感觉到了这一生存的空洞、乏味。也就是说，我们的本质和存在就在于渴望生活，而假如生活本身真有肯定的价值和真实的内容，那是无法产生无聊的。仅只是存在本身就已经让我们充实和满足。但现在，我们对自己的存在并没有感到高兴——除非我们正在争取达到某一目标：那样的话，因为距离遥远和遭遇障碍，这一目标就造出会带给我们满足的假象，但目标一旦达到，假象也就随之消失了；或者，除非我们正在从事纯粹的智力活动：在进行这些活动时，我们其实是从生活中抽身出来，以从外面回头审视这一生活，就像坐在包厢里的旁观者。甚至感官乐趣本身也只在于持续的争取，而一旦他的目标达到了，快乐也就消失了。每当不是处于上述两种情形，而是退回到存在本身，生存的空洞和虚无感觉就会袭上我们——这就是我们所说的无聊。甚至那扎根于我们内在的、无法消除的对奇特事情的追求和喜好，也显示出我们是多么巴不得看到事物发展那无聊、乏味的自然秩序能够中断。甚至大人物的奢侈、热闹的喜庆和富丽堂皇的排场也不是别的，而正是徒劳地想要超越我们存在的那种本质上的贫瘠状态。这是因为那些贵重宝石、珍珠、羽饰、天鹅绒，还有如此之多的蜡烛、载歌载舞、戴上又摘下的面具等等，细想之下，到底又算得了什么？没有人会在现时感到完全幸福，真的感到完全幸福的话，那他就是喝醉了。

16

表现在人的机体那些极尽巧妙和复杂的装置的，是生存意欲的至为完美的现象；这些现象最终都要化为尘土。这些现象的整个本质和争取最终也就明显是归于毁灭。这就是永远真实和坦率的大自然所给予的单纯、朴实的表达，即这意欲的全部争取从本质上就是虚无的。假如我们是某样就其自身而言是有价值的、是无条件的，那就不会是以非存在为目的。对这一道理的感觉就构成了歌德优美诗句的基础：

> 在古老塔顶的高处，
> 是英雄的高贵精灵。

死亡的必然性首先是从这一事实推导出来：人只是一种现象，并不是自在之物，因此并不是"真正存在的"（柏拉图语）。这是因为假如人就是自在之物，那人就不会消亡。至于构成了这些现象的基础的自在之物，却只能在现象里呈现出来，那是自在之物的特性所致。

我们的开始和我们的结束，那是多么强烈的反差！前者是在情欲的幻想和性欲的陶醉之中，后者则是所有器官的毁坏和尸体的恶臭。从开始到结束，在愉快和生活乐趣方面，走的也始终是下坡路：快乐幻想的童年，兴高采烈的青年，艰苦劳累的中年，身衰力竭并经常是可怜的老年，临终疾病的折磨和最后与死神的搏斗——这一切难道没有直截了当地表明：存在就是错误的一步，其后果逐渐和越来越明显地显现吗？

把生活视为幻灭是最正确的看法，所有一切都清楚无误地指示着这一点。

17

我们的生活具有某种微观的特性：它是一个不可分的点，我们透过时间、空间这两个强力透镜所看到的是拉开了的、也因此是放大了许多的生活。

时间是我们头脑中的装置，目的就是透过时间上的持续让事物和我们自身那完全虚无的存在披上了一层现实性的外衣。

由于在过去错失获得某一幸福或者享受某一快乐的机会而后悔和哀叹，这是多么愚蠢的事情啊！因为这些幸福或者享受到现在还剩什么呢？只是干瘪的记忆罢了。我们真实得到过的一切，也不外如此。据此，时间形式本身就是一种手段和方法，就好像是特意要让我们明白所有尘世间的快乐都是虚无的。

我们以及所有动物的存在并不是某样牢固的、起码是暂时保持不变的东西，而只是流动性的存在，其存在只能是通过持续不断的、好比旋涡一样的变化。这是因为虽然身体的形式暂时和大致地存在，但其条件却是物质持续变化，不断地新陈代谢、吐故纳新。与此相应，所有人和动物的首要工作就是时刻去争取适合流入身体的物质。与此同时，他们也意识到以上述方式只能短暂维持像他们的这样一种生存构成。所以，他们就力求在死亡临近时把其存在交付给即将取代他们的另外的生物。这种追求和努力就以性欲的形式出现在自我意识里，而表现在对其他事物的意识、亦即表现在对客体事物的直观，那就是以生殖器的形态。我们可以把这种冲动和驱力比之于串起珍珠项链的一条线，而那些快速交替着的个体生物则对应着这条线上的珍珠。如果我们在想象里加快这种交替，并且在整个序列中，同时也在单一个体里，总只是看到永恒的形式，而物质材料则持续在变化，那我们就会意识到：我们只有某种的半存在。对存在的这种理解构成了柏拉图这一学说的基础——这一学说告诉我们：存在的只是理念，而与理念对应的事物只具有影子似的构成。

我们纯粹只是现象，与自在之物截然有别——这可以通过下面这一点而得到形象的说明和证明：我们存在不可或缺的条件就是物质持续的流入和流出，对这作为食物、营养的需求总是一再重复，因为在此，我们就像那些经由烟、火或者喷射的水流所引出的现象：一旦没有了物质供应，这些现象就会暗淡或者停止。

我们也可以说：生存意欲只表现在纯粹的现象，而这些现象将完全、彻底地化为无。但这种无以及连带现象却始终是在生存意欲的范围之内，在其基础之上。当然，这些是模糊、难懂的了。

如果我们不再从大处审视世事发展的进程，尤其是人类快速的世代更迭及其匆匆一现的存在假象，而是转而观察人类生活的细节，大概就像在喜剧中所展现的样子，那这些所造成的印象，就犹如透过高倍显微镜观察满是纤毛虫的一滴水或者察看肉眼难见的一小块奶酪菌——里面的螨虫辛勤地活动和争斗使我们失声而笑。这是因为正如在这极为狭窄的空间展开严肃认真、隆重其事的活动会造成喜剧效果，那在极为短暂的时间里做出同样的事情也同样如此。

注释

[1] 亨利·波林布鲁克（1678—1751）：英国政治家、哲学家、自然神论者。——译者注

[2] 马蒂阿斯·克劳迪乌斯（1740—1815）：德国诗人。——译者注

[3] 俄勒冈尼斯（185—254）：希腊基督教神学家。——译者注

[4] 参见圣奥古斯丁的《上帝之城》。

[5] 恩培多克勒（前495—前435）：希腊哲学家、医学家。——译者注

[6] 毕达哥拉斯（前570—前495）：希腊哲学家。——译者注

[7] 卢思利奥·瓦尼尼（1584—1619）：意大利自然哲学家。——译者注

[8] 英语和法语的"先生"一词。——译者注

[9] 分别是德语、法语和英语的"难友"一词。——译者注

[10] 意为"谋生"。——译者注

图书在版编目(CIP)数据

叔本华思想随笔/(德)叔本华(Schopenhauer,A.)
著;韦启昌译.—2版.—上海:上海人民出版社,
2014
(叔本华系列)
ISBN 978-7-208-12112-6

Ⅰ.①叔…　Ⅱ.①叔…②韦…　Ⅲ.①叔本华,A.
(1788~1860)-文集　Ⅳ.①B516.41-53

中国版本图书馆 CIP 数据核字(2014)第 037539 号

责任编辑　任俊萍
装帧设计　张志全

叔本华思想随笔
[德]叔本华　著
韦启昌　译

出　　版　上海人民出版社
　　　　　(201101　上海市闵行区号景路 159 弄 C 座)
发　　行　上海人民出版社发行中心
印　　刷　上海中华商务联合印刷有限公司
开　　本　890×1240　1/32
印　　张　12.5
插　　页　5
字　　数　282,000
版　　次　2014 年 4 月第 2 版
印　　次　2024 年 4 月第 8 次印刷
ISBN 978-7-208-12112-6/B·1046
定　　价　65.00 元

德国法兰克福Suhrkamp出版社

Arthur Schopenhauers Säm

Tliche Werke，Band Ⅱ & Band Ⅳ